Understanding of Career Counseling

진로상담의 이해

오윤선 · 민순덕

창지사

머리말

4차 산업혁명은 모든 분야 간의 경계를 허물고 미래 직업세계의 대변혁을 요구한다. 급격한 사회변화에 따른 직업 추이를 볼 때 '전 세계 7세 아이들의 65%는 지금 없는 직업을 가질 것'이라고 전망하고 있다. 이제는 평생직장 · 종신고용의 시대는 끝났고 평생 여러 일자리를 거치면서 살아가야 할 시대가 되었다. 따라서 진로상담은 미래세대뿐만 아니라 이 시대를 살아가는 모두에게 해당한다고 할 수 있다.

역사적으로 볼 때 진로상담은 1850년에 시작하여 1941년부터 현재까지 지속적으로 성장하고 발전하게 되었다. 한국의 진로상담에 대한 논의가 1970년대 후반에서야 시작되었지만, 오늘날에는 상담분야에서 가장 주목받은 영역이 되었다. 특히 2011년 진로교육 강화정책으로 중등학교 교과목에 '진로와 직업' 과목개설과 각 대학의 커리어센터 운영은 진로상담이 매우 중요한 활동영역임을 대변하고 있다.

필자는 1980년대 후반부터 국내외 대학과 대학원에서 진로상담 관련 과목을 가르치며 상담현장에서 다양한 진로상담을 실시하고 꾸준히 연구해 오는 가운데, 진로상담의 다양성이 반영된 교재가 필요하다고 생각되어 민순덕 박사와 함께 본 진로상담 저서를 출간하게 되었다. 내용구성과 표현의 통일성을 위해서 시공간을 초월하여 소통하며 지속적으로 내용을 수정하고 보완하는 시간이 쉽지는 않았지만 지나고 보니 매우 의미 있는 시간으로 기억된다.

바라기는 본서가 진로상담을 공부하는 학생과 교수, 진로상담 현장분야 전문가들 그리고 진로상담과 미래진로의 깊은 이해를 원하는 독자들에게 조금이나마 유용한 자료로 사용될 수 있기를 기대한다.

본서의 전체 내용은 총 4부 14장으로 구성되어 있다. 1부는 1~2장까지로 진로상담의 기초적 이해이고, 2부는 3~6장까지 진로상담의 이론적 이해이며, 3부는 7~10장까지로 진로상담의 실제적 이해이다. 그리고 4부는 11~14장까지로 진로상담과 미래전망이다.

먼저 1부 '진로상담의 기초적 이해'에서는 진로상담의 개념, 진로상담의 목표, 진로상담의 원리를 살펴보고 진로상담의 역사를 출발기와 성장기로 나누어 살펴본 후, 한국의 진로상담 역사 또한 폭넓게 살펴보았다.

2부 '진로상담의 이론적 이해'에서는 진로발달이론과 진로상담이론을 폭넓게 다루면서 진로상담의 이론을 총망라하였다. 또한, 진로상담의 방법에서는 진로상담에서 필요한 기술과 전반적 과정, 진로상담 시에 고려해야 할 사항을 다루었다. 그리고 진로상담에서 요구되는 심리검사와 그 활용을 구체적으로 기술하였다.

3부 '진로상담의 실제적 이해'에서는 진로상담의 실제적 접근을 위한 내용으로 구직상담과 최근 우리 사회에서 관심이 집중되고 있는 다문화 진로상담을 기술하였다. 그리고 성역할에 따른 진로상담과 집단진로상담을 다루었다.

4부 '진로상담과 미래전망'에서는 미래의 직업세계 특징과 변화를 진단하고 예측하여 직업을 얻는 데 필요한 여러 직업정보탐색 과정을 기술하였다. 그리고 진로장벽 해결방안과 진로방향을 확립하는 방법을 다루고 취업준비 전략의 내용을 중심으로 정리하였다.

본서가 출간되기까지는 많은 분의 도움이 있었다. 특히 출판업계의 어려운 여건에도 불구하고 기꺼이 출판을 맡아주신 창지사 김기섭 사장님을 비롯한 직원 여러분에게 깊이 감사드린다.

그리고 바쁜 학기 중임에도 불구하고 기쁜 마음으로 원고 교정에 도움을 준 제자 최아람, 이혜진, 이용오 선생들에게도 감사드린다. 무엇보다 바쁜 연구 활동 때문에 충분한 시간을 함께하지 못함에도 아무런 불평 없이 이해해주고 응원해 준 가족들에게 미안함과 고마움을 전한다.

2017년 7월
일립관 연구실에서
대표 저자　오 윤 선

목 차

PART Two

PART Three

CHAPTER 10 집단진로상담 214

PART Four

진로상담과 미래전망 ••• 231

CHAPTER 14 취업준비전략 268

PART **One**

진로상담의 기초적 이해

CHAPTER 01

CHAPTER 02

CHAPTER 01

진로상담의 기초

1. 진로상담의 개념

진로상담에 대한 정의는 학자마다 그 의견이 다양하다. 포괄적 직업상담이론을 주장한 Crites(1981)는 진로상담을 "개인이 실생활에서 의미 있고 생산적인 일을 유지해 나가는 데 있어서 개인에게 가장 적합한 심리 내적 방법을 구성해 줄 뿐만 아니라 중요한 사회 외적 변화를 위한 경제적 수단을 제공하는 것"이라고 정의하였다. Super(1984)는 진로상담을 "일의 세계에서 적합한 자신의 자아상과 역할상을 발전시키고 수용하여 이를 현실에서 검증해보고, 검증한 것을 스스로 만족하고 동시에 사회에 유익이 되는 현실로 전환하도록 개인을 도와주는 과정"이라고 정의하였다. 한편 미국의 진로발달협회(National Career Development Association: NCDA)에서는 "내담자가 진로결정을 적절하게 하기 위해 자신과 환경의 이해를 종합하고 적용하도록 돕는 목적을 가진 상담자와 내담자 사이의 일대일 또는 개인과 소그룹의 관계"라고 정의하였다.

지용근 등(2009)은 진로상담을 "개인이 자신에 대해 좀 더 정확한 이해를 할 수 있게 하고 일의 세계와 환경에 대하여 좀 더 체계적이고 합리적으로 이해하게 함으로써 내담자의 문제를 해결하고 진로를 계획, 수립, 선택하도록 조력하는 활동"이라고 정의하였다. 한편 최근 진로상담의 연구 동향은 진로상담에 심리적인 문제를 통합하는 것을 장려하는 추세이다. 따라서 진로상담의 과정은 성격상담의 과정과 유사하다. 특히 중요한 것은 진로문제와 성격적 요소들이 어떻게 내담자의 삶에 얽혀 있는지를 인식하고, 내담자가 겪고 있는 여러 문제를 정확하게 파악해야 한다는 것이다(김봉환 외, 2016).

이처럼 진로상담은 개인의 전 생애에서 진로선택과 관련된 모든 상담활동, 즉 일, 가족, 여가 등이 통합된 영역이다. 한편 진로상담과 유사하게 사용되는 직업상담(Vocational counseling)은 개인이 특정한 직업을 선택하고, 그 직업에 원활하게 적응할 수 있도록 돕는다. 나아가 직업전환 및 은퇴의 과정에서 발생하는 문제들을 예방하고 지원하는 상담활동을 의미한다.

위의 내용을 종합하면 진로상담(Career counseling)은 내담자와 상담자가 만나 대화를 통해 진로선택, 진로결정 등 진로를 도와주는 체계적이고 전문적인 활동이다. 좀 더 넓은 의미에서 진로상담은 "내담자가 미래사회를 어떻게 대처해 나갈 것인가에 관한 다양한 문제, 즉 교육, 직업, 가정, 신체, 사회, 이성, 성격, 도덕 등을 합리적으로 탐색하고 결정하여 잘 적응할 수 있도록 돕는 체계적이고 전문적인 활동"이라고 할 수 있다(김충기, 2007).

2. 진로상담의 목표

진로상담은 개인의 객관적인 자기이해 과정을 돕고 각종 진로정보 활동과정을 거쳐 이루어진 객관적이며 합리적인 경로를 통하여 정확하게 인식하도록 도와주는 데 그 목적이 있다(김충기 외, 2012). 그러므로 진로상담의 궁극적인 목적은 진로상담을 통하여 개인적으로는 자아를 실현하고, 국가적으로는 인력을 효율적으로 활용함으로써 국가발전에 기여하는 것이다. 이를 위한 구체적인 진로상담의 목표는 더욱 정확한 자신의 이해, 직업세계의 이해, 합리적인 의사결정 능력, 정보탐색 및 활용능력을 갖추는 것, 일과 직업에 대한 올바른 가치관 및 태도 형성에 있다(김봉환 외, 2006).

1) 자신의 이해

다양한 직업세계에서 자신에게 가장 잘 맞는 직업선택을 하기 위해 자기의 가치관, 성격, 적성, 흥미, 능력, 신체적 특성 등 무엇보다 자신에 대하여 올바르게 이해하는 일이 필수적이다. 따라서 진로상담을 통해 분명하고 객관적인 자기 이미지를 형성하도록 해야 한다.

2) 직업세계의 이해

많은 내담자는 일과 직업세계를 잘 모르고 있는 경우가 많다. 알고 있다 하더라도 그 수준이 매우 피상적이며 단편적이다. 그러므로 진로상담을 통해 직업세계의 구조와 특성, 일의 종류, 직업세계의 변화, 고용기회 및 경향 등을 바르게 이해하도록 돕는 일은 진로상담의 중요한 목표가 된다.

3) 합리적인 의사결정능력

진로상담의 최종결과는 자신과 직업세계의 정보 등을 토대로 현명한 의사결정을 통해 진로를 선택하는 것이다. 그러므로 상담자는 진로상담을 통해 내담자가 자신의 진로를 스스로 선택하고 계획하는 의사결정능력을 증진시키도록 도와야 한다.

4) 정보탐색 및 활용능력의 함양

우리는 정보화 시대를 바람직하게 살아가기 위해서 자신에게 필요한 정보를 신속하고 정확하게 수집 · 분석 · 가공한 후 적절하게 활용하는 능력을 갖춰야 한다. 이를 통해 합리적인 의사결정이 이루어질 수 있도록 도와야 한다.

5) 일과 직업의 올바른 가치관 및 태도 형성

상담자가 기억해야 할 진로상담의 중요한 목표 중 하나는 내담자가 일과 직업에 대해 올바른 가치관과 태도를 갖도록 하는 것이다. 일은 생계수단 이상의 의미가 있고, 사회봉사와 자아실현의 수단이기도 하다. 따라서 상담자는 내담자가 일 본래의 의미를 깨닫고 올바른 직업관과 직업의식을 갖도록 상담하는 것이 필요하다.

3. 진로상담의 원리

진로상담은 내담자 자신과 일의 세계를 포함한 환경을 체계적이고 합리적으로 이해하면서 내담자의 진로를 계획하고 선택할 수 있도록 조력하는 활동이다. 내담자가 진로를 설계하고 선택할 수 있도록 효율적인 조력활동이 이루어지기 위해서는 진로상담 장면에서 강조되어야 할 원리가 있는데 이는 다음과 같다(지용근 외, 2009).

첫째, 진로상담이 효과적으로 이루어지기 위해서 상담자는 일반상담을 할 수 있는 능력을 겸비해야 한다. 진로상담은 개인의 전 생애 동안에 이루어지는 계획 및 의사결정의 통합된 영역이다. 따라서 진로상담을 효과적으로 진행하기 위해서는 일반상담의 원리와 기법에 대해 잘 알고 상담에 임해야 한다.

둘째, 진로상담은 각종 심리검사의 결과를 토대로 합리적인 결과를 이끌어내도록 도와야 한다.

셋째, 진로상담은 내담자의 수준에 맞게 진행해야 한다. 즉 내담자의 진로발달 및 진로성숙도의 정도를 고려하면서 직업선택에 초점을 맞추어 전개해야 한다. 진로성숙도가 낮은 내담자의 경우는 직업에 대한 준비에 중점을 두어야 하는데, 직업선택을 위한 준비과정을 발달시키는 상담이 필요하다. 반면 진로성숙도가 높은 내담자는 정보 수집과 분석, 정보의 자기화, 합리적인 진로선택과 의사결정을 내릴 수 있도록 도와야 한다.

넷째, 진로상담은 자신과 직업세계에 대한 이해를 하는 진로정보활동을 통해 개인과 직업을 연결시키는 합리적인 진로선택 및 진로결정을 돕는 과정이다.

다섯째, 진로상담은 상담윤리강령에 따라 진행되어야 한다. 상담자는 상담현장에서 책임 있는 자세가 필요하고, 전문적인 지식과 기술을 통해 내담자의 이익을 우선시해야 한다. 또한, 제삼자에게 피해가 가지 않는 한 비밀보장을 우선으로 해야 한다.

CHAPTER 02

진로상담의 역사

진로상담의 역사를 보면 출발기와 성장기로 구분할 수 있다. 출발기는 1850년부터 1940년까지 산업혁명의 영향으로 미국사회가 사회적 여건과 작업환경에 중대한 변화를 맞게 된 시기이다. 성장기는 상담 관련 주요 저서 출간, 제2차 세계대전 이후의 검사운동, 진로발달이론, 진로지도운동, 국립직업정보조정위원회(NOICC) 설립과 활동, 진로상담연구 등이 이루어진 기간으로 1941년부터 시작하여 현재까지이다. 진로상담의 출발기와 성장기 그리고 우리나라 진로상담의 역사를 구체적으로 살펴보면 다음과 같다.

1. 진로상담의 출발기

1800년대 말, 산업주의의 발흥은 직업세계의 작업환경과 생활여건을 크게 변화시켰다. 특히 도시지역은 광대한 영토, 풍부한 자원, 노동, 이민 등의 요건을 바탕으로 산업 중심지로 성장하여 경제성장을 이끌게 되었다. 경제성장은 중등교육의 대중화를 이끌었고, 학생들의 적성, 능력, 흥미 등이 다양해졌으며, 그에 따른 교육적 욕구도 다양해졌다. 그러나 고도의 산업화는 비인간적인 산업시스템과 복잡한 도시생활 속에서 개인의 정체감 상실, '부익부 빈익빈'의 계층 간 갈등을 유발시켰다. 이로 말미암아 미국과 유럽에서는 개혁정신이 싹트기 시작했다. 더불어 부모들은 자녀의 더 나은 미래를 위해 적합한 진로를 선택하는 일에 관심을 기울이게 되었다. 학교는 산업기술이 발달하면서 직업 교육도 다양하게 발전함에 따라 진로 교육이 절실하게 요구되었다.

1800년대 말, 도시발달과 사회개혁운동은 생활지도의 창시자인 Frank Parsons의 관심을 사로잡았다. 1905년 1월 Parsons는 보스턴에서 직업을 구하는 젊은이들과 이주민을 위한 교육프로그램을 제공하기 위해 설립된 시민 서비스 센터(Civic Service-House)의 프로그램의 하나인 Breadwinner 연구소의 소장을 역임하였다. 이후 1909년 5월에 Parsons의 유작인 『직업지도(*Choosing a Vocation*)』가 출간되면서 진로선택 및 진로발달에 관한 이론이 체계화되었다. 또한, 진로문제에 영향을 주는 여러 요인을 밝혀냄에 따라 전통적인 개념의 진로상담에 변화가 일어났다(김충기 외, 2007).

1910년에는 직업 및 진로지도에 관한 최초의 범국가적 회의가 보스턴에서 개최되었다. 이후 1913년 10월 미시간 주의 그랜드 라피드에서 열린 제3차 회의에서 국가직업지도연합회(National Vocational Guidance Association)가 설립되었다. 현재는 그 이름이 국가진로발달연합회(National Career Development Association: NCDA)로 변경되었다. 이 단체는 진로지도운동의 발달에 가장 강력한 리더십을 발휘하고 있다.

1900년대부터 1940년까지의 진로상담 발달과정은 심리학자들에 의해 시작된 정신측정운동과 그 맥락을 같이 하고 있다. 1927년 스탠포드 대학의 Edward K. Strong 교수에 의해 출간된 흥미검사는 진로상담현장에서 내담자들에게 측정결과를 직업으로 연결하는데 중요한 도구 역할을 하였다. 그 후 1928년, 표준화된 적성검사가 나왔다. Clark L. Hall에 의해서 출간된 적성검사(Aptitude Testing)는 직무성공과 직무만족을 위한 직업지도를 할 수 있는 여건을 마련하였다. 1920년대에는 성취검사가 공립학교에서 빠르게 발달된 반면에 성격검사는 제1차 세계대전 중에 시작되었으나 발달속도는 매우 느렸다.

2. 진로상담의 성장기

1940년대 초에는 Parsons[1854−1908]의 영향을 받은 E. G. Williamson(1939)이 『*How to Counsel Students*』라는 책을 출판하면서 지시적 상담 기법을 통한 진로상담이 구체화되었다. 그리고 1942년 Carl R. Rogers가 『*Counseling and Psychotherapy*』라는 책을 출판하면서 진로상담에서 생애경험 및 인간발달의 광범위한 측면을 고려하도록 하는 계기를 마련하였다.

1941년부터 현재에 이르기까지 진로상담과 관련된 중요한 사항은 주요 저서의 출판, 제2차 세계대전, 중요한 연방 프로그램, 진로발달이론의 체계화, 진로교육의 발달, 프로페셔널리즘 운동, 기술의 진전 등이다. 성장기를 주도한 학자들로는 Williamson(1939), Carl Rogers(1942), Eli Ginzberg(1951), Ann Roe(1956), Donald Super(1951), John Holland(1985), David Tiedman(1963), H. B. Gelatt(1962) 등이 있다.

제2차 세계대전이 끝나갈 때 군 당국은 퇴역 군인들이 일상생활로 원활하게 되돌아갈 수 있도록 상담 프로그램을 운영하였다. 이 프로그램은 미래교육 및 직업계획에 관한 의견이 포함되어 있었다. 진로지도에 대한 요구가 계속 확산되면서 국회는 1946년 George-Barden법을 통과시키게 된다. 이 법은 상담자훈련 프로그램 자금지원 및 직업지도 프로그램 유지를 위해 각 주에 좀 더 자유로운 자금배분의 방법을 제시하였다.

제2차 세계대전을 전후하여 검사와 관련된 서적들이 상당수 출간되었다. 이는 다양한 검사 프로그램의 개발과 공급에 대한 재정적, 기술적인 확신에서 비롯되었다. 또한 채점을 신속하게 처리하는 기술의 발전으로 진로지도 전문가들은 검사에 대한 더 큰 매력을 느끼게 되었으며, 검사결과 출력 및 해석방법 등이 컴퓨터로 처리됨으로써 진로지도에 있어서 검사의 활용에 대한 유용성은 계속해서 증가하고 있다.

1950년대 초에 Ginzberg, Roe, Super 등은 진로발달이론과 직업선택이론을 발표하였는데, 이 이론들은 진로지도 발전에 획기적인 업적이 되었다. 그 후에도 Holland, Tiedman, Gelatt, Krumbolz, Bordin 등이 직업환경에 적합한 성격 유형의 확인, 의사결정기법 등에 통찰을 제공함으로써 진로지도 프로그램에 공헌하였다.

1960년대 초 미국 국회에서는 직업훈련 프로그램을 통해 새로운 직업을 창출할 목적으로 인력에 관한 법령을 통과시켰다. 그리고 지역사회 기관을 설립하는 등 다양한 상황에서 배치상담에 활용할 재원을 마련하였으며, 1963년 직업교육법(Vocational Educational Act)은 직업지도운동에 크게 영향을 주었다(김충기, 2007). 1976년 설립된 국립직업정보조정위원회(National Occupation Coordination Committee: NOICC)는 4개의 연방기구(노동통계청, 고용 및 훈련부, 직업 및 성인교육국, 국립교육통계센터)의 지원을 받으면서 활동하고 있는데 최근에 NOICC(국립직업정보조정위원회)는 국가진로상담 및 진로발달 가이드라인을 설정하는 프로젝트에 지원을 제공하고 있다(박진희, 2013). 이 가이드라인의 실천단계는 요구분석, 지역 진로발달 표준 설정, 지원인사 및 운영요원의 모집, 운영요원에 대한 능력개발, 프로그램 평가에 대한 기획 및 실행 등의 요소들이 포함된다. 그리고 NOICC에서는 1992년에 국립진로개발훈련원(National Career Development Training Institute: NCDTI)을 설립하여 각 주에서 학생들과 성인들을 도와줄 프로그램을 기획하였다(김충기 · 김희수, 2003).

3. 한국 진로상담의 역사

한국에서 진로상담의 실시는 1978년 이정근의 저서 『진로지도와 진로상담』에서 진로상담방법에 관한 내용이 약간 소개된 이후 1989년 김충기가 『진로상담의 이론과 실제』라는 저서를 내놓은 후부터이다. 그리고 1993년 재단법인 청소년 대화의 광장이 개원하면서 박경애 등을 중심으로 훈련 프로그램이 개발되었고, 이 프로그램은 전국의 진로상담교사와 전국청소년지도 상담실에서 수십 차례의 워크숍을 개최하여 보급하였다. 1995년에 들어서는 김충기, 김병숙의 공역인 『진로상담: 기술과 기법』이란 역서를 통해 진로상담기술의 한 측면이 우리나라에 소개되었다. 학교현장에서는 1994년 전라남도 교육연구원의 방진주에 의해서 "진로상담의 기법과 과정"이라는 연구물이 발표되었다(김충기 외, 2011). 그리고 1996년 9월 19~20일 서울대학교 교수회관에서 진로상담의 국제 심포지엄이 개최되면서 진로상담의 관심이 높아지게 되었다.

현재 우리나라는 초등학교의 경우 일반 교과의 일부 단원에서 진로와 관련된 사항들을 발달지향적인 측면에서 가르치고 있고, 중학교에서는 2009 개정교육과정에 의해 선택교과로 「진로와 직업」이 편제되었다. 2009 개정교육과정이 처음 적용되는 시점이 2011년인 것을 고려하면 독립된 교과목으로서의 역사는 짧은 편이다. 고등학교에서는 「진로와 직업」 과목은 1992년 제6차 교육과정 때 고등학교에 처음 신설되었다.

이러한 교과목을 담당하고 직업체험활동을 운영하며, 학교 진로교육 프로그램을 기획 · 운영하기 위하여 진로진학상담교사를 양성하여 중등학교에 배치하였다. 대학의 경우 대부분 학교에 커리어센터가 설치되어 취업지원관 및 진로상담전문가가 활동하고 있다. 성인 진로상담의 경우 전국의 고용센터에서 직업상담사가 구직자의 취업지원 등을 위한 직업상담을 실시하고 있다. 또한, 한국고용정보원 워크넷에서는 청소년 및 성인용 적성검사, 청소년용 직업흥미검사, 직업선호도검사 및 직업가치관검사 등을 통해 청소년과 성인들이 진로에 대해 고민을 하는데 도움을 주는 제도들도 마련되어 있다.

PART TWO

진로상담의 이론적 이해

CHAPTER 03

진로발달이론

진로지도 및 상담은 아동기부터 시작하는 것이 좋으며, 체계적인 발달과정을 거쳐야 한다. 진로상담이 제대로 적용되려면 체계적이고 검증된 진로이론에 바탕을 두는 것이 필요하다. 진로발달에 관한 각각의 이론은 그 역할이 있는데, 첫째, 예측하지 못한 사항이나 관계를 발견하게 해주고, 조작적 정의를 내릴 수 있게 도와주며 일반화할 수 있는 원리를 제시해주는 역할을 한다. 둘째, 자료를 체계적이고 일관성 있게 정리하고 복잡한 문제를 단순화시켜 줄 뿐만 아니라 문제에 대한 해결방법을 알려주는 역할을 한다. 셋째, 각 개인이 직업적으로 어떻게 발달할 수 있는지를 이해하도록 하여 상담자에게 상담의 과정에서 부딪히는 문제를 해결하고 효율적으로 상담을 발전시킬 수 있도록 돕는다. 넷째, 진로이론은 사람들이 특정한 직업을 선택하는 이유를 제시해 주고 있기 때문에 진로상담사가 진로이론을 많이 이해할수록 다양한 내담자에 대한 최적의 접근이 가능해진다.

진로발달에 대한 이론은 학자마다 접근방법이 다양하게 분류되고 있다. 상담자는 효과적으로 진로상담을 하기 위해 먼저 진로발달이론(Career development theory)을 섭렵해야 하고 문제의 성격이나 내용에 따라 적합한 이론을 선택 및 적용할 수 있어야 한다. 진로이론은 크게 두 가지로 구분할 수 있다. 하나는 진로발달의 '내용'을 강조하는 이론과 다른 하나는 진로발달의 '과정'을 강조하는 이론이다. 그러나 진로와 관련된 이론들을 분류하는 방식은 학자마다 매우 다양한 형태로 나타난다. 예를 들면 George와 Cristiani(1981)는 특성-요인이론, 구조이론, 발달이론, 의사결정이론 등으로 분류하고 있다. 반면, Gibson과 Mitchell(1990)은 과정이론, 발달이론, 성격이론, 기회이론 등으로 나누기도 한다. 한편 Zunker(1994)는 특성-요인이론, 발달이론, 욕구접근, 유형접근, 진로선택의 사회학습이론, 인지적 정보처리과정, 진로발달의 분화이론, 진로발달의 기타 이론 등 8가지로 구분하고 있다. 그리고 Herr과 Cramer(1976)는 진로이론을 특성-요인이론, 의사결정이론, 사회적 강조론, 심리이론 및 발달이론 등으로 구분한다. 주요 진로발달이론의 특성을 요약하면 다음 [표 3-1]과 같다.

[표 3-1] 진로발달이론과 관련내용 요약

구분	이론가	주요 개념	연령 구분	생활지도에 응용	연구지원 방안
특성 이론	• E. G. Williamson • Frank Parsons • Hull • Kitson	특성의 평가, 일의 요소와 특성을 연계시킨다.	고등학교 및 성인	의사결정을 위한 선택	타당성의 여러 가지 결과
발달 이론	• Donald E. Super • Eil Ginzberg • Tiedman and • O'Hara	발달단계, 진로유형, 직업적 자아개념, 직업성숙도	일생을 통하여 이루어진다.	여러 연령층에 알맞게 상담 및 프로그램 계획	단계별 계열성과 같은 주요 개념을 기초로 한 실질적 지원
욕구 이론	• Anne Roe • John L. Holland • Robert Hoppock	욕구는 경험과 속성에서 발생된다. 선택은 욕구에 기초한다.	전 생애를 통해 일어난다. 그러나 강조점은 아동기에 일찍 선택하는데 초점을 둔다.	생활지도에 있어서 욕구개념을 광범위하게 응용한다.	이론가에 따라 변화된다. Roe는 일부 지원하고 Holland는 일반적으로 타당하다고 한다.
정신 분석 이론	• Edward S. Bordin • Nachmann • Segal • Galinsky • Freud	욕구는 인생발달의 정신분석학적 이론에 기초하고 있다.	유아기에 있어서 인성발달을 강조하지만 평생을 통하여 욕구는 상존한다.	주로 욕구탐색을 포함하는 상담에 사용된다.	어떤 연구는 개념에 대한 지원을 하고 있다.

구분	이론가	주요 개념	연령 구분	생활지도에 응용	연구지원 방안
사회 이론	• Blau • Gustad • Jessar & Wilcock • Miller & Form • August • B. Hollingshad	직업발달의 선택에 있어서 사회적인 영향을 강조한다. 직업기회가 중요한 역할을 한다.	평생을 통한 활동	광범위하게 응용되고 있다.	여러 가지 측면에서 지지를 받는다. 예를 들면 선택기회의 효과 등
의사 결정 이론	• H.B. Gelatt • Hershenson & Roth • Knefelkamp & Slepitza • Katz • Jepson	의사결정은 누적되는 효과를 가지고 있다. 의사결정은 동일함을 증명할 수 있는 과정이다.	일생 주기에서 처음 20~30년을 강조한다.	광범위하게 응용되고 있다.	일부를 지지한다.
사회 학습 이론	• Mitchell, Jones & J. D. Krumbolz • Thoreson & Ewart	학습유형을 이용, 경험의 효과, 기술을 습득한다.	일생 주기에서 처음 20~30년을 강조한다.	광범위하게 응용되고 있다.	일부를 지지한다.

출처: Tolbert, 1980

1. 특성-요인이론

특성-요인이론(Trait-factor theory)은 응용심리학과 개인차 심리학에 그 배경을 두고 있으며 인간에게 있어서 행동의 개인차에 대한 측정과 확인에 중심을 두고 있다. 대표적인 이론가로 Parsons(1909), Kitson(1925), Hull(1928), Williamson(1950) 등이 있다. 생활지도의 아버지로 불리는 Parsons(1909)가 제안한 특성-요인이론은 진로상담에 관한 초창기의 이론으로 자신에 대한 올바른 이해와 여러 직업에 대한 합리적인 지식이 현명하게 직업을 선택한다고 보았다. 즉 이 이론은 고도로 개별적이고 과학적인 측정 방법을 통해 개인이 지닌 인성적 특성을 밝혀낸다. 또한 각 직업이 요구하는 여러 요인을 분석하여 개인의 특성에 맞는 직업을 연결하는 것이 합리적인 직업선택이라고 보았다. 특성-요인이론을 토대로 다른 이론들이 많이 생겨났고 진로지도 및 상담과정에서 활용되고 있는 수많은 심리검사가 탄생하게 되었다.

1) 특성-요인이론의 개요

Parsons는 직업지도 운동의 선구자로 알려져 있다. 그는 다른 인본주의자들과 같이 산업독점가들의 노동자 착취에 관심이 많았다. 그래서 노동자들이 능력과 흥미에 적합한 직업을 선택하도록 교육과 사회제도의 개혁 그리고 노동착취를 방지할 산업개혁을 제안하였다.

Parsons와 동료들은 특히 청소년들에게 관심이 많았다. 그래서 워싱턴과 보스턴의 중도탈락 학생들의 연구를 진행하였다. 그리하여 보스턴 사회복지관을 대신하는 '직업국'을 신설했다. Parsons는 모든 고등학교가 학생들의 취업에 도움을 주어야 한다고 제안하고 1908년 그가 세상을 떠날 때까지 보스턴의 교육이 이런 서비스를 제공하도록 설득하였다.

Parsons는 개인분석, 직업분석 및 과학적 조언을 통하여 매칭(matching)을 주장하였다. 이것은 자신의 강점과 약점을 포함한 개인적 성향을 충분히 이해한다. 주어진 직업에서의 성공조건, 보상, 승진에 관한 정보를 알아야 하며 정보입수를 바탕으로 선택과정에서 '진실한 추론'을 해 나가야 한다.

결론적으로 많은 상담자, 교육자, 심리학자들은 Parsons가 세상을 떠난 후에도 그의 이론을 지지하고 확장시켰다. 특히 개인차 심리학의 발전은 과학적 측정을 통한 특성 확인을 가능케 하여 Parsons 이론에 추진력을 더했다. 그리고 Peterson은 진로상담자들이 사용하는 여러 가지 심리검사도구를 개발하였다. 그 외에도 미네소타 그룹의 Williamson은 특성-요인이론의 대변자로 떠올랐다. 미네소타 대학교의 직업심리학자들은 다양한 특수적성검사, 인성검사 등의 검사 도구를 개발함으로써 특성-요인이론의 기초가 되었다. 또한 상담기법, 진단전략, 적재적소에 배치 등에 관한 정보를 담은 책들도 펴냈으며 이들의 연구결과로 1977년 『직업사전』이 출판되었다.

2) 특성-요인이론의 기본가정 및 원리

특성–요인이론의 접근법은 직업과 사람을 연결하기 위하여 다음과 같이 세 가지의 가정 및 원리에 기초를 두고 있다(Crites, 1969).

첫째, 각자의 독특한 심리학적 특성 때문에 모든 근로자는 특수한 직업유형에 잘 적응한다.

둘째, 여러 직업에 종사하는 근로자들은 각각 다른 심리학적 특성을 가지고 있다.

셋째, 직업적응은 직접적으로 근로자의 특성과 직업에서 요구하는 것들 사이의 조화를 이루는 정도에 따라 달라진다.

이러한 원리들은 직업과 관련된 개인의 특성을 측정하여 미래의 직업세계에서 성공을 예측하려고 시도함으로써 직무 내용설명과 직무 요구사항의 연구에 많은 영향을 주었다. 또한 내담자가 직업세계에서 최적의 활동범위를 발견할 수 있도록 돕는다.

Parsons(1909)는 그의 저서 『*Choosing a Vocation*(직업선택)』에서 현명한 직업선택에 대한 세 가지 주요 요인을 다음과 같이 제시하였다.

첫째, 자신에 대한 정확한 이해, 즉 적성, 흥미, 비전, 환경 등의 이해이다.

둘째, 주어진 직업의 자격 요건, 장·단점, 보수, 취업기회, 미래전망 등에 관한 지식이다.

셋째, 위 두 요인 사이의 합리적인 연결이다. 즉 내담자에 관한 자료와 직업에 대한 자료를 중심으로 한 내담자와의 진로상담을 통해 내담자가 현명한 판단을 하도록 도와주는 활동이다. 이렇듯 현명한 직업선택은 자기 자신에 대한 분명한 이해, 제반직업조건과 욕구의 인식, 그리고 이 두 가지 요소들의 적절한 매칭으로 이루어지는 것이다.

Miller(1974)는 특성-요인이론을 다음과 같은 다섯 가지 기본가정에 기반하고 있다.

첫째, 직업발달은 개인과 직업특성 사이의 관계를 합리적으로 추론하여 의사결정을 도출하는 과정이다.

둘째, 직업선택에서는 발달보다는 선택 자체를 강조한다.

셋째, 각 개인에게는 자기에게 맞는 하나의 적절한 직업이 있다. 한 사람이 여러 직업에 동시에 적합하다고 볼 수는 없다.

넷째, 직업에는 그 직업에 맞는 특정 사람들이 종사하고 있다. 따라서 특정 직업에서 유능하게 일하는 사람의 특성에는 어떠한 제한이 있다.

다섯째, 누구나 자신의 특성에 맞는 직업을 선택할 수 있다.

이런 접근법은 일반적으로 심리검사를 통해 개인의 특성을 평가하게 된다. 그러나 이런 측정도구에서 얻은 정보는 예언타당도가 낮다는 문제점을 갖고 있다. 그 이유는 개인이 보이는 여러 가지 특성 중에서 어떤 것을 우선적으로 고려하느냐에 따라 직업선택이 달라질 수 있기 때문이다. 따라서 심리검사를 통해 얻은 정보는 직업선택 시에 부분적으로 참고하는 정도로만 활용하는 것이 바람직하다.

그리고 Klein과 Weiner(1977)는 특성-요인이론을 다음과 같은 네 가지 기본가정에 기초를 두고 있다.

첫째, 각 개인은 독특한 특성을 가지고 있다. 그리고 그 특성은 신뢰할 만하다.

둘째, 직업은 직장인이 성공적으로 일을 수행하기 위한 특성을 요구한다.

셋째, 직업선택은 직선적인 과정이며 매칭이 가능하다.

넷째, 개인의 특성과 직업에 따른 요구사항에서 매칭이 잘 이루어질수록 성공 가능성이 크다.

이와 같이 특성-요인이론은 개인의 적성, 지능, 흥미, 가치관, 성격 및 개인이 갖고 있는 여러 특성을 심리검사 등의 객관적인 방법으로 찾아내고 주어진 직업이 요구하는 관련된 요인을 분석하여 개인의 특성에 적합한 직업을 선택하게 하는 이론이다. 이러한 직업선택은 개인의 능력수준과 욕구가 자기가 원하는 직업에서 요구하는 능력과 강화체계와 일치되어 직무만족도를 높이고 성공적인 직업 적응을 가능하도록 한다.

3) 특성-요인이론의 평가

특성-요인이론은 심리검사의 개발과 세계대전으로 인해 상당히 각광을 받아왔고 현재까지도 진로지도에 큰 공헌을 하였다. 특히 직업선택에 있어서 개인의 여러 가지 특성, 즉 성격, 흥미, 가치관 등을 고려하였다는 사실이 주요 공헌점으로 평가되고 있다. 이 이론은 후에 다양한 연구가 수행되도록 자극을 주었는데 적성검사연구가 그 대표적인 것으로 Strong(1983)의 직업흥미검사, Kuder(1963)의 직업선호검사 등이 속한다. 또한 표준화 검사도구의 개발과 직업세계의 분석과정은 진로상담에 매우 유용하다.

그러나 한편으로 특성-요인이론은 많은 제한점을 갖고 있다. 먼저 특성-요인이론에서는 객관적인 절차, 즉 심리검사를 통해서 개인의 특성을 비교적 정확하게 측정할 수 있다고 가정하는데 이러한 검사도구에서 밝혀진 결과가 장래 직업에서의 성공여부를 정확하게 예언해주지 못한다는 예언타당도의 문제가 제기되고 있다(Ghiselli, 1977).

또한 특성-요인이론은 직업선택을 일회적인 행위로 간주하여 장기간에 걸친 인간의 직업 발달을 무시하고 있으며, 개인이 소지하고 있는 특성 간의 역동성 및 개인이 그 많은 요인 중에서 어느 것을 우선적으로 고려하느냐에 따라 직업선택이 달라질 수 있다는 점을 고려하지 못하고 있다(Herr & Cramer, 1984).

이밖에도 특성-요인이론이 개인의 특성과 직업 사이의 관계를 기술하지만 개인 특성의 발달과정과 개인이 갖는 특성에 대해서는 설명이 없다. 또한 개념적인 간결함 때문에 많은 상담자에 의해서 활용되지만, 특성-요인이론만으로는 효율적인 진로상담을 위한 지침을 제공하지 못하는 점 역시 이 이론의 제한점으로 볼 수 있다.

2. 발달이론

발달이론(Developmental theories)은 특성-요인보다 좀 더 포괄적인 접근을 하고 시간에 따라 일어나는 모든 진로행동의 변화와 발달을 전제로 한 종단적인 표현에 더 많은 관심을 가지고 있다. 또한, 자아개념을 더 중요시하는 점에서 특성-요인이론과 차이가 있다(Herr & Cramer, 1979). 즉 특성-요인이론이 직업선택을 일회적인 행위로 간주하였다면, 발달이론은 진로발달이 생애 전 과정에 걸쳐 발생하며 나중에 이루어지는 결정은 그 이전의 영향을 받는 것으로 간주한다. 발달이론의 대표적인 학자로는 Ginzberg(1951), Super(1957), Tiedman과 O'Hara(1963), Tuckman(1974) 등이 있다.

1) Ginzberg의 진로발달이론

(1) Ginzberg 진로발달이론의 개요

경제학자 Ginzberg, 정신의학자 Ginsburg, 사회학자 Axelrad, 그리고 심리학자 Herma는 직업선택과정에 발달적 접근방법을 최초로 도입한 연구자들로 보고 있다(Zunker, 1998). 이들은 "직업선택은 하나의 발달과정이다. 그것은 단 한 번의 결정이 아니라 일련의 결정들로 계속 이루어진다. 각 단계의 결정은 전 단계의 결정 및 다음 단계의 결정과 밀접한 관계를 가지고 있다."라고 주장하였다. 다시 말해서 직업선택이란 일회적인 행위, 즉 단일결정이 아니라 장기간에 걸쳐서 이루어지는 결정이며, 직업선택은 비가역적인 행위라는 것이다. 따라서 나중에 이루어진 결정은 그 이전의 결정에 영향을 받는다. 이러한 직업선택은 흥미, 능력, 가치관 등 주관적 요소와 현실세계와의 타협으로 이루어진다.

(2) Ginzberg의 진로발달단계

Ginzberg와 동료들(1951)의 이론은 유아기부터 시작하여 성인 초기까지 직업에 관한 자신의 바람(wishes)과 가능성(possibility) 간의 타협을 통해 직업을 선택해 나가는 과정으로 다음 [표 3-2]와 같이 환상기, 잠정기, 현실기의 3단계로 구분한다.

[표 3-2] Ginzberg의 진로발달단계

시기	연령	특성
환상기 (fantasy period)	아동기 (11세 이전)	• 초기단계: 순수한 놀이지향 • 후반단계: 일 지향적 놀이지향
잠정기 (tentative period)	청소년 초기 (11세~17세)	직업요구수준 즉 흥미, 능력, 직업보수, 가치관 그리고 시간전망 등과 같은 직업요구수준에 대한 점진적 인식으로 특징짓는 과도기적 과정
현실기 (realistic period)	청소년 중기 (17세~성인 초기)	능력과 관심의 통합, 가치관의 발달, 직업선택의 특수화, 직업 유형의 구체화

출처: Zunker, 2002

❶ 환상기(fantasy period)

이 시기는 자기가 원하는 직업이면 무엇이든지 할 수 있다고 인식하는 단계이다. 자신의 능력이나 현실적인 여건과 제약을 거의 인식하지 않고 단지 욕구에 집중하는 단계이다. 대개 6~11세까지 해당하는 시기로 아동은 무엇이든 하고 싶고, 하면 된다는 환상 속에서 비현실적으로 선택하는 경향을 보인다. 특정 직업을 선택해서 그 직업이 하는 일을 대부분 놀이 활동으로 표출한다. 예를 들어 엄마놀이, 의사놀이, 가게놀이 등이 여기에 속한다.

❷ 잠정기(tentative period)

자신의 흥미, 적성, 능력, 가치 등 주관적인 요인이 직업선택의 주요 요인으로 간주된다. 현실적인 여건이나 제약 조건에 대한 인식을 별로 고려하지 않기 때문에 직업선택의 문제에 있어서 다분히 비현실적인 성격을 띤다. 주로 고려하는 요인에 따라 흥미단계, 능력단계, 가치단계, 전환단계의 네 가지 하위 단계를 거치게 된다.

- 흥미단계는 대략 11~12세까지의 시기로 취미와 흥미가 직업선택의 주요인이 된다.
- 능력단계는 대략 13~14세까지의 시기로 학업 성적과 타인의 인정 등이 직업 선택의 주요인이 된다. 이 시기의 청소년은 자기능력을 피상적이고 불완전하다고 생각한다.
- 가치단계는 대략 15~16세까지의 시기로 자신의 가치와 생애 목표가 직업 선택의 주요인이 된다.
- 전환단계는 대략 17세 전후의 시기로 주관적 요소에서 현실적 외부 요인으로 관심이 전환되며 현실적 외부 요인이 직업 선택의 주요인이 된다.

❸ 현실기(realistic period)

이 시기는 대개 17세 이후부터 성인기에 이르는 시기로 직업 요구조건, 교육 기회, 취업 기회 등 여러 현실적인 외부 요인과 개인의 흥미, 재능, 가치, 성격 등 자신의 내부 요인과 타협하면서 실제적인 직업선택을 하게 되는 단계이다. 이 단계는 다시 탐색단계, 구체화 단계, 특수화 단계의 세 가지 하위 단계를 거치게 된다. 탐색단계에서는 직업선택을 위해 필요하다고 여겨지는 교육이나 경험을 쌓으려고 노력하는 단계이다. 구체화 단계는 직업목표를 정하고 자신의 진로 결정과 관련된 내·외적 요소를 종합할 수 있는 단계이다. 구체화 단계에서는 타협이 중요한 요인이 된다. 마지막으로 특수화 단계에서는 자신의 결정을 더 구체화시키고 세밀한 계획을 세우는 단계라고 할 수 있다.

(3) Ginzberg 진로발달이론의 평가

Ginzberg의 진로발달이론은 개인이 진로를 설계하는 과정을 일회성 사건이 아닌 일련의 시간적 흐름에 따른 발달적 현상으로 바라본다. 한마디로 진로의사결정이란 개인의 진로결정이 20대 중반까지 일련의 단계를 거치면서 발달하는 과정이라는 것이다. 특히 Ginzberg 진로발달이론의 가장 핵심적 내용은 개인이 진로를 결정하는 과정에서 자신의 흥미와 가치를 기회나 재능, 그리고 그 기회를 추구하는데 소요되는 비용과 균형을 맞추는 과정이라는 것이다.

2) Super의 진로발달이론

(1) 이론의 개요

Super(1957)의 이론은 Ginzberg 이론의 한계를 극복하려는 노력에서 출발한 이론으로 현재까지 나온 진로이론 중에서 가장 포괄적이고 종합적인 이론이라고 할 수 있다. Super는 진로발달을 아동기부터 성인 초기까지로 제한한 Ginzberg의 초기 이론에 이의를 제기하였다. 그의 주장에서 진로발달이란 인간의 전 생애에 걸쳐서 이루어지고 변화하는 것이다. 직업선택을 타협의 과정이라고 본 Ginzberg의 이론을 보완하여 타협과 직업선택이 상호작용하는 일련의 과정으로 보았다. 또한, 진로발달을 개인과 환경과의 상호작용에 의한 결과와 같이 개인과 환경과의 상호작용에 따른 적응과정이라고 하였다.

(2) 이론의 기본가정 및 원리

Super(1954)는 다음과 같이 진로발달이론에 대한 10가지 기본가정 및 원리에 기초를 두고 있다.

① 개인은 능력, 흥미, 성격 등에 있어서 각각 차이점을 갖고 있다.

② 이러한 특성의 차이로 인해 각 개인은 특정한 직업에 적합한 직업적 능력을 지니고 있다.

③ 직업군에는 그 직업에서 요구하는 능력, 흥미, 성격이 있다.

④ 개인의 직업선호, 능력, 자아개념 등은 시간의 경과와 개인의 경험에 따라 변한다. 따라서 직업의 선택과 적응은 평생 변화하는 일련의 계속적인 과정인 것이다.

⑤ 이 과정은 생애단계로서 성장기, 탐색기, 확립기, 유지기, 쇠퇴기로 구분할 수 있다.

⑥ 개인에게 있어서 진로유형의 본질은 부모의 사회경제적 수준, 개인의 지적 능력, 인성, 그리고 직업계획 등에 의해 결정된다.

⑦ 개인의 진로발달은 능력, 흥미, 성숙의 과정을 촉진시키거나 자아개념의 발달을 도움으로써 이루어질 수 있다.

⑧ 직업발달과정은 자아개념을 발달시키고 실천해 나가는 과정이다.

⑨ 개인의 사회적 요인, 이른바 자아개념과 현실 사이에서 타협이란 역할수행의 과정이다. 역할수행은 환상, 상담, 면접 또는 학습이나 클럽에서의 활동과 여가활동, 취업활동 등을 통해 이루어진다.

⑩ 자신의 직업과 인생의 만족은 개인이 얼마나 자신의 능력, 흥미, 성격, 가치관에 맞는 진로를 찾고 종사했느냐에 달려 있다.

이처럼 진로발달은 환경과 경험 그리고 자기개념과 생활양식의 상호작용을 포함하며 다차원적으로 발달한다.

(3) 직업발달단계

Super의 이론에서 중요한 개념 중의 하나는 직업발달단계이다. 그는 1951년 자신의 이론을 더욱 발전시키기 위하여 진로유형 연구(Career pattern study)라는 장기연구 프로젝트를 수행한 바 있다. 이 연구에서 주요 개념은 바로 직업발달단계(Vocational developmental stage)이다. 생애발달에 따른 진로발달의 각 단계와 그 단계별 특징을 제시하면 다음과 같다.

❶ 성장기(growth stage, 14세 이전)

이 시기의 아동은 가정과 학교에서 아동 자신에게 중요한 타인들을 동일시함으로써 자아개념을 발달시킨다. 이 단계 초기에는 욕구와 환상이 지배적이지만 사회참여와 현실검증이 증가함에 따라 점차 흥미와 능력을 중요시 여기게 된다. 이 단계는 환상기, 흥미기, 능력기의 세 가지 하위단계로 구분한다.

- 환상기(fantasy substage, 4~10세): 아동의 욕구가 지배적이며 자신의 역할수행을 중요시한다.
- 흥미기(interest substage, 11~12세): 진로목표와 그 내용을 결정하는 데 있어서 아동의 흥미가 중요시된다.
- 능력기(capacity substage, 13~14세): 진로선택에 있어서 자신의 능력을 중요시하며 직업훈련조건 역시 중요시한다.

❷ 탐색기(exploration stage, 15~24세)

이 단계에서 학교생활, 여가활동, 일의 경험을 통한 역할수행과 자신에게 맞는 직업을 탐색하고 잠정적으로 선택하게 된다. 자신의 여러 특성을 이해하게 되며, 점차 현실적 요인을 중요시하게 된다. 탐색기는 잠정기, 전환기, 시행기의 세 가지 하위단계로 구분한다.

- 잠정기(tentative substage, 15~17세): 진로선택에서 자신의 욕구, 흥미, 능력, 가치관, 성격 등을 고려하며 토론, 일의 경험 등을 통해서 잠정적으로 직업선택을 시도한다.
- 전환기(transition substage, 18~21세): 취업에 필요한 교육과 훈련을 받으며 자아개념을 확립한다. 이때 현실적 요인이 직업의식과 직업 활용의 기초가 된다.
- 시행기(trial substage, 22~24세): 개인이 어떤 직업을 선택하여 종사하기 시작하면서 그 직업의 적합성 여부를 시험한다. 예를 들어, 인턴십, 실습생 등을 통해 진로 경험을 갖게 된다.

❸ 확립기(establishment stage, 25~44세)

이 단계에서 개인은 자신에게 적합한 분야에서 종사하고 정착함으로써 안정을 이룬다. 확립기는 시행기와 안정기의 두 가지 하위단계로 구분한다.

- 시행기(trial substage, 25~30세): 자신이 선택한 일과 직업세계가 적합한지 확인하고 불일치할 경우 한두 차례의 취업과 퇴사를 반복하며 안정된 직업을 찾기 위해 변화를 시도한다.
- 안정기(stabilization substage, 31~44세): 개인의 진로유형이 분명해지고 안정되는 시기로 직업적 안정과 만족, 지위, 소속감을 느끼게 된다.

❹ 유지기(maintenance stage, 45~64세)

이 단계에서 개인은 직업세계에서 확고한 위치를 확보하여 그 직업과 지위를 유지하기 위한 노력을 한다. 이 시기의 개인은 비교적 안정되고 만족스러운 삶을 살아간다.

❺ 쇠퇴기(decline stage, 65세 이상)

이 단계에서 개인은 신체적 · 정신적으로 기능이 쇠퇴하게 된다. 이에 따라 직업현장에서 은퇴하여 새로운 역할과 활동을 찾게 된다. 재취업이나 봉사, 여가 등 새로운 일을 찾는 시기이다.

Super는 직업발달 5단계 중에서 탐색기와 확립기의 진로발달을 중요시하였다. 왜냐하면 이 시기의 개인은 선호하는 직업세계에 대해 구체적인 선택을 하고 선택한 직업에서 안정과 발전을 이루어가면서 자아개념을 완성해가기 때문이다. 이와 같이 Super는 진로발달에 있어서 자아개념의 중요성을 강조하면서 개인의 진로발달 과정을 자아실현과 생애발달 과정으로 보았으며 자아 이미지와 일치하는 직업을 선택한다고 보았다.

(4) 직업발달과업

Super는 진로발달단계를 기초로 하여 [표 3-3]과 같이 직업발달과업(Vocational development tasks)을 제시하였다. 첫째, 구체화기의 과업은 자원, 가능성, 흥미, 가치관의 인식과 선호하는 직업계획을 세우고 그 계획을 어떻게 실행할 것인가를 고려하는 것이다. 둘째, 특수화기의 과업은 선호하는 직업을 선택하게 된 요인을 명확히 하고 구체적인 정보를 통하여 직업계획을 확고히 하는 것이다. 셋째, 실행화기의 과업은 직업을 위한 교육훈련을 완수하고 취업하는 것이다. 넷째, 안정화기의 과업은 선택한 직업을 확고히 하고 직장생활에서 안정감을 발달시키는 것이다. 마지막으로 공고화기의 과업은 한 직업에서의 승진과 특권을 확립하는 것이다(Super, Starishesky, Matlin, & Jordaan, 1963).

[표 3-3] Super의 직업발달과업

직업발달과업	연령(세)	일반적인 특징
구체화기 (crystallization)	14~18	자신의 흥미, 가치는 물론 가용자원과 장차 일어날지도 모르는 일 그리고 선호하는 직업을 위한 계획 등을 인식하여 일반적인 직업 목적을 형성하는 지적과정단계의 과업이다. 이 과업은 선호하는 진로에 대하여 계획하고 그 계획을 어떻게 실행할 것인가를 고려하는 것이다.
특수화기(명료화기) (specification)	18~21	잠정적인 직업에 대한 선호에서 특정한 직업에 대한 선호로 옮기는 단계의 과업이다. 이 과업은 직업선택을 객관적으로 명백히 하고, 선택된 직업에 대해서 더욱 구체적으로 이해하여 진로계획을 특수화하는 것이다.
실행화기(실천화기) (implementation)	21~24	선호하는 직업을 위한 교육훈련을 마치고 취업하는 단계의 과업이다.
안정화기 (stabilization)	24~35	직업에서 실제 일을 수행하고 재능을 활용함으로써 진로선택이 적절한 것임을 보여주고 자신의 위치를 확립하는 단계의 과업이다.
공고화기(확립화기) (consolidation)	35 이상	승진, 지위획득, 경력개발 등을 통하여 자신의 진로를 안정되게 하는 단계의 과업이다.

출처: Super, Starishesky, Matlin, & Jordaan, 1963

(5) 시·공적 접근이론

Super의 초기 진로발달이론은 성장기, 탐색기, 확립기, 유지기, 쇠퇴기와 같은 5단계를 거치며 [표 3-4]와 같은 직업발달과업을 이루는 것을 중심으로 하는 반면 1990년대 이후에 발표한 후기 진로발달이론에서는 탐색기, 확립기, 유지기에 이르는 성인기 진로발달이론으로 수정되었다. 그는 그의 이론에서 발달과업을 통해 순환(cycling)과 재순환(recycling)이라는 용어를 사용하였다. 그리고 자신의 이론을 진로에 대한 시·공간적 접근(The life-span, life-space approach to career) 혹은 생애시간 및 생애공간이론으로 명명하였다(Savickas, 1997).[1]

Super의 후기 진로발달이론은 초기 진로발달이론들과는 크게 두 가지 점에서 차이를 보인다. 첫째, Super는 성인기 진로발달이 생물학적인 발달, 즉 연령의 발달과는 거의 관련이 없다는 관점을 취하였다. 둘째, 주어진 단계를 성공적으로 마쳐서 얻어진 심리적 변화가 끝까지 유지되는 것은 아니라고 보았다. 다시 말해 진로단계 사이에 발생하는 전환의 시점은 연령보다는 개인의 성격과 생애환경의 기능에 의한 것이라고 본 것이다(Super, 1990). 이렇듯 진로발달 과정은 전 생애를 통해 계속되며 성장기, 탐색기, 확립기, 유지기, 쇠퇴기의 단계를 거치게 되는데 이러한 대주기 안에서 인생의 각 단계마다도 성장, 탐색, 확립, 유지, 쇠퇴로 구성된 소주기가 순환과 재순환되는 것이다. [표 3-4]에 Super의 전 생애를 통한 발달과업의 순환과 재순환 개념을 제시하였다.

---

1) Super는 수정된 자신의 이론을 the life-span, life-space theory라는 용어를 사용하여 인간의 전 생애에 따른 시간적 측면과 생애역할에 따른 공간적 측면을 부각시켰다.

[표 3-4] Super의 전 생애 발달과업의 순환 및 재순환

생애 단계	연령(세)			
	청소년기 (14~24세)	성인 초기 (25~45세)	성인 중기 (46~65세)	성인 후기 (65세 이상)
쇠퇴기	취미시간 줄이기	운동참여 줄이기	가장 중요한 것에 초점 맞추기	작업시간 줄이기
유지기	현재 직업선택 확증하기	직업 지위 안정화하기	경쟁에서 자기 지위 확보하기	자신이 즐기는 활동 유지하기
확립기	선택 분야 시작하기	알맞은 지위에 안착하기	새로운 기술 개발하기	과거에 하고 싶었던 것 하기
탐색기	기회에 대한 추가 학습하기	원하는 기회 탐색하기	새로운 과업 찾기	은퇴 후 활동할 좋은 곳 찾기
성장기	현실적 자아개념 개발하기	타인과 관계맺기 학습	자신의 한계 수용	비직업 역할 개발하고 가치 부여하기

출처: Super, 1990

❶ 생애무지개(Life Rainbow) 개념

Super는 개인이 생애에서 가지게 되는 역할을 생애무지개로 제시하였다. Super는 일반적으로 개인이 전 생애에 걸쳐서 아홉 가지의 주요한 역할을 수행한다고 보았다. 연대기적 순서에 따른 역할로는 자녀, 학생, 여가인, 시민, 근로자, 배우자, 주부, 부모, 은퇴자 등이 있다. 이러한 역할들은 상호작용하며 이전의 수행과 이후의 수행은 서로 영향을 미친다. 그러나 개인은 여러 생애역할에 효과적으로 참여하기란 매우 어렵다. 따라서 다양한 시점에서 특정한 생애역할에 우선권이 주어질 필요가 있다.

❷ 진로아치형 모델(진로발달의 분절모형)

Super는 '생애무지개'라는 생애 시간적 개념인 수직적 차원에다가 생애공간(life-space)적 차원이라는 다른 차원을 추가하여 진로발달의 분절모형인 진로아치형 모델을 〈그림 3-1〉과 같이 제시하였다.

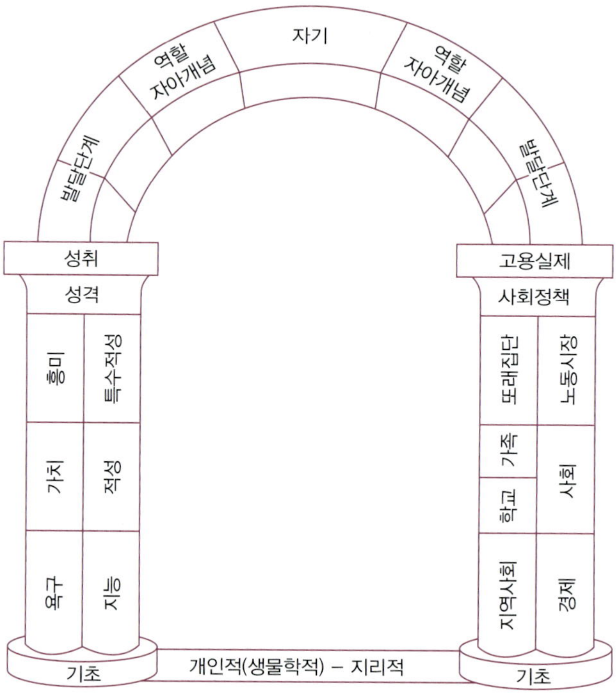

〈그림 3-1〉 Super의 진로아치형 모델

출처: Super, 1990

아치형 모델을 살펴보면 다음과 같다. 개인적(생물학적) 근거로부터 확장된 왼쪽 기둥은 욕구, 가치, 흥미, 성격으로 구성되어 있는데 이는 진로발달에서 개인심리적 측면으로 성취를 가져오는 요인이 된다. 반면에 지리적 근거로부터 확장된 오른쪽 기둥은 지역사회, 학교, 가족, 노동시장으로 구성되어 있는데 이는 사회정책과 실제 고용에 영향을 주는 요인이 된다. 그리고 진로발달단계에 따라 개인의 심리적 요인과 사회적 요인의 상호작용 속에서 자아개념이 발달하게 된다. 이와 같은 과정 속에서 진로자아개념이 형성된다.

(6) 이론의 평가

Super의 직업발달이론은 진로이론 중에서 직업적 성숙과정을 가장 체계적으로 기술하고 있으며 실증적 자료를 많이 확보하고 있다. 그는 개인의 직업발달 과정을 자아실현과 생애발달의 과정으로 본 점과 자아개념을 진로자아개념으로 전환하고 진로유형과 진로성숙, 진로발달단계에 초점을 맞추면서 진로발달 과정을 체계적으로 기술한 가장 역동적이고 포괄적인 이론이라 할 수 있다. 그러나 너무 광범위하고 지나치게 자아개념 지향적이며 지적인 면과 직업발달 측면만을 강조하고 있다는 비판을 받기도 한다.

3) Tiedman과 O'Hara의 진로발달이론

(1) 이론의 개요

Tiedman과 O'Hara(1963)는 진로발달을 직업정체감을 형성해가는 과정으로 보았다. 개인은 일에 직면했을 때 분화(differentiation)와 통합(integration)의 과정을 거친다. 그러면서 자아정체감을 형성해가며 이것은 직업정체감의 형성에 기초 요인이 된다. 직업 자아정체감(vocational identify)이란 개인이 자신과 관련된 특성을 파악하고 자아를 실현시키는 일이 과연 무엇인가에 대한 자기 나름대로의 인식 또는 생각을 의미하며, 의사결정을 되풀이하는 과정에서 성숙해진다. 따라서 진로발달이란 자아개념을 직업 자아정체감으로 정의하는 연속적 과정이라 할 수 있다.

Tiedman과 O'Hara는 진로발달에서 진로결정을 가장 중요한 문제로 보았다. 개인은 어떤 문제에 직면하거나 어떤 결정을 내려야 할 때 의사결정의 단계에 접어들게 된다. 그들은 직업 자아정체감의 형성과정에 따라 의사결정방식이 다르다고 보고 의사결정단계를 잠정적인 결정을 내리는 예상기와 잠정적 결정을 실천에 옮기는 실천기로 구분하고 있다. 예상기는 다시 탐색기, 구체화기, 선택기, 명료화기의 네 가지 하위단계로, 실천기는 순응기, 개혁기, 통합기의 세 가지 하위단계로 구분한다. 각 단계의 특징을 살펴보면 다음과 같다.

(2) 의사결정단계

❶ 예상기(anticipation period)

전직업기(preoccupation period)라고도 부르며 다음과 같이 네 가지 하위 단계로 구분한다.

㉠ 탐색기(exploration substage): 자신의 진로목표를 설정하고 대안을 탐색하며 진로목표를 성취할 수 있는 능력과 여건이 갖추어져 있는지에 대한 예비적인 평가를 해본다.

㉡ 구체화기(crystalization substage): 자신의 가치관과 목적, 가능한 보수나 보상 등을 고려하면서 구체적으로 진로를 준비하기 시작한다. 개인은 가장 바람직한 방향으로 진로를 결정하려고 한다.

㉢ 선택기(choice substage): 자신이 하고 싶어 하는 일과 그렇지 않은 것을 확실히 알게 되고 구체적인 의사결정을 하게 된다.

㉣ 명료화기(clarification substage): 자신이 내린 의사결정을 신중히 분석 · 검토하고 결론을 내리는 과정이다.

❷ 실천기(implementation period)

적응기(adjustment period)라고도 한다. 이 단계는 앞에서 내린 잠정적 결정을 실천에 옮기는 과정으로 다음과 같이 세 가지 하위단계로 구분한다.

㉠ 순응기(inducation substage): 새로운 상황, 즉 새로운 직장이나 학교의 요구에 대해서 수용적인 태도를 보인다.

㉡ 개혁기(reformation substage): 새로운 집단이나 조직으로부터 인정을 받게 되면 자신의 의견이나 주장을 행사하려 한다.

㉢ 통합기(intergration substage): 집단이나 조직의 요구와 자신의 욕구 간에 균형이 이루어진다. 즉 타협을 통하여 집단원으로서 원만하게 생활을 해가면서 개인은 직업적 자아개념을 발달시키게 되는데, 이는 분화와 통합의 과정을 통한 역동적인 평형화 과정이다.

(3) 이론의 평가

Tiedman과 O'Hara의 진로발달이론은 직업에 대하여 일련의 의사결정단계를 거치면서 직업 자아정체감이 형성되는데, 직업 자아정체감은 일반적으로 연령이 증가하고 다양한 경험이 쌓일수록 분화와 통합의 과정을 겪으면서 발달하게 된다. 따라서 Tiedman과 O'Hara의 이론은 Super의 이론에 영향을 많이 받은 것으로 평가할 수 있다. 여기서 분화와 통합의 과정은 엄밀히 구분되는 과정은 아니지만 진로의사결정 시에 기장 중요한 과정이라 할 수 있다. 특히 Tiedman은 의사결정과정에서 개별과정(individual process)을 중시하였다. 그리고 개인적인 경험이나 의사결정과정의 이해는 진로발달과 선택에 있어서 매우 중요하다고 보았다.

4) Tuckman의 발달이론

(1) 이론의 개요

Tuckman(1974)은 자아인식, 진로인식, 진로의사결정이라는 세 가지 요소를 중심으로 하는 8단계의 진로발달이론을 제시하였다. 이 이론은 학생들의 진로발달을 위해 무엇을 교육할 것인가를 알게 하고 사용하는 데 중요한 공헌을 했다. 즉 진로발달을 촉진시키기 위하여 일선의 상담사, 교사, 학부모 등이 활용할 수 있는 매체의 선택이나 활동내용의 구성에 많은 시사점을 준다. 그가 제시한 진로발달 8단계의 특징을 살펴보면 다음과 같다.

(2) 진로발달 8단계

■ 1단계: 일방적 의존성 단계(유치원~초등 1학년)

이 시기의 아동은 부모나 교사와 같은 외적 통제에 의존하여 직업에 대해 듣는 다양한 내용과 가정에서 사용하는 도구들을 중심으로 진로의식을 형성한다.

■ 2단계: 자기주장의 단계(초등 1~2학년)

이 시기의 아동은 조금씩 자율성을 갖게 되면서 친구를 선택하는 것과 같은 단순한 형태의 선택을 할 수 있게 된다. 또한 직업에 대한 간단한 지식이나 개념을 이해하기 시작한다.

■ 3단계: 조건적 의존성의 단계(초등 2~3학년)

이 시기의 아동은 자아를 인식하기 시작하면서 더욱 독립적인 존재가 되어간다. 자신의 동기와 욕구에 대해 인식하고 친구와의 관계형성에서 자아인식의 초점을 맞추고 독립적인 역할이 가능해진다.

■ 4단계: 독립성의 단계(초등 4학년)

이 시기의 아동은 직업의 세계를 이론적으로 탐색한다. 기술과 직업세계에 대한 인식, 사회 내에서의 자신의 위치 등을 생각해보면서 진로결정에 대해 서서히 관심을 갖게 된다.

■ 5단계: 외부지원의 단계(초등 5~6학년)

이 시기의 아동은 외부의 승인이나 인정을 구한다. 직업적 흥미, 목표, 작업 조건, 직무 내용 등에 관심을 갖는다.

■ 6단계: 자기결정의 단계(중등 1~2학년)

보통 이 시기의 청소년은 자신의 규범과 규칙을 정하고 자아인식을 위해 노력하며 직업군을 탐색하기 시작한다. 또한 직업관을 갖기 시작하면서 의사결정의 기본 요인들을 현실적인 시각에서 탐색한다.

■ 7단계: 상호관계의 단계(중등 3학년~고등 1학년)

이 시기의 청소년은 또래집단의 문화와 교우관계를 중시하는 관점에서 진로선택을 한다. 직업 선택의 가치, 일에 대한 기대와 보상, 작업환경, 의사결정의 효율성 등에 관심을 갖는다.

■ 8단계: 자율성의 단계(고등 2~3학년)

이 시기의 청소년은 직업에 대한 탐색과 아울러 자기 자신에 대한 인식을 더욱 확고히 하게 된다. 진로문제에서 자신의 적합성 여부, 교육조건, 선택 가능성 등을 강조하면서 대안을 점차 축소해 나간다.

(3) 이론의 평가

Tuckman의 이론은 유치원에서 고등학교까지의 발달을 다룬 것으로 하나의 결정적인 이론이라기보다는 검증해 볼 만한 가설을 제시한 것이라고 평가되고 있다. 또한, Tuckman의 이론은 진로개발교육의 기초를 제공해 주었다는 평가를 받는다.

5) Crites의 직업발달연구

(1) 이론의 개요

Crites(1971)는 Super와 함께 진로유형연구(Career pattern study)를 수행하면서 직업성숙의 개념을 제시하였다. Crites는 Super의 직업선택이론에서의 직업선택의 태도 및 노력의 영역을 추가하여 태도척도와 능력척도를 개발하였다. 그는 개발 초기에 이 검사의 명칭을 직업발달도검사(Vocational development inventory)라고 명명했으나, 진로라는 용어가 직업이라는 용어보다 포괄적이고 성숙이 발달보다 적합한 개념이라고 생각하여 진로성숙도검사(Career Maturity Inventory: CMI)라고 수정하였다. 그는 이 검사에서 진로성숙의 영역을 내용과 과정으로 구분하고 과정변인인 진로선택 태도와 진로선택 능력에 초점을 맞추고 개인의 진로성숙도를 측정하는 데 관심을 두었다.

(2) 이론의 평가

Crites의 직업발달연구는 개인의 진로선택 및 진로의사결정에서 알 수 있듯이 직업생애 단계를 거치면서 발달하고 각 단계는 각각 다른 발달과제와 진로행동을 갖고 있다고 보았다. 이 이론의 장점은 진로성숙의 개념을 정의하고 있으며 진로성숙의 구인(construct)을 추출하여 측정함으로써 진로발달의 과정과 결과를 체계적으로 기술했다는 점이다. 이 이론은 직업선택에 관한 여러 이론의 장점을 포괄하고 진로발달을 생애발달의 관점에서 설명하고 있다는 점에서 포괄적이고 인간적인 접근법이라 할 수 있다.

6) Gottfredson의 직업포부 발달이론

(1) 이론의 개요

직업포부의 발달은 Gottfredson(1981)이 제시한 이론의 중요한 개념으로 개인의 진로발달은 직업포부에 초점이 맞추어져 있으며 직업포부 역시 발달한다고 보았다. 직업포부란 개인이 얻고자 희망하는 직업을 의미하는 것으로 개인의 직업선택에 영향을 주는 핵심 결정 요인은 개인의 흥미, 능력, 가치, 사회계층, 성취동기 등이 있다. Gottfredson은 사람들의 직업포부가 성별, 인종별, 사회계층별로 차이가 나는 것을 설명하기 위해 '제한-타협이론(Circumscription & compromise theory)'을 개발하였다.

이 이론에 의하면 개인의 진로발달을 자아발달의 과정에서 자신의 포부를 실현하고자 할 때 포부에 대한 점진적인 제한을 가하는 것이 직업선호를 결정하게 되며 현실과 조화를 이루는 과정이라는 것이다. 이는 직업의 선택지를 좁혀가는 과정으로 '수용가능한 진로대안 영역(zone of acceptable alternative)'이라고 일컫는다. 개인의 직업포부는 진로자아개념과 직업에 대한 이미지를 비교하여 그 일치성의 정도를 결정하는 반복적인 과정을 통해 형성된다. 개인은 힘과 크기, 성역할, 사회적 가치, 자신의 흥미 요소들을 발달단계에 따라 순차적으로 자아개념에 통합하면서 자신이 선택할 직업대안의 범위를 축소시켜 나간다.

다음 〈그림 3-2〉는 Gottfredson의 직업포부의 발달을 나타낸다. 직업포부의 발달은 직업의 성별유형과 직업의 사회적 지위 수준이라는 두 축으로 이루어지는데 개인이 수용가능한 진로대안 영역은 이 두 개의 축과 함께 그 직업을 얻기 위해 자신이 노력해야 할 것으로 기대되는 수준을 고려하여 나누어진다.

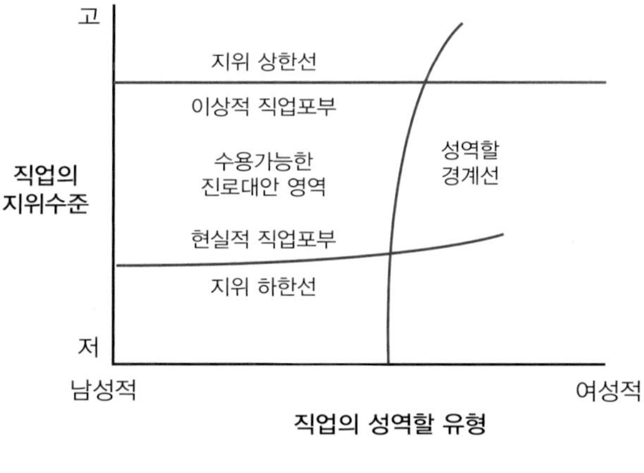

〈그림 3-2〉 직업포부의 발달

출처: Gottfredson, 1996

(2) 직업포부의 발달단계

직업포부의 발달은 다음과 같이 네 단계로 이루어진다. 그것은 힘과 크기 지향성의 단계, 성역할 지향성의 단계, 사회적 가치 지향성의 단계, 내적이며 고유한 자아 지향성의 단계이다.

❶ 힘과 크기 지향성(orientation to size and power, 3~5세)

사고 과정이 구체화되며 직업을 갖는 것이 어른이 된다는 의미로 알게 되는 단계이다. 외형적 관심단계로 어른들의 역할 흉내내기를 통해 미래 직업에 대해 '어른이 되면 뭐든지 다 할 것 같다'라고 긍정적으로 생각하는 단계이다.

❷ 성역할 지향성(orientation to sex roles, 6~8세)

자아개념이 성(Gender)의 발달에 의해 영향을 받는다. 직업을 여성적 직업과 남성적 직업으로 이분화하고 직업에 대한 성역할 유형화가 이루어져서 자신의 성에 적합하다고 생각하는 직업을 선호하게 된다. 특히 동성의 어른들이 수행하는 직업들을 선호한다.

❸ 사회적 가치 지향성(orientation to social valuation, 9~13세)

사회계층에 대한 개념이 생기면서 상황 속의 자아(self-in-situation)를 인식한다. 사회계층의 차이, 개인 능력의 차이, 직업의 사회적 지위나 명성의 차이를 인식하고 자신의 사회·경제적 수준에 맞는 직업을 선호한다. 또한 직업의 보상적 측면과 요구되는 교육수준의 정도가 다르다는 것을 인식한다. 너무 낮은 사회적 지위를 갖는 직업과 극도의 노력이 요구되는 힘든 직업들을 제외하게 된다.

❹ 내적이며 고유한 자아 지향성 (orientation to the internal, unique self, 14세 이후)

이 단계의 청소년들은 자아정체감 혼란을 경험하고 내성적(introspective) 사고를 통하여 자아인식을 발달시키면서 타인에 대한 개념이 생겨난다. 자아성찰과 사회계층의 맥락에서 직업포부가 더욱 발달하는 단계이다. 자신의 흥미, 가치, 능력 등의 내적이고 고유한 자신의 특성들을 고려함과 동시에 동료집단의 평가와 일반적 사회의 기대를 고려하며 직업포부 수준을 현실화시킨다.

(3) 이론의 적용

Gottfredson의 제한-타협이론(Circumscription & compromise theory)의 적용 가능성을 살펴보면 진로상담에 여러 시사점을 주고 있음을 알 수 있다. 진로발달 영역 결과와 타협과정 영역 결과로 나누어 볼 수 있다. 먼저, 직업포부 발달 관련 연구와 직업인식 발달 관련 연구의 결과는 학생들이 진로발달 과정에서 경험하게 되는 여러 가지 문제들을 어떻게 이해할 것인가에 대한 내용이다. 다음은, 타협과정에 관한 연구결과들은 의사결정단계의 내담자 또는 이미 어떤 진로를 선택한 내담자의 부적응 문제를 어떻게 이해하고 조력할 것인가에 대해 시사점을 주고 있다. 무엇보다 진로상담에서 Gottfredson의 이론을 적용한다면 상담자는 타협과정의 불가피성에 대해 수용하도록 조력하고, 효율적으로 타협할 수 있도록 촉진하며, 타협 이후 발생되는 부적응을 다루게 될 것이다(김봉환 외, 2012).

(4) 이론의 평가

Gottfredson의 제한-타협이론은 자아개념이나 흥미 등의 개인의 내적 요인에만 초점을 두었던 이전의 발달이론과 달리 성역할이나 사회적 지위와 같은 사회적 요인과 추론능력, 언어능력과 같은 인지적 요인을 통합시켜 직업포부의 발달에 대한 체계적인 설명을 시도하였다. Gottfredson의 제한-타협이론은 타 진로이론에 비교하면 관련 연구성과가 광범위하게 축적되어 있지 않다. 현재의 제한-타협이론은 특정한 직업들이 배제되고 선택되는 과정에 대한 보다 구체적인 원리에 대해서는 충분히 설명하지 못한다는 비판을 받고 있다.

3. 욕구이론

욕구이론(Need theory)은 직업선택이 개인의 욕구와 관련이 있는 것으로 보는 이론으로서 Roe, Holland, Hoppock 등과 같은 학자들에 의해 연구되었다.

1) Roe의 욕구이론

(1) 이론의 개요

Roe(1956)는 직업선택에 인성 요인을 최초로 도입한 임상심리학자로서 아동기의 경험과 직업행동과의 관계를 설명하는 이론을 주장하였다. Roe는 직업선택이 생물학적, 사회학적, 심리학적인 개인차에 기초한다고 가정하였지만 초기 아동기, 특히 12세 이전에 부모가 자녀를 대하는 양육방식이 자녀의 심리적 욕구와 상호작용하여 직업선택이 이루어질 수 있음을 가정하고 이를 검증하였다. 그녀의 이론은 1980년대 이후로 별다른 주목을 받지 못하였으나 부모가 자녀에게 미치는 영향에 대한 그녀의 생각이나 진로분류에 대한 그녀의 아이디어는 여전히 진로상담 현장에서 유용하다.

Roe는 여러 직업에 종사하는 사람들은 각각 다른 욕구를 지니고 있다. 이러한 욕구의 차이는 어린 시절의 부모-자녀관계에서 기인한다고 보았다. 그녀에 의하면 가정의 정서적 분위기, 즉 부모와 자녀 간의 상호작용 또는 육아법은 자녀회피형, 자녀에 대한 감정집중형, 자녀수용형으로 구분할 수 있는데 이러한 양육방식에 따라 자녀의 욕구유형이 달라지며 이는 다시 진로선택에 영향을 미치게 된다. Roe의 부모의 육아방법과 자녀의 직업지향성에 대한 설명은 〈그림 3-3〉에 제시된 그림을 보면 쉽게 이해할 수 있다.

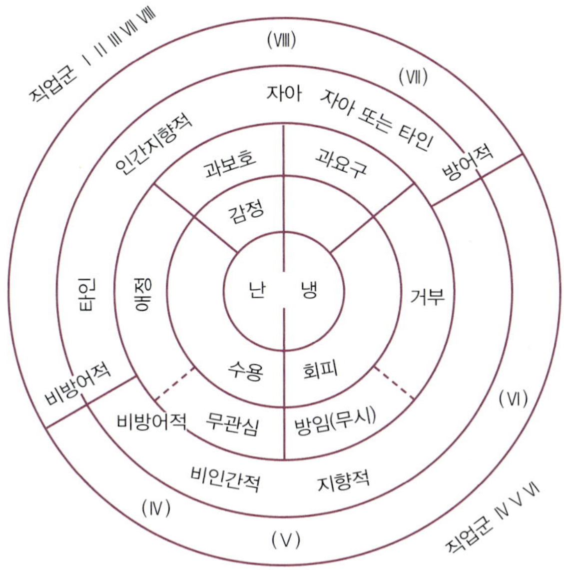

〈그림 3-3〉 부모의 육아방법과 자녀의 직업지향성

출처: Roe & Siegelman, 1964

(2) 부모의 자녀양육태도 유형 (오윤선·황인숙, 2015)

❶ 회피형

㉠ 거부형: 자녀에 대해 냉담하여 자녀가 선호하는 것이나 의견을 무시한다. 또 부족하고 부적합한 면을 지적하며 자녀의 욕구를 충족시켜 주려고 하지 않는다.

㉡ 방임(무시)형: 자녀와의 접촉이 드물고 부모의 책임을 회피하려고 한다.

❷ 감정형

㉠ 과보호형: 자녀를 지나치게 보호함으로써 자녀의 의존성을 키운다.

㉡ 과요구형: 자녀가 남보다 뛰어나기를 바라고 공부를 잘 하도록 엄격하게 훈련시키고 무리한 요구를 한다.

❸ 수용형

㉠ 무관심형: 자녀를 수용적으로 대하지만 자녀의 욕구나 필요에 대해 대체로 민감하지 않다. 또 자녀에게 어떤 것을 잘하도록 강요하지도 않는다.

㉡ 애정형: 온정적이고 관심을 기울이며 자녀의 요구에 응한다. 독립심을 길러 주며 벌을 주는 것보다는 이성과 애정으로 대한다.

Roe는 이러한 부모의 양육방식을 척도로 만들어 부모–자녀관계를 측정하는 부모–자녀관계 척도(Parent-Child Relations Questionnaire: PCR)를 개발하여 사용하였다. 이 척도는 부모 각자가 아들과 딸을 각각 다르게 대할 것이라는 가정 아래 각각의 성이 다른 자녀를 대하는 양식을 측정하도록 구성되어 있다. 각 문항은 12세 이전에 부모에 대해 경험한 회상내용을 검사하게 되어 있는데, 아버지와 어머니에 대해 각각 별도의 질문을 제시하고 있다.

(3) 양육방식에 따른 직업지향성

Roe는 양육방식과 직업지향성과의 관련에 대해 다음과 같은 가설을 제시하였다.

첫째, 부모의 사랑을 받지 못하고 거부적인 양육환경에서 성장한 사람은 공격적이고 방어적인 성격을 갖게 된다. 그 결과 대부분 다른 사람과의 접촉이 적은 회피적인 직업 즉 과학계통, 연구계통의 직업을 선호한다.

둘째, 과보호형의 양육환경에서 성장한 사람은 인간지향적인 성격을 갖게 되며 그 결과 대부분 예능계통의 직업을 선호한다.

셋째, 온정적이고 수용적인 양육환경에서 성장한 사람도 사람지향적인 직업을 갖게 되지만, 과보호형과는 달리 대부분 다른 사람들과 일하고 접촉하는 서비스 직종의 직업을 선호한다.

하지만 이러한 가설은 그녀 자신의 연구나 다른 사람들의 연구에서 일괄된 결론들이 도출되지는 않았다. 즉 부모의 양육태도가 어떤 식으로든지 직업선택과 관련될 수는 있지만, 이들의 관계를 기계적으로 짝지어 예언할 수 없고 다양한 요소들을 함께 고려해야 한다는 것을 의미한다.

(4) 직업분류체계

Roe는 Maslow의 욕구이론을 기초로 성격이론과 직업분류 영역을 통합하였다. 그녀는 이 세상에 존재하는 모든 직업들을 유사한 것끼리 모아 8개의 직업군으로 구분하였다. 사람지향적인 직업 분야에는 서비스 · 비즈니스 조직이나 단체활동 · 일반문화직 · 예술과 예능직 등이 속하며, 사람회피적인 직업 분야에는 산업기술 · 옥외활동 · 과학연구 등이 속한다. 각 직업군 내에는 직업에서 요구되는 책임감, 능력, 기술 강도에 따라 다시 6개의 위계 수준으로 제시되어 있는데 이는 [표 3-5]와 같다.

[표 3-5] Roe의 직업분류표

수준 직업군	전문 · 관리 (상급)	전문 · 관리 (보통)	준전문 · 관리	숙련	준숙련	비숙련
I 서비스직	• 조사연구 • 개인치료사 • 상담가	• 행정가 • 매니저 • 보호관찰자 • 사회사업가 • 직업상담사	• 고용상담자 • 간호원 • YMCA 디렉터 • 사회복지사	• 군인상사 • 미용사 • 웨이터 • 순경 • 주방장	• 요리사 • 엘리베이터 관리인 • 소방서원 • 병원조무사 • 해군	• 청소부 • 경비원 • 파출부 • 기사
II 비즈니스직	• 판매원 소장 • 기업경영인 • 프로모터	• 인사과직원 • 매매기사	• 중개인 • 보험설계사 • 판매원 • 도매인	• 경매인 • 조사원 • 부동산 중개인	• 표판매원 • 판매점원 • 행상원	• 신문배달원

수준 직업군	전문 · 관리 (상급)	전문 · 관리 (보통)	준전문 · 관리	숙련	준숙련	비숙련
III 조직 · 단체직	• 회사 사장 • 각료 • 기업가 • 국제은행가	• 은행원 • 중재인 • 호텔매니저 • 공인회계사	• 계리사 • 우체국소장 • 개인비서	• 속기사 • 통계원 • 편집자 • 은행원	• 서기 • 우체부 • 교환원 • 타이피스트 • 현금출납원	• 배달업
IV 산업 기술직	• 발명가 • 과학자 (공학)	• 항공엔지니어 • 비행분석가 • 공장 감독	• 비행사 • 계약자 (공사) • 기관사	• 목수 · 미장 • 봉재원 • 생산기능공	• 크레인 조작인 • 트럭운전사 • 기차신호인	• 목수보조원 • 노동자 • 허드렛일꾼
V 옥외 활동직	• 공학연구자 (광산) • 전문조언가	• 지리학자 • 어류전문가 • 조경가	• 양봉가 • 산림애호가 • 농장소유주	• 광부 • 굴착기사	• 어부 • 정원사 • 여관주인	• 동물사육사 • 농장노동자 • 노동자
VI 과학직	• 치과의사 • 의사 • 연구과학자 (물리화학)	• 화학자 • 약학자 • 수의자	• 물리요법사 • 병리사 • 방사선사	• 의료기술자 • 간호사 • 기술보조원	• 조무사	• 해당 없음
VII 일반 문화직	• 법관 • 교수 • 학자	• 목사 • 편집장 • 뉴스해설자 • 교원	• 법무사 • 사서원 • 기자	• 편집인	• 도서관 종사자	• 서류복사 종사자
VIII 예 · 체능직	• 관현악 지휘자 • TV 디렉터	• 건축가 • 야구선수 • 조각가	• 광고전문가 • 운동코치 • 내부장식가 • 사진사	• 삽화가 • 만화가 • 장식가	• 의류업 모델	• 무대장치인

출처: Moser, Dubin, & Shelsky, 1956

(5) 이론의 평가

Roe 이론은 직업선택에 작용하는 요인을 포괄적으로 다루는 장점이 있다. 반면 진로상담을 위한 구체적인 절차를 제공하지 못하고 있으며, 실증적인 근거가 결여되었다는 단점을 갖고 있다.

2) Holland 인성이론

(1) 이론의 개요

인성이론은 여러 직업에 종사하는 사람에 대한 정보와 다양한 직업환경에 관한 정보를 알 수 있도록 구성된 것으로써 인성에 바탕을 둔 심리이론적 입장과 유형(type)에 따라 다른선택을 하게 된다는 유형론적 입장에 근거하고 있다.

Holland(1985a)는 개인의 행동양식이나 인성유형이 직업선택과 발달에 중요한 영향을 미친다고 보았다. 그는 직업선택이 개인의 타고난 유전적 소질과 문화적 요인 간 상호작용의 소산이라고 보았다. 여기에서 문화적 요인이란 동료, 부모, 중요한 타인, 개인이 속한 사회의 문화, 물리적 환경을 의미한다.

Holland의 이론은 인간이 자신의 기술과 능력을 발휘하고 자신의 태도와 가치관에 따라 일할 수 있는 환경을 선호한다. 자신에게 맞는 역할을 담당할 수 있는 작업환경을 찾는다는 점에서 욕구이론의 특징을 내포하고 있다.

Holland 이론은 흔히 RIASEC 이론이라고도 일컬어지며 J.L. Holland[1919~2008]에 의해 주창된 이론으로써, 현재까지 직업심리학과 진로상담 분야에서 가장 큰 영향을 미친 이론으로 평가되고 있다. 본 장에서는 그의 이론의 기본가정과 이론의 특성을 개괄적으로 살펴보도록 하겠다.

(2) 이론의 기본 가정

Holland는 성격 특성을 진로와 관련시켜서 진로발달이론과 직업흥미검사를 구성하였다. 사람들은 자신과 유사한 직업적인 흥미와 성격을 가진 사람들이 함께 일하는 직업 분야를 선택하려는 경향이 있다. 그렇기에 자신의 소질, 흥미, 환경 여건 등을 고려하여 직업을 선택하게 된다. Holland의 직업흥미이론의 핵심은 흥미와 직업에 대하여 다음과 같은 몇 가지 가정에 기초를 두고 있다.

첫째, 대부분의 사람은 실재형(혹은 현장형), 탐구형, 예술형, 사회형, 진취형(혹은 설득형 및 지도자형), 관습형(혹은 사무형)의 여섯 가지 흥미 유형으로 분류할 수 있다. 각각의 흥미 유형은 개인적, 문화적, 환경적 등 여러 가지 요소 간에 있어서 상호작용의 산물이다. 또한 사회생활과 경험을 통하여 특정한 행동을 선호하는 것을 학습하게 되고 강한 흥미를 느끼게 된다. 이러한 흥미들로 인해 개인의 특유한 관심 분야와 기질이 형성되어 독특한 방식으로 인식하고 사고하며, 행동하게 된다. 예를 들어 사회적(social) 유형의 사람은 사교적인 성향을 가진 사람으로 타인을 돕고 다른 사람과 상호작용을 하면서 지역사회를 위해 봉사하며 신앙을 중요시하는 등 사회적인 문제나 과업에 중요한 가치를 둘 것이다. 이런 유형의 사람은 교육이나 사회사업과 같은 사회적인 활동을 할 수 있는 직업을 찾는 경향이 있다.

둘째, 우리가 생활하는 환경 역시 위의 여섯 가지 유형으로 분류할 수 있다. 유사한 성향의 사람들이 모이는 곳에서는 어디서나 그들의 흥미를 반영하는 환경을 조성한다. 각 환경은 그에 상응하는 흥미 유형의 사람들에 의해 지배되며 동시에 그 유형만의 특수한 기회 및 문제를 제공하는 물리적 환경을 구성한다. 예를 들어 예술형의 환경은 예술형 흥미 유형의 사람들에 의해 지배되고 관습형인 환경에서는 관습형의 사람들에 의해 지배된다. 사람들은 이처럼 자신과 유사한 흥미, 적성, 포부 수준 등을 가진 사람과 환경을 추구하는 경향이 있다.

셋째, 사람들은 자신의 기술과 능력을 발휘하고 자신의 태도와 가치를 표현할 수 있다. 그리하여 자신에게 알맞은 역할을 수행할 수 있는 환경을 추구한다. 예를 들어 탐구형의 사람들은 깊이 생각하고 분석하는 연구적 환경을 추구하고 사회형의 사람들은 대인 관계가 요구되는 사회적 환경을 추구한다.

넷째, 개인의 행동은 흥미와 환경의 상호작용에 의해서 결정된다. 따라서 개인의 흥미 유형과 작업환경 유형이 일치될수록 직업선택, 직업전환, 직업적 성취도, 직업적 만족도, 사회적 행동 등에 대해 예측할 수 있다.

(3) 6가지 성격 유형의 특징

Holland(1992)의 이론에서는 사람들의 직업 관련 성격과 흥미가 6가지의 유형으로 분류될 수 있다고 하였다. 직업흥미 유형의 특징을 설명하면 다음과 같다.

❶ 실재형(realistic)

실재형의 사람들은 현장에서 직접 신체적으로 하는 활동이나 기계를 조작하는 직업, 예를 들면 일반적으로 기계나 공구를 사용하는 업무, 현장 기술직과 관련된 직업과 관련이 있다. 현장형은 사물 지향적이며 구체적 · 실용적이며, 기능성과 예측 가능성을 선호한다. 반면 사교능력이 부족하여 자신의 감정을 타인에게 말로 표현하기 어려워하며 교육적 활동이나 치료적 활동은 좋아하지 않는다.

❷ 탐구형(investigative)

탐구형의 사람들은 사람보다는 아이디어를 지향하고 추상적 · 분석적인 사고를 필요로 하는 직업, 예를 들면 수학, 물리학, 생물학, 사회과학과 같은 학문적 분야에서 연구하는 직업과 관련이 있다. 탐구형은 탐구심이 많고 논리적 · 분석적이며 지적 호기심이 많고 비판적 · 내성적이다. 반면에 사회적이고 반복적인 활동에는 흥미를 보이지 않으며, 주위의 간섭 없이 독립적으로 활동하는 것을 선호한다. 현장형 직업이 물건을 만드는 기계나 도구에 더욱 많은 초점을 둔다면, 탐구형 직업은 데이터나 정보를 산출하는 기계나 측정도구에 더 많은 관심을 둔다. 탐구형은 여섯 가지 유형 중 가장 높은 사회적 지위를 차지하고 있다(Gottfredson, 1980).

❸ 예술형(artistic)

예술형은 창의성을 지향하며 아이디어와 재료를 사용하여 자신을 새로운 방식으로 표현하는 직업, 예를 들면 작가, 음악인, 연극인과 같은 예술적 분야와 관련된 직업과 관련이 있다. 예술형은 직관적이며 상상력이 풍부하고 창조적이다. 그러므로 예술적인 재능과 심미적 성향을 발휘할 수 있는 일을 선호한다. 반면에 틀에

박힌 것을 싫어하고 체계적 · 구조화된 활동에는 흥미를 보이지 않으며 자유분방하며 개성이 강하여 협동적이지는 않다. 예술형의 직업은 예술형 사람들의 분포에 비해 상대적으로 적은 편이다(Gottfredson, 1975). 예술가 유형의 학력 수준은 여섯 가지 유형 중 두 번째로 높다.

❹ 사회형(social)

사회형의 사람들은 다른 사람들과 어울려 일하는 것, 어려움에 처한 다른 사람들을 돕는 것, 사람들 간의 이견을 좁혀 주는 것, 사람들을 교육시키는 직업, 예를 들면 직업상담사, 사회복지사, 교사 등과 같은 직업과 관련이 있다. 사회형은 외적인 보상보다는 다른 사람을 육성하고 지원하여 미래 세대 형성에 도움을 준다. 사회형은 대인관계 기술이 좋으며 온유한 사람이라는 칭찬을 받는 경우가 많다. 이 유형의 전형적인 특징은 양육과 후원을 하되 리더십은 발휘하지 않는 것이다. 반면에 기계를 다루는 일이나 군대처럼 엄격한 규율 속에서 일하는 것을 싫어한다.

❺ 진취형(enterprising)

진취형의 사람들은 기업가적 기질이 강하고 특정 목표의 달성을 위해 타인을 설득 · 통제 · 지배하는데 관심이 있는 직업, 예를 들면 기업 경영자 업무, 정치 활동, 각종 영업 등과 같은 직업과 관련이 있다. 진취형은 각 개인의 지위와 위치가 분명하고 권위나 권력 위계가 잘 구조화된 환경 체계와 상황을 잘 통제할 수 있으며 리더십을 발휘할 수 있는 환경을 선호한다. 이들은 성취의욕이 강하고 열정적이며 능력과 모험심이 강한 편이다. 진취형은 물질이나 아이디어보다는 사람에 관심을 가지고 있지만 권력과 통제를 강조하기 때문에 대인관계에서는 어느 정도 거리감을 갖는다.

❻ 관습형(conventional)

관습형의 사람들은 사무직처럼 세부적이고 질서정연하며 자료의 체계적인 정리 같은 업무와 관련된 직업, 예를 들면 사서, 통계관리, 은행업무, 회계업무, 일반관리업무 등과 같은 직업과 관련이 있다. 사무형은 대체로 성실하고 정확하며 계획성이 있으며, 인내심과 책임감이 강한 편이다. 이들은 자신에게 맡겨진 일을 묵묵히 수행하는 것을 좋아하며 변화가 별로 없는 환경과 규칙적인 업무 시간에 조용히 실내에서 하는 일을 선호한다. 다음 [표 3-6]에는 여섯 가지 직업적 성격 특징과 직업흥미 활동, 대표 직업에 대하여 설명하였다.

[표 3-6] Holland 직업 성격 유형에 따른 성격 특징, 직업흥미 활동, 대표 직업

직업 성격 유형	성격 특징	직업 흥미 활동	대표 직업
실재형 (R)	남성적이고, 솔직하고, 성실하고, 검소하고, 지구력이 있고, 신체적으로 건강하고, 말이 적고, 고집이 있고, 직선적이며, 단순하다.	체력을 필요로 하는 활동, 신체적 기술을 활용하는 활동, 기계 · 연장을 조작하는 활동, 분명하고 체계적인 활동을 선호한다. 반면 교육적 · 치료적 활동은 선호하지 않는다.	운동선수, 전기기사, 기계기사, 자동차 및 항공기 정비사, 기술사, 운전사, 원예기사 등
탐구형 (I)	탐구심이 많고, 논리적 · 분석적 · 합리적이고, 정확하고, 지적 호기심이 많고, 비판적이고, 내적이고, 수줍음이 많고, 신중하다.	추상적인 활동, 여러 가지 문제들을 분석 · 연구하는 활동, 관찰적 · 상징적 · 체계적인 활동을 선호한다. 반면 사회적이고 반복적인 활동은 선호하지 않는다.	과학자, 수학자, 물리학자, 생물학자, 의사, 교수 등
예술형 (A)	감수성이 풍부하고, 독창적이고, 자유분방하고, 상상력이 풍부하다.	예술적 창조와 표현, 예술적 매체를 통해 자기를 표현하는 활동, 자유롭고 상징적인 활동을 선호한다. 반면 체계적이고 구조화된 활동은 선호하지 않는다.	음악가, 조각가, 화가, 시인, 소설가, 배우, 디자이너, 작가, 무대감독, 무용가 등

직업 성격 유형	성격 특징	직업 흥미 활동	대표 직업
사회형 (S)	사람들과 어울리기 좋아하고, 친절하고 이해심이 많고, 봉사를 선호하며, 감정적이고 이상주의적이다.	안정적인 상황에서 일하는 것을 즐기며, 타인을 도와주고, 가르치고, 치료하는 활동을 선호한다. 반면 질서정연하고 체계적인 활동은 선호하지 않는다.	상담사, 선교사, 교사, 사회복지사, 간호사, 치료사 등
진취형 (E)	통솔력 및 지도력이 있고, 외향적이고, 권력지향적이고, 설득적이고, 경쟁적이고, 지배적이고, 낙관적이고, 열정적이다.	조직의 목적과 경제적 유익을 위하여 타인을 통치 및 관리하는 활동, 권력 · 지위를 획득할 수 있는 활동을 선호한다. 반면 상징적이거나 정적인 활동은 선호하지 않는다.	기업경영인, 정치가, 법률가, 영업사원, 연출가, 기자, 보험판매원 등
관습형 (C)	계획성이 있고, 정확하고, 조심성이 있고, 책임감이 강하고, 세밀하고, 완고하다.	정해진 원칙과 계획에 따라 자료들을 기록, 정리하는 활동, 체계적인 작업환경에서 사무적, 계산적 능력을 발휘하는 활동을 선호한다. 반면 창의적, 자율적, 모험적인 활동은 선호하지 않는다.	공인회계사, 경제분석가, 은행원, 비서, 안전관리인, 도서관 사서 등

출처: Holland, 1992

(4) 이론의 평가

Holland의 RIASEC 육각형 모형은 오늘날 거의 모든 직업흥미검사에 강력한 영향을 끼친 검사로 직업심리학 역사상 가장 잘 검증된 결과물로 평가받고 있다(Rounds, 1995). Holland의 이론은 복잡한 직업세계를 단순화하고 해석하는데 매우 유용한 방식이다. 그의 이론은 다양한 환경 유형 속에서 인간의 행동을 예언하고 이해하는데 필요한 구조를 개발하는 연구에 기여하였다. 반면 사람들이 어떻게 그러한 유형이 되었는지 발달과정에 대한 설명이 결여되어 있으며 사람들이 환경 및 자기 자신을 변화시킬 수 있는 능력을 소지하고 있음을 고려하지 못했다는 한계점을 지닌다.

3) Hoppock의 구성이론

(1) 이론의 개요

Hoppock(1976)는 직업선택에 대한 복합적인 성격이론을 발전시켰다. 그는 직업선택에 대해 다음과 같이 제시하고 있다.

① 직업은 개인의 욕구를 충족시키기 위해 선택된다.
② 개인은 그가 선택하는 직업이 그의 욕구를 충분히 충족시켜 줄 수 있을 것으로 기대한다.
③ 욕구는 직업선택에 영향을 미친다.
④ 어떤 직업이 개인의 욕구를 충족시킬 수 있다고 인식될 때 비로소 직업선택이 이루어진다.
⑤ 직업선택의 능력은 개인이 선택하는 직업이 그의 욕구를 얼마나 잘 충족시켜 줄 수 있는지 예측이 가능할 때 향상된다.
⑥ 개인의 정보는 개인으로 하여금 그의 욕구를 충족시킬 수 있는 진로를 선택하도록 도움을 줌으로써 진로선택에 영향을 미친다.
⑦ 직업에 대한 정보는 개인적인 욕구를 충족시킬 수 있는 직업을 발견하도록 도움을 줌으로써 진로선택에 영향을 미친다.
⑧ 직업에 대한 만족도는 그 직업이 개인의 욕구를 얼마나 잘 충족시켜 주는가에 달려 있다.
⑨ 개인의 욕구를 더 충족시켜 줄 수 있다고 기대되는 직업이 나타날 때 개인은 새로운 직업을 선택하게 된다.

(2) 이론의 평가

Hoppock의 구성이론은 각 개인의 욕구충족을 위한 직업선택을 강조하고 직업은 개인적인 욕구의 충족을 위해 선택된다는 이론으로 직업선택에 대한 복합적인 성격이론이다. 또한, 개인이 선택하는 직업은 그 개인이 가장 충족시키고 싶어 하는 욕구의 충족이 가능하리라는 기대에 의해 결정된다. 직업에 대한 만족도는 그 직업이 개인의 욕구를 얼마나 잘 충족시켜 주느냐에 따라 결정된다.

4. 의사결정이론

1) 이론의 개요

의사결정과정이란 일정한 목표를 달성하기 위하여 몇 가지 대안을 작성하고 이를 일정한 방법과 기준에 의거하여 상호 비교함으로써 가장 합리적이고 실행 가능한 방안을 선택하는 행동을 의미한다. 이러한 개념에 근거하여 정리해보면 진로의사결정이란 '개인이 정보를 조직하고 여러 가지 대안들을 신중하게 검토하여 진로선택을 위한 행동 과정에 전념하는 심리적인 과정(Harren, 1979)'으로 정의할 수 있다. 진로의사결정이론은 '진로에 관한 결정이 어떻게 이루어지는가?'라는 진로결정의 과정과 단계에 초점을 맞추어 이론을 전개한다. 진로의사결정이론은 '개인이 자신의 이익을 극대화하고 손실을 극소화하는 방향으로 행동한다'는 Keynes의 이론에 바탕을 두고 있다. 개인은 선택 가능한 직업 중에서 자신의 투자가 최대로 보장받을 수 있는 직업을 선택한다는 것이 이론의 핵심이다. 이 이론의 대표적인 학자로는 Gelatt(1962), Hilton(1962), Hershenson과 Roth(1966), Katz(1963), Knefelkamp와 Slepitza(1978), Harren(1979) 등이 있다. 본 장에서는 Gelatt와 Harren의 의사결정이론을 중심으로 살펴보고자 한다.

2) Gelatt의 의사결정이론

Gelatt(1962)는 직업선택을 의사결정과정으로 보았다. 그리고 진로의사결정자는 의사결정과정에서 정보를 수집하고 그 정보를 활용함으로써 자기 선택에 대한 책임의식을 가지고 더욱 합리적인 지각양식을 가지게 된다고 보았다.

Gelatt는 〈그림 3-4〉에서 직업정보를 예언체계, 가치체계, 결정준거인 범주의 3차원으로 구분하고, 직업선택과 발달의 과정을 8단계의 의사결정의 순환과정으로 보았다.

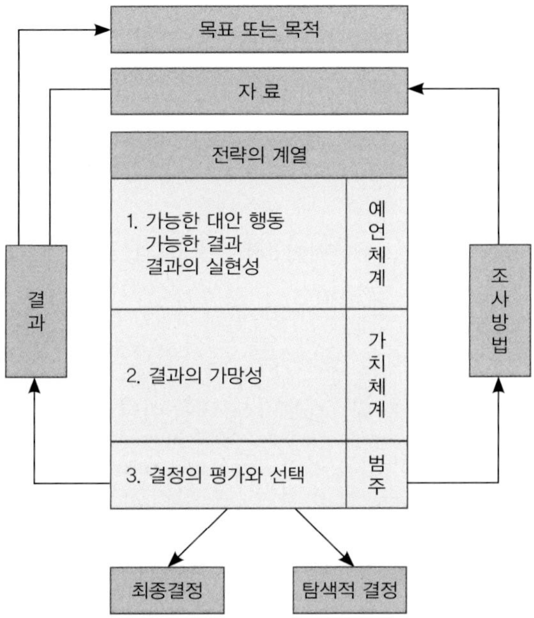

〈그림 3-4〉 Gelatt의 의사결정 참조체제

출처: Gelatt, 1962

그는 직업선택과 발달을 목적의식 수립 → 정보수립 → 가능한 대안의 열거 → 각 대안을 선택했을 때 예상되는 결과 예측 → 각 대안의 실현가능성 예측 → 각 결과에 대한 가치평가 → 의사결정(대안의 선택) → 의사결정의 평가 → 재투입의 순환과정으로 설명하였다. 그는 직업선택의 결과보다 그 선택과정을 중요시하였다.

3) Harren의 의사결정이론

의사결정 유형은 사람들이 그들의 삶에서 중요한 의사결정에 접근하고 해결하는데 활용하는 전략으로 의사결정과제를 지각하고 그에 반응하는 개인의 특징적 유형 또는 개인이 의사결정을 내릴 때 선호하는 접근 방식을 의미한다. 의사결정 유형이론을 연구한 Harren(1979)은 Dinklage(1968)가 분류한 8가지(계획형, 직관형, 순응형, 운명론형, 충동형, 지연형, 번민형, 마비형) 의사결정 유형을 재분류하여 진로의사결정 유형을 합리적 유형, 직관적 유형, 의존적 유형의 세 가지로 나누었다.

첫째, 합리적 유형(rational style)이란 자아(self)와 상황에 대한 정확한 정보를 수집하고, 가능한 객관적이고 논리적으로 평가하며 의사결정에 대한 책임을 수용한다. 둘째, 직관적 유형(intuitive style)이란 의사결정과정에서 개인의 생각이나 느낌, 감정적인 자기인식을 사용한다. 정보탐색 행동이나 대안들에 대한 논리적 평가과정을 거치지 않기 때문에 결정의 적절성을 내적으로만 느낄 뿐 설명하지 못하는 경우가 발생한다. 그러나 직관형의 사람들은 비교적 선택에 대한 확신이 빠르며 결정내린 것의 책임을 수용하는 장점을 가지고 있다. 셋째, 의존적 유형(dependent style)은 의사결정과정에서 타인의 영향을 많이 받고 수동적이며 순종적이다. 사회적 인정에 대한 욕구가 높은 반면 개인적 책임은 부정하려는 경향이 강하고 그 책임을 외부의 탓으로 돌리려는 특징을 나타낸다. 최근에 Scott와 Bruce(1995)는 이상의 세 가지 유형에 즉흥적 유형(spontaneous style)을 추가하였는데 이는 가능한 한 빨리 의사결정을 끝내고자 하는 조급함으로 설명할 수 있는 유형이 있다.

Harren의 의사결정 유형 연구는 진로결정과 관련하여 조력을 필요로 하는 내담자를 변별하는 데 도움을 준다. 효과적인 의사결정자는 적절하게 자아존중감과 분화되고 통합된 자아개념을 지니고 있으며 합리적 의사결정 유형을 한다. 또한, 성숙한 대인관계를 맺으며 분명한 목적의식을 가진 사람이다. 이들은 전공선택 여부와 그 선택에 따른 만족이 높게 나타나는 것으로 밝혀졌다.

4) 이론의 평가

진로의사결정은 진로발달의 미시분석(microanalysis)이라고 할 수 있는 연구이다. 이것은 개인의 특정 진로선택에 대한 전체 과정을 설명하는 진로발달이론들과 다르다. 직업이 선택되는 구체적인 과정과 그 선택에 미치는 선행요소(antecedents)를 설명하는 데 초점을 맞춘다는 점에서 구별된다(김봉환 외, 2016; 선혜연, 2008; Phillps & Pazienza, 1988).

5. 사회학습이론

1) 이론의 개요

진로와 관련하여 사회학습이론은 진로상담과정의 학습적 측면을 강조한 입장으로 학습이론의 원리를 직업선택의 문제에 적용하였다. Mitchell과 Krumboltz (1990)은 사람들이 어떻게 현재의 진로(혹은 직업)를 선택하고 어떻게 기술을 습득하는지에 대하여 연구하였는데, 이들은 진로결정에 영향을 미치는 요인으로 유전적 요인과 특수한 능력, 환경적 조건과 여러 가지 사건들, 학습경험, 과제접근기술과 같은 4가지로 분류하고 이들 요인 사이의 상호작용 관계를 밝혔다.

2) 유전적 요인과 특수한 능력

유전적 요인과 특수한 능력은 개인의 진로기회를 제한하는 타고난 특질을 의미한다. 즉 교육적 · 직업적 선호나 기술에 제한을 줄 수 있으며 물려받거나 타고난 개인의 특성에 해당하는 것으로 인종, 성별, 신체적인 외모, 특징, 지능, 예술적 재능, 근육의 기능 등이 포함된다.

3) 환경적 조건과 사건

환경적 조건과 사건은 개인이 속해 있는 사회의 다양한 여건들 예를 들면, 일의 기회, 사회정책, 노동법, 보상, 자연환경, 교육제도, 기술의 발달, 사회조직의 변화, 가족의 영향, 공동체 및 지역사회의 영향 등이 진로에 영향을 미치는 요인이다. 이러한 여건들은 개인이 통제할 수 있는 것, 개인의 통제를 벗어나는 것, 계획되지 않은 우연인 것이 있을 수 있다.

4) 학습경험

학습경험은 현재 또는 미래의 교육적 · 직업적 의사결정에 영향을 미치는데 한 개인이 어떤 진로에 대해 '좋다' 혹은 '싫다'라는 경향성을 갖게 되는 것은 학습경험의 결과에서 비롯된 것임을 강조한다. 학습경험은 크게 도구적 학습경험과 연상적 학습경험으로 구분할 수 있다.

(1) 도구적 학습경험

도구적 학습경험이란 개인이 어떤 행동이나 인지적인 활동에 대하여 정적 혹은 부적 강화를 받았을 때 나타난다. 진로선택과 관련하여 어떤 행동의 결과로 정적 강화를 받았을 때 좀 더 많은 강화물을 획득하기 위해 이와 관련된 행동을 반복하려는 경향을 보이게 된다. 이런 행동을 반복하는 과정에서 관련된 기술을 잘 숙지하게 되고 반복된 행동으로 내적인 흥미를 갖게 된다는 것이다. 이처럼 과거의 학습경험이 진로선택에 있어 도구(instrument)로 작용하는 것이다. 예를 들어 영어 시험(행동)에서 좋은 성적(긍정적 결과)을 받았다면 영어와 관련된 분야의 직업에 대해 호감을 느낄 수 있을 것이다.

(2) 연상적 학습경험

연상적 학습경험이란 이전에 경험한 감정적 중립 사건이나 자극을 정서적으로 비중립적인 사건이나 자극과 연결시킬 때 일어난다. 예를 들면 영어라는 감정적 중립 자극이 영어 교사를 좋아하게 되면서 긍정적인 느낌과 연결되어 나중에 영어 교사가 되길 희망할 수 있을 것이다. 한편 대리학습 경험도 개인의 직업적 행동에 영향을 미치게 된다. 책이나 TV, 또는 타인의 행동을 관찰한 경험이 긍정적인 것이라면 그 직업에 대해 호감을 가질 수 있을 것이고 반대로 부정적인 것이라면 싫어하는 경향을 보일 수 있을 것이다.

5) 과제접근기술

과제접근기술(Task approach skills)은 개인이 당면한 어떤 문제들을 이해하고 처리하기 위한 기술로서 유전적 요인, 학습경험, 환경적 조건이나 사건의 상호작용을 기반으로 하여 갖추게 되는 기술이다. 과제접근기술로는 인지적 과정, 감성적 반응, 정보수집능력, 문제 해결기술 등이 포함된다.

6) 이론의 평가

Krumboltz의 사회학습이론은 진로상담에서 학습의 중요성을 강조한 이론이다. 사회학습이론은 상담과정을 통해 새로운 것을 학습하도록 도움으로써 진로선택 가능성을 넓힐 수 있는 방법을 제안하고 있다. 즉 현재 내담자의 삶에서 제한된 학습경험으로 아직 개발되지 않고 자신이 미처 알지 못했던 흥미와 능력을 찾도록 도와주고 새로운 진로를 발달시켜 나가도록 한다.

또한 Krumboltz의 사회학습이론은 기존 이론과 달리 진로선택과정에서 나타나는 우연적인 요소를 인정하고 삶에서 이러한 우연적인 사건들을 활용할 수 있는 능력을 강조한다. 그리고 사회학습이론에서 진로상담자의 역할은 예측하기 어려운 다양한 상황 속에서 내담자가 자신의 진로를 개척해 나갈 수 있는 태도와 능력을 갖추도록 돕는 것이라고 본다.

6. 직업적응이론

1) 이론의 개요

직업적응이론(Theory of work adjustment)은 미네소타대학의 Dawis, R. V.와 Lofquist, L. H.가 1950년대 후반부터 지속적으로 수행해 온 직업적응 프로젝트의 연구 성과를 바탕으로 발전된 이론이다. Dawis와 Lofquist(1950)는 1969년과 1984년에 이어 1991년에 직업적응이론의 기본적인 의미를 제시한 바 있다. 이 이론은 특성-요인이론의 성격을 지니는 복합적인 이론으로 개인의 특성에 대한 욕구와 능력을 환경에서의 요구사항과 연관하여 직무만족이나 직무유지 등의 진로행동을 설명하는 이론이다. 이들은 최근에 이론의 적용 영역과 대상을 확장한 개인-환경 조화이론(Person-environment correspondence theory)으로 수정하고 개인과 환경 간의 상호작용을 통한 욕구충족을 강조하였다(Dawis, 2002).

2) 이론의 내용

직업적응은 사람과 환경이 조화로운 욕구와 기술을 가질 때는 상응(correspondence) 상태로 이상적이지만 양쪽의 변화 모두 근로자의 불만족을 야기할 수도 있다. 이때 개인이 직업환경 내에서 자신의 적합성을 증가시키려는 시도가 직업적응이다. 따라서 직업적응이론은 개인이 직업환경 내에서 환경과의 조화로운 상태를 추구하는 적응적 행동양식과 자신의 욕구가 얼마나 충족되는가 하는 직업만족을 다룬다.

직업적응이론은 크게 직업성격적 측면, 직업환경적 측면, 그리고 직업적응적 측면으로 구성되어 있다.

❶ 직업성격(work personality)

개인의 성격 중 직업과 밀접하게 관련되는 부분으로 개인의 능력과 가치의 목록, 사이의 관계를 의미한다. 직업성격은 민첩성, 역량, 리듬, 지구력의 네 가지 차원으로 구분한다. 민첩성은 과제를 얼마나 빨리 완성하는가에 대한 측면으로 반응 속도를 중시한다. 역량은 근로자의 평균활동수준을 의미한다. 리듬은 다양한 활동성을 의미하며, 지구력은 개인과 환경과의 상호작용에서 반응하는 길이를 의미한다. 개인의 직업성격은 개인의 능력을 평가하는 일반적성검사(General Aptitues Test Battery: GATB)와 개인의 욕구 가치를 평가하는 미네소타 중요도검사(Minesota Importance Questionnaire: MIQ)를 통해 측정할 수 있다.

❷ 직업환경(work environment)

직업(혹은 조직)이 개인에게 요구하는 특수한 능력과 직업이 개인의 욕구를 충족시켜 줄 수 있는지를 의미하는 강화인 패턴(reinforcer pattern)으로 구성된다. Dawis와 Lofquist(1984)는 직업강화인 패턴과 직업적성 패턴의 평가를 바탕으로 직업이 분류된 체계인 미네소타 직업분류 체계(Minnesota Occupational Classification SystemⅢ: MOCSⅢ)와 환경의 충족 정도를 측정하는 미네소타 만족성 척도(Minnesota Satisfactoriness Scales: MSS)를 개발하였다.

❸ 직업적응(work adjustment)

개인과 직업환경의 상호 적응과정 측면을 설명하고 있다. 개인과 환경은 서로가 원하는 것을 충족시켜 줄 때 조화롭다고 할 수 있는데 개인은 환경이 원하는 기술을, 직업환경은 개인의 욕구를 충족시켜 줄 강화인을 가지고 있을 때 조화롭게 된다. 개인과 환경은 서로 조화를 이루려고 노력하는 역동적인 관계로 이를 직업적응이라고 한다. 개인과 환경의 적응과정에는 각각의 성격뿐만 아니라 적응 양식(adjustment style)에 영향을 주게 되는데 직업적응 양식은 유연성, 인내, 적극성, 반응성의 네 가지 측면이 있다. 유연성은 개인이 직업환경과 개인환경 간의 부조화를 참아내는 정도를 의미한다. 인내는 직업환경과 개인환경 간 부조화가 있더라도 환경을 떠나지 않고 부조화를 견뎌내며 노력하는 기간을 의미한다. 적극성은 개인환경과 직업환경 간의 차이를 조화롭게 만들어 가려는 노력의 정도를 의미하고, 마지막으로 반응성은 개인이 직업성격의 변화로 인하여 직업환경에 반응하는 대처 방식을 의미한다. 지금까지 살펴본 직업적응이론의 관계를 도식화하면 다음 〈그림 3-5〉과 같다.

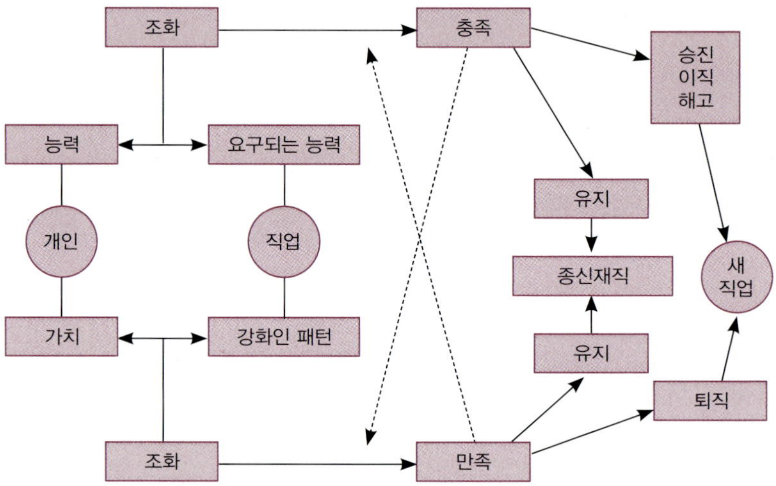

〈그림 3-5〉 직업적응이론의 일반적 모형

출처: Dawis & Lofquist, 1984

3) 이론의 평가

직업적응이론이 진로상담에서 효과적으로 활용되기 위해서는 개인의 특성을 잘 이해해야 할 뿐만 아니라 직업환경의 구체적인 자료 제공이 필수적이다. 직업환경의 강화인과 직업적성의 이해는 그 범위가 넓고 사회경제적 환경의 변화에 따라 계속 변화하므로 지속적인 개정이 요구된다.

다음은 직업적응이론이 향후 보완되어야 할 점을 제시한다.

① 개인의 가치와 직업강화인의 조화가 만족과 관련된다고 할 때 직업적응이론을 진로상담에서 더 효과적으로 적용하기 위해서 가치와 강화인의 평가가 중요하다.
② 직업이 요구하는 과제가 다양할 때 개인이 특정한 요구를 충족시키는 핵심능력의 조화를 통해 이루어지는 것인지, 전체적인 능력과 요구의 조화를 통해 이루어지는 것인지에 대한 탐색이 필요하다.
③ 개인의 가치와 직업 강화인 간의 조화와 직업만족의 관계에서 둘 간의 관계를 중재하는 변인들에 관해서도 후속연구에서 좀 더 탐색할 필요가 있다.
④ 상담 관련 연구들은 주로 욕구(가치), 능력 등 개인의 특성을 평가하고 적용하여 개인의 만족을 높이는 데만 집중됐는데, 후속연구에서는 개인의 특성뿐 아니라 직업환경 특성 등 더 다양한 영역의 연구가 필요하다.

7. 최근의 진로발달이론

1) 인지적 정보처리이론

(1) 이론의 개요

인지적 정보처리이론(Cognitive Information Processing: CIP)은 인지적 접근을 취하는 진로상담이론들 중 가장 영향력 있는 진로상담이론이다. 인지적 정보처리이론은 개인이 어떻게 진로결정을 내리고 의사결정 시 정보를 활용하는 방법의 측면에서 인지적 정보처리이론을 진로발달에 적용한 이론으로(김봉환 · 김병석 · 정철영, 2003), 피라미드 모형과 CASVE주기의 각 요소들을 활용함으로써 상담자들에게 효과적인 진로 프로그램을 설계하는 데 도움을 준다(이재창, 2005).

(2) 인지적 정보처리이론의 전제

인지적 정보처리이론의 주요 전제는 다음과 같다.

① 진로선택은 인지적이고 정의적인 과정들의 상호작용이다.
② 진로를 선택하는 것은 하나의 문제 해결 활동 과정이다.
③ 진로문제 해결자의 잠재력은 지식은 물론이고 인지적 조작의 가용성에 의존한다.
④ 진로문제 해결은 고도의 기억력을 필요로 하는 과제이다.
⑤ 동기의 근원을 앎으로써 자신을 이해하고 만족스러운 진로선택을 하려는 욕구를 갖는다.
⑥ 진로발달은 지식구조의 계속적인 성장과 변화를 포함한다.
⑦ 진로정체성은 자기지식에 의존한다.
⑧ 진로성숙은 진로문제를 해결할 수 있는 자신의 능력에 달려 있다.
⑨ 진로상담의 최종목표는 정보처리 기술들의 신장을 촉진함으로써 달성된다.
⑩ 진로상담의 최종목표는 진로문제 해결자이고 의사결정자인 내담자의 잠재력을 증진함에 있다(Sampson & Reardon, 1991).

이러한 가정에 기초한 인지적 정보처리이론의 목적은 개인들이 향상된 진로의사결정능력을 획득하는 것으로 이를 위해 자신의 진로의사결정에 대해 어떻게 생각해야 하는지에 대한 방안을 제시하는 것이다. 진로발달에 대한 인지적 정보처리이론을 좀 더 구체적으로 개념화한 것이 〈그림 3-6〉의 인지적 정보처리 피라미드(Cognitive information processing pyramid)이다.

인지적 정보처리 피라미드는 정보 영역, 의사결정기술 영역, 실행과정 영역의 세 가지 기본 요소로 구성되어 있다. 정보 영역은 자기 자신에 대한 정보와 직업 및 직업세계에 관한 정보로 구성된다. 여기서 자기정보는 가치, 흥미, 기술 등에 대한 개인의 지각을, 직업정보는 구체적인 직업과 교육적인 훈련기회를 인지하는 것을 의미한다. 의사결정기술 영역은 정보 영역에서 나온 정보를 바탕으로 개인이 어떻게 문제를 인식하고 의사결정을 하며 해결방안을 수립하는지에 대한 포괄적 정보처리 영역이다.

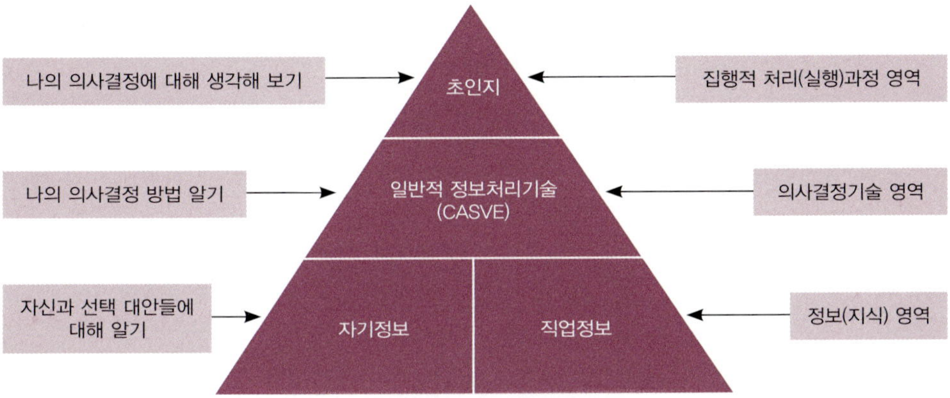

〈그림 3-6〉 진로의사결정 상의 인지적 정보처리 피라미드

출처: Sampson, Peterson, Lenz, & Reardon, 1992

개인의 의사결정과정은 인지적 과정으로 〈그림 3-7〉과 같이 CASVE의 순환 과정 즉 의사소통(Communication), 분석(Analysis), 종합(Synthesis), 가치화(Valuing), 실행(Execution)을 통해 증진할 수 있다.

① 의사소통단계: 문제 사안의 현재 상태와 원하는 상태 간의 차이를 인식한다. 즉, 자신과 환경의 문제를 인식하는 것이다.

② 분석단계: 문제를 둘러싸고 있는 여러 요소 간의 관련성을 인식하게 된다. 이때 문제의 원인을 진단하기 위해서는 새로운 정보를 얻거나 현재의 정보를 명확하게 하는 것이 필요하다.

③ 종합단계: 문제 해결을 위해 고려하는 대안을 확장한 후 다시 축소하는 단계이다. 즉 문제 해결을 위한 대안을 도출하고 실행가능성에 중점을 두어 가능성 있는 대안으로 축소한다.

④ 가치화 단계: 대안들에 대해 자신과 중요한 타인, 소속된 문화집단, 지역 혹은 사회와 관련되어 손익을 평가하여 최선의 선택을 하게 된다. 만약 평가단계에서 자기이해와 직업정보가 부족하여 적절한 평가를 하지 못하게 될 때는 다시 자기이해의 단계로 돌아가서 정보를 얻는다.

⑤ 실행단계: 계획을 실행하는 과정으로 목표에 따른 구체적인 전략을 수립하여 실천에 옮긴다.

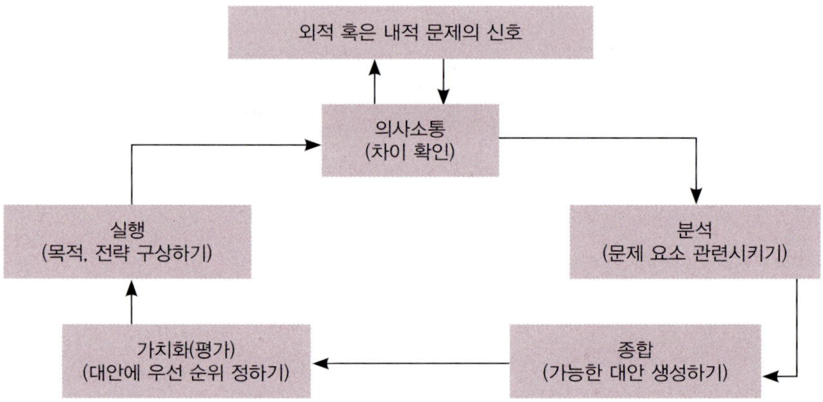

〈그림 3-7〉 진로의사결정 과정에서 사용되는 정보처리기술의 CASVE 주기

출처: Sampson et al., 1992

2) 사회인지 진로이론

(1) 이론의 개요

사회인지 진로이론(Social Cognitive Career Theory: SCCT)은 개인의 특성과 환경변인 등의 선행 변인들과 진로결정 및 만족과 같은 결과변인들을 종합적으로 파

악하고 이들의 관계를 설명해주는 이론(김혜영, 2013)으로, 어떠한 경로를 통해 영향을 미치는지를 설명하고자 시도하였다. 즉 주변의 상황적 요인이 개인의 인지적 요소나 신념에 어떠한 영향을 미치고 있고, 이들 개인의 인지적 요소나 신념이 진로결정과 어떠한 관련이 있는지에 대한 이론적 틀을 제공하고 있다.

사회인지 진로이론은 진로발달에 영향을 미치는 개인적 요인을 구성하는 세 가지 하위 변인으로 자기효능감, 결과기대, 개인적 목표를 제시하였다. 자기효능감은 진로 관련 연구분야에서 가장 주목받고 있는 변인이다. 결과기대는 특정 행동을 수행했을 때 나타날 것으로 기대되는 결과에 대한 개인적 믿음을 의미한다. 개인적 목표는 특정 활동에 참가하거나 혹은 특정 결과를 만들어 내겠다고 결정하는 것을 의미한다. 이때 개인은 목표를 설정함으로써 자신의 행동을 조직하고 유지하게 된다. 또한 사회인지 진로이론은 흥미, 선택, 수행모형을 제시하였고 세 모형은 진로발달의 과정을 직접적으로 검증할 수 있는 유용한 이론적 모형으로 인식되고 있으며 이를 바탕으로 다양한 연구들이 수행되고 있다(김민선, 2008; 이건남, 2009; 김정석, 2017).

Lent와 Brown과 Hackett(1994)에 의해 제시된 사회인지 진로이론은 Bandura (1986)의 일반적 사회인지이론을 기초로 하여 Krumboltz(1994)의 사회학습이론 및 Hackett과 Betz(1981)의 자기효능감 모형을 통합 · 포괄한 이론으로서 자기효능감, 결과에 대한 기대, 그리고 학습 경험과 같은 개인의 인지적 요인들과 성격, 성별, 인종, 사회적 지지 정도와 같은 환경적 요인들의 상호작용이 개인적 진로발달의 결정 요인으로 진로행동에 영향을 미친다고 보았다. Bandura(1986)는 자기효능감을 어떤 과제를 수행하는데 요구되는 일련의 행동들을 조직하고 실행하는 자신의 능력에 대한 믿음이라고 정의하였다(양난미, 2006; 김정석, 2017).

다음은 사회인지 진로이론의 주요개념인 자기효능감, 결과기대, 개인적 목표를 구체적으로 살펴보고 이론의 모형인 흥미발달모형, 선택모형, 수행모형에 대해 살펴보려고 한다(김봉환 외, 2012).

(2) 이론의 주요개념

❶ 자기효능감(self-efficacy)

자기효능감은 개인의 과거 수행 성취, 대리학습, 사회적 설득, 특정 영역에서의 생리적·정서적 경험에 의해 형성되고 변화되지만 이 중 가장 영향력 있는 요인은 개인의 과거 수행 성취라고 알려져 있다. 또한 자기효능감은 목표를 완성하기 위해 필요한 과업을 계획하고 수행할 수 있는 자신의 능력에 대한 신념을 말한다(Bandura, 1986). Bandura는 개인이 무엇을 할 수 있는지를 생각하고 바로 행동으로 옮기기보다는 무엇을 해낼 수 있다는 자신감이 행동의 실행을 결정한다고 가정한다.

❷ 결과기대(outcome expectation)

결과기대는 특정한 과업을 수행했을 때 자신과 주변에 일어날 일에 대한 평가를 말한다(Bandura, 1986). 즉, 내가 이 일을 하면 어떤 상황이 벌어질까에 대한 예측이라고 할 수 있다. 결과기대는 자신이 좋아하는 일을 하면서 경험할 몰입의 즐거움을 생각하게 될 것이다. 이처럼 결과기대에는 물리적 보상, 사회적 평가, 자신에 대한 평가 등의 측면이 있다. 결과기대는 대개 자기효능감과 유사한 원인에 의해 형성된다. 과거 자신의 성취에 대한 강화나 만족감 혹은 형제나 자매의 성취에 주어지는 강화에 대한 관찰, 특정 행동을 하면 부모가 기뻐할 것이라는 주변의 설득과 같은 경험들은 개인이 특정 영역에서 이루는 수행을 전제로 하기 때문에 자기효능감의 영향을 받는다.

❸ 개인적 목표(personal goals)

개인적 목표는 단순히 환경이나 경험에 대한 반응자로서의 개인에서 벗어나 자신의 행동을 주체적으로 이끄는 인지적 주체로서의 개인을 추론하는 개념이다. 개인은 특정 목표를 세우는 결심을 통해 필요한 행동을 실행하고 어떤 성취를 추구하게 된다(Bandura, 1986). 목표는 당장의 성과가 보이지 않아도 장기간 개인의 행동을 조직하고 유지하는 데 도움을 준다.

(3) 사회인지 진로이론의 모형

❶ 흥미발달모형

Holland(1997)는 흥미와 같은 개인 특성을 유전, 가족 및 친구, 사회문화적 환경 간의 상호작용 결과라고 생각한다. 사회인지 진로이론(Social Cognitive Career Theory: SCCT)에서는 흥미가 자기효능감과 결과기대에 의해 직접적으로 형성된다고 설명한다. 개인은 스스로 잘할 수 있다고 믿고 해당 과업을 성취하면 자신이 가치를 두고 있는 강화를 받을 수 있다고 여길 때 연관된 진로에 대한 흥미를 발달시킬 수 있다. 자기효능감과 결과기대는 흥미와 함께 활동 의도, 목표, 활동 선택과 실행에 영향을 미치며 궁극적으로 실행결과에도 영향을 미친다. 실행결과는 자기효능감과 결과기대를 높이거나 저하시키고 다시 흥미에 영향을 준다. 진로와 관련된 개인의 흥미는 청소년기에 비교적 안정적으로 형성되지만 환경이 개인에게 우호적이지 않을 때 용이하게 조절된다(Gottfredson, 1981). 따라서 개인의 흥미는 인생의 어느 단계에서도 변화될 수 있다. Super(1980)가 진로발달이 고유한 발달과업을 가진 단계를 거친다고 한 것과 달리 사회인지 진로이론은 진로흥미발달을 계속되는 학습경험에 의한 연속적 개념으로 보고 있다.

❷ 선택모형

선택모형은 흥미발달이 진로와 연관된 선택으로 이어지는 과정을 설명하고 있다. 선택모형은 흥미발달과 함께 개인의 진로선택에 관련된 목표 선택, 활동 선택, 미래 직업 선택의 문제를 설명한다. 이 모형은 크게 세 부분으로 나눌 수 있는데 첫 번째는 흥미발달, 두 번째는 진로 관련 목표의 형성, 세 번째는 목표 달성을 위한 실행과 성취이다. 특정 영역에서의 향상된 흥미와 자기효능감 그리고 결과기대는 해당 영역의 활동에 계속 참여하고자 하는 의도를 증대시키고 활동의 내용도

더 높은 수준의 것을 선택하도록 한다(목표 형성). 개인은 자신의 목표에 따라 무엇을 해야 할지 결정하고 행동에 옮기게 된다(실행). 자신이 세운 목표를 얻기 위해 필요한 행동을 실천에 옮긴 개인은 자신의 수행에 따른 결과(실제 성취)를 얻게 된다.

❸ 수행모형

수행모형은 개인의 수행수준과 수행의 지속성을 설명하기 위한 능력, 자기효능감, 결과기대, 목표라는 요인을 포함하고 있다. 능력은 개인의 과거 수행수준에 의해 파악될 수 있다. 개인의 수행수준과 수행의 지속성에 직접적인 영향을 주기도 하고 자기효능감 등 인지적 변인들을 통해 간접적인 영향을 미치기도 한다. 수행모형의 목표는 선택모형의 목표와는 개념적으로 구분된다. 선택모형의 목표는 '무엇(내용)'을 할 것인가와 관련되어 있지만, 수행모형에서 목표란 '얼마나 잘(수준)' 할 것인가와 연관되어 있다.

3) 가치중심적 진로접근 모형

(1) 이론의 개요

Brown과 Lent(1996)이 연구한 가치중심적 진로접근 모형은 인간의 행동이 개인의 가치에 의해 상당 부분 영향을 받는다는 가정에서 출발한다. 가치는 행동역할을 합리화하는데 있어서 매우 강력한 결정 요인으로 자신과 타인의 행위를 판단하는 규칙이 된다. 다른 이론들과 달리 가치중심적 진로접근 모형에서는 흥미가 진로결정에 큰 역할을 하지 않은 것으로 설명한다. 그 이유는 흥미는 가치를 근거로 발전되어 온 선호도의 지표이며 흥미가 행동규준의 표준으로 작용하지 않기 때문이다. 반면 가치는 개인이 원하는 목표설정에 중추적인 역할을 하기 때문에 진로결정과정에서 가장 중요하다고 본다.

(2) 이론의 기본 명제

가치중심적 진로접근 모형의 기본 명제는 다음과 같다.

① 개인이 우선권을 부여하는 가치들은 그렇게 많지 않다.
② 우선순위가 높은 가치들은 생애역할 선택에 있어서 다음과 같은 조건들을 만족시킬 경우에 가장 중요한 결정 요인이 된다.
- 생애역할 가치를 만족시키려면 하나의 선택권만 이용할 수 있다.
- 생애역할 가치를 실행하기 위한 선택권은 명확히 그려져야 한다.
- 각각의 선택권을 실행에 옮기는 난이도는 동일하다.

③ 가치는 환경 속에서 가치를 담은 정보를 획득함으로써 학습된다.
④ 모든 필수적인 가치들을 만족시키는 정도는 생애역할에 달려 있다.
⑤ 한 역할이 두드러지게 나타나는 것은 역할 내에 있는 필수적인 가치들의 만족 정도와 직접 연관된다.
⑥ 생애역할에서의 성공은 많은 요인에 의해 결정된다. 이 중에는 학습된 기술도 있고 인지적·정의적·신체적 적성 등도 있다.

4) 최근 이론들의 평가

인지적 정보처리이론(CIP)은 Peterson, Sampson 그리고 Reardon(1991)이 개발한 것이다. 이는 개인이 인지적 정보처리이론을 통해 진로문제 해결과 의사결정을 할 때 어떻게 진로결정을 내리고, 어떻게 정보를 이용하는지의 측면에서 진로발달에 적용시킨 것이다.

사회인지 진로이론(SCCT)은 자아개념과 자아효능감, 흥미, 능력 등의 관계를 진로선택과 개인개발의 결정 요인으로 쓰일 수 있는 가능성을 제시하였다. Bandura(1986)가 제시한 사회인지이론은 인지적 과정과 자기규제, 동기과정을 생애의 현상에 혼합한 이론이다. Bandura는 3개의 변인 첫째, 개인과 신체적 속성, 둘째, 외부환경 요인, 셋째, 외형적 행동이 서로 영향을 주면서 상호작용하며 개인과 행동, 환경이 진로행동에 영향을 준다고 설명한다.

가치중심적 진로접근 모형은 Brown(1996)이 주장한 설명으로 인간기능은 개인의 가치에 따라 영향을 받고 형성된다고 보았다. 또한 Brown은 가치를 행동역할을 합리화하는데 강력한 결정 요인으로 본다. 여기서 가치란 특성과 경험의 상호작용을 통해 개발된다고 주장한다.

CHAPTER 04

진로상담이론

진로상담은 개인의 진로발달 문제를 돕는 것뿐만 아니라 이를 방해하는 심리적 문제와 내담자들의 인생 역할들 간에 균형과 조화를 이룰 수 있는 인생 계획을 발전시켜 가도록 도와주는 활동이다(Brown & Brooks, 1991). 한 내담자의 총체적 진로 계획을 다루는 진로상담을 효율적으로 실시하기 위해서는 먼저 여러 가지 진로상담이론과 접근법을 충실하게 이해하는 것이 요구된다. 따라서 본 장에서는 Crites(1981)의 관점에 따른 대표적인 진로상담이론을 살펴보고자 한다.

1. 특성-요인 진로상담

1) 이론의 개요

특성-요인 진로상담(Trait-factor career counseling)은 특성-요인이론에 기초하여 발전된 진로상담 방법으로 개인차 심리학에 그 배경을 두고 있다. 특성-요인이론은 인간의 행동이나 성격이 능력, 흥미, 태도, 기질 등의 요인이 복합적으로 상호작용해서 나타난 결과라고 주장한다. 따라서 인간의 성격이나 행동의 특성은 여러 차원으로 분류될 수 있으며, 심리검사 등의 방법을 통해서 측정되고 평가될 수 있다고 본다(김충기 외, 2011).

특성-요인 진로상담의 목표는 내담자로 하여금 합리적 해결과 선택을 하도록 하고 내담자의 자기이해, 자기지도, 자기성장을 촉진시키는 데 있다. 이러한 목표를 달성하기 위한 구체적인 목표는 다음과 같다. 첫째, 특성-요인 상담은 선한 생활, 즉 탁월성을 갖도록 하는 것이다. 둘째, 특성-요인 상담은 개인의 전체적인 발달을 목적으로 삼고 있지만 Williamson(1939)은 상담자가 내담자의 모든 개성을 발달시키는 것이 아니라 내담자에게 도움이 되는 어떤 특정 방향으로 발달시키도록 도움을 주는 것이라고 주장하였다. 셋째, 특성-요인 상담은 내담자가 올바른 선택과 의사결정을 할 수 있는 가치체계를 발전시켜 나갈 수 있도록 도와주어야 한다. 따라서 진로상담자는 내담자에게 많은 검사정보와 직업정보를 제공하고 이를 토대로 진로선택을 하도록 도와주어야 한다. 상담자는 상담과정 동안 내담자를 교육하고 설득하며, 자신의 추론이 합리적임을 내담자에게 확신시켜 주어야 한다.

2) 이론의 내용

특성-요인 진로상담에서 가장 중요한 것은 변별진단(differential diagnosis)이다. 변별진단이란 일련의 사실과 자료들로부터 일관된 의미를 논리적으로 파악하여 문제를 해결하는 과정이다. 그리고 내담자의 미래 방향설정과 적응을 위해 일관된 형식이 갖는 의미를 판단하고 예측해 준다. 또한 내담자의 장점과 경향성을 이해하는 활동인 것이다(Williamson, 1939).

(1) Williamson의 변별진단

Williamson(1939)은 진로의사결정에서 나타나는 여러 문제를 진단하는 데 도움을 주기 위해 다음과 같이 네 가지 범주를 제시하였다.

첫째, 진로무선택은 공식적인 교육이나 훈련을 마친 이후에도 자신의 직업선택 의사를 표현하지 못하며 자신이 무엇을 원하는지조차 모른다.

둘째, 불확실한 선택은 직업을 선택하고 그것을 직업 명칭으로 말할 수도 있지만 자신의 결정에 대하여 확신이 없다. 확신과 불신의 정도는 최고 확신, 보통 확신, 낮은 확신으로 구분할 수 있다. '최고 확신'은 자신이 선택한 직업에 대해 조금의 의심도 없으며 바꾸기를 기대하지 않는다. '보통 확신'은 자신이 선택한 직업에 대하여 다소 의심이 있으며 때때로 자신이 올바른 선택을 했는지에 대해 궁금하게 여긴다. '낮은 확신'은 자신이 선택한 직업에 대해 상당한 의심을 나타낸다.

셋째, 현명하지 못한 선택은 내담자의 능력과 흥미 간의 불일치 또는 내담자의 능력과 직업이 요구하는 것들 간의 불일치로 내담자가 충분히 그 적성을 가지고 있지 않은 직업을 선택하는 경우이다.

넷째, 흥미와 적성 간 모순의 경우도 있다. 흥미를 느끼는 직업에 대해서 적성을 가지고 있지 못하거나, 적성을 가지고 있는 직업에 대해서는 흥미를 느끼지 못하는 경우이다.

(2) Crites의 직업선택의 문제

Williamson(1939)의 변별진단의 체계가 연구결과 불확실한 것으로 나타나(Pepinsky, 1948), Crites(1969)는 직업선택에서 내담자의 진로선택에서 발생할 수 있는 문제를 독립성이 있고 상호 배타적인 진단체계를 고려하여 다음과 같이 제시하였다.

❶ 적응문제

- 적응된 사람(adjusted): 적응된 사람의 직업선택은 자신의 흥미분야와 적절한 적성수준에서 직업을 선택한다. 이러한 사람은 다양한 흥미 유형을 갖고 있을지 모르지만 적어도 직업선택에 있어서는 그런 유형 중의 하나와 일치시킨다. 이런 사람은 자신의 선택에 대해 확신이 없어서 진로상담을 요청할 수는 있으나 실제로는 특별한 문제는 없는 상태이다.
- 부적응된 사람(maladjusted): 부적응된 사람의 직업선택은 그의 흥미분야나 적성수준과 일치하지 않는다. 부적응된 사람의 문제는 의사결정 과정과 연관

된 변인들 사이의 완전한 불일치이다.

❷ 우유부단의 문제

- 가능성이 많은 사람(multi-potential): 가능성이 많은 사람은 두 번 또는 그 이상의 선택을 하지만 이 선택은 각각 그의 흥미분야나 적성수준에서 일치한다. 가능성이 많은 사람은 흥미가 다양할 수 있지만 직업선택에서는 자신의 흥미 중의 하나와 일치하는 것을 선택한다.
- 우유부단한 사람(undecided): 우유부단한 사람은 선택을 하지 못한다. 이런 사람은 여러 흥미 유형을 갖고 있고, 적성수준이 높거나 보통이거나 또는 낮을 수도 있다. 그러나 문제는 이런 변인들의 수준에 관계없이 미래에 자신이 갖고자 하는 직업에 대해 확신을 갖고 있지 못하다는 것이다.

❸ 비현실성의 문제

- 비현실적인 사람(unrealistic): 비현실적인 사람은 직업을 그의 흥미분야와 일치하거나 또는 일치하지 않는 분야에서 선택한다. 이런 사람의 문제는 측정된 적성수준보다 높은 적성을 요구하는 직업을 선택한다는 것이다.
- 불충족한 사람(unfulfilled): 불충족한 사람은 그의 흥미분야는 일치하지만 측정된 적성수준보다 낮은 적성을 요구하는 직업을 선택한다.
- 강요된 사람(coerced): 강요된 사람의 선택은 적절한 적성수준에서 선택을 하지만 그의 흥미분야와는 일치하지 않는 직업을 선택한다. 강요된 사람의 문제는 적응이나 우유부단의 문제로 보이지만 이미 선택이 이루어졌기 때문에 이 분류에 해당한다. 이런 사람의 선택이 비현실적이 되는 이유는 적절하지 못한 흥미영역에서 이루어졌기 때문이다.

3) 상담 진행과정

Williamson(1939)은 진로상담과정을 분석, 종합, 진단, 예측, 상담, 추후지도의 6단계로 기술하였다. 특성-요인 진로상담과정에서는 6단계 중에서 진단과 상담을 가장 중요한 과정으로 본다. 상담과정은 전반적으로 상담자 중심으로 이루어지며 내담자는 상담 및 치료과정에서만 적극적으로 참여한다.

① 분석: 내담자에 관한 각종 자료로부터 태도, 흥미, 가족 배경, 지식, 교육적 능력, 적성 등에 관한 자료를 수집한다.
② 종합: 내담자의 특성이나 개별성을 탐색하기 위하여 사례연구나 검사결과에 의하여 자료를 수집하고 종합하여 내담자의 독특성과 개성을 파악한다.
③ 진단: 내담자의 진로문제와 특성을 분류하고 학문적·진로적 능력 및 특성을 비교해서 진로 문제의 원인을 탐색하고 진단한다.
④ 예측: 가능한 대안과 조정가능성을 탐색하고 결과의 다양한 가능성을 판단한다.
⑤ 상담: 미래 또는 현재의 직업 면에서 바람직한 적응을 위해 무엇을 해야 할지를 내담자와 함께 상의한다.
⑥ 추후지도: 내담자가 바람직한 행동계획을 수행할 수 있도록 조력하고 지도한다. 상담종료 후 내담자에게 다시 진로 문제가 발생하였을 경우에 실시한다.

4) 상담기법 및 기술

특성-요인 진로상담은 합리적이고 인지적 모형을 반영하고 있다. 면담기법이나 검사의 해석절차, 직업정보의 이용 등이 함께 엮어져 내담자의 의사결정문제에 논리적·합리적으로 접근한다. 특성-요인 접근법이 지나치게 상담자 주도적이고 지시적이라는 비판이 있으나 이는 상담자의 태도는 부분이 아닌 방법에 관한 것으로, 기본적으로 상담자는 내담자의 감정이나 태도에 대해 판단하지 않고 수용한다. Williamson은 특성-요인 진로상담기법을 다음과 같이 5가지로 제시하였다.

① 촉진적 관계형성: 상담자는 내담자가 신뢰할 수 있도록 분위기를 만들고 문제 해결을 촉진할 수 있는 관계를 형성한다.

② 자기이해의 신장: 상담자는 내담자가 자신의 장점이나 특성에 대해 개방된 평가를 하도록 돕는다. 그러한 장점이나 특성이 내담자의 진로문제를 해결하는 것과 어떠한 관련성이 있는지에 대한 통찰력을 갖도록 격려한다.

③ 실행계획의 권고나 설계: 상담자는 내담자가 이해하는 측면에서 상담이나 조언을 한다. 또 내담자가 말한 학문적 · 직업적인 선택이나 내담자의 감정, 태도 등에 대해 언어로써 이를 명료화시켜 준다. 그리고 실제적인 행동을 계획하고 설계하도록 돕는다.

④ 계획의 수행: 행동계획이 세워졌으면 상담자는 진로선택에 직접적인 도움이 되는 여러 가지 제안을 함으로써 내담자가 직접 직업선택을 해보도록 조력한다.

⑤ 의뢰: 한 상담자가 모든 분야의 전문가가 될 수 없기 때문에 필요에 따라서 다른 전문가에게 문의하거나 적절한 상담자에게 의뢰하는 것이 필요하다.

5) 검사의 적용

특성-요인 진로상담에서는 내담자의 특성에 대한 자료를 과학적으로 수집하고 분석 · 종합하여 내담자가 객관적이고 합리적인 의사결정을 하도록 조력하는데 중점을 둔다. 따라서 검사의 결과를 충고, 설득하고 설명하며 조언 및 해석해주는 과정을 매우 중요하게 여긴다. Williamson(1939)은 검사결과를 해석해 주는 세 가지 방법을 다음과 같이 제시하고 있다.

① 직접 충고(direct advising): 내담자가 할 수 있는 가장 만족한 선택이나 행동,

실행계획에 대해 상담자가 자신의 견해를 솔직하게 나타내는 것을 말한다. Williamson은 상담자가 이 방법을 쓸 때 내담자 문제의 성격을 충분히 고려한 이후에 사용해야 한다고 충고하고 있다.

② 설득(persuasion): 상담자는 내담자가 여러 대안을 생각하도록 합리적이고 논리적인 방법으로 자료를 정리한 후에 내담자가 이해 가능한 방법으로 설득한다.

③ 설명(explanation): 상담자는 검사자료뿐만 아니라 기타 내담자에 관한 여러 가지 자료를 해석해 준다. 내담자가 검사결과의 의미를 잘 이해해서 현명한 선택을 할 수 있도록 검사결과를 설명해 준다.

6) 직업정보의 적용

Brayfield(1950)는 직업정보를 정보제공 기능, 재조정 기능, 동기화 기능의 세 가지 기능으로 구분하였다. 특성-요인 진로상담에서 상담자가 내담자에게 직업정보를 제공하는 목적은 내담자가 진로선택에 대해 더 많이 인식하도록 하고 이미 선택한 직업을 확신시켜 주기 위한 것이다. 직업정보 제공방법은 상담자가 내담자에게 직접 구두로 소개해주거나 팸플릿이나 안내서를 선정하여 정보자료로 사용할 수도 있다. Brayfield(1950)는 직업정보의 기능으로 정보제공 기능, 재조정 기능, 동기화 기능의 세 가지를 다음과 같이 설명하고 있다.

① 정보제공 기능: 상담자가 내담자에게 직업정보를 제공해 주는 목적은 이미 선택한 바를 확인시키거나 두 가지 선택이 매력적일 때 망설임을 해결해 주는 데에 있다. 또한, 내담자가 진로선택에 관한 지식을 증가시키도록 돕기 위한 것이다.

② 재조정 기능: 직업정보의 또 다른 기능은 내담자가 현실에 비추어 부적절한 선택을 했는지에 대해 재조명하는 기초를 제공해 주는 것이다. 상담자는 내

담자가 환상을 버리고 냉정하게 현실검증을 할 수 있도록 직업정보를 제공해 준다.

③ 동기화 기능: 상담자가 직업정보를 제공해주는 또 다른 기능은 내담자가 의사결정 과정에 적극 참여하도록 동기화시키기 위해서이다. 상담자는 의존적인 내담자가 자기 스스로 한 선택에 대해 책임감을 갖게 될 때까지 내담자를 조력하며, 진로선택을 위한 동기를 강화시키기 위해 정보를 제공한다.

7) 이론의 평가

특성-요인이론의 공헌점은 직업선택 시 개인의 특성을 고려하도록 한 것이다. 특성-요인이론에 의해 강조된 표준화 검사도구와 직업세계의 분석과정은 진로상담에 매우 큰 장점으로 작용한다. 그러나 여기에는 몇 가지 단점도 있다.

첫째, 객관적인 절차, 특히 심리검사를 통해서 개인의 특성을 타당하게 믿을 수 있도록 측정 가능하다고 가정한다. 특성-요인이론의 주창자 중 한 사람인 Williamson(1939)은 검사도구가 내담자의 장단점을 파악하기 위한 도구의 한 유형일 뿐이라고 강조하였지만 특성-요인이론은 내담자의 일반적인 배경 등과 같은 다양한 자료들이 간과되고 개인의 특성을 측정하기 위한 검사도구가 지나치게 강조되는 문제점을 들고 있다.

둘째, 직업선택을 일회적인 행위로 간주하여 장기간에 걸친 인간의 직업발달을 도외시하고 있다. 개인이 갖는 제 특성 간의 역동성과 개인이 그 많은 요인 중에서 어느 것을 우선적으로 고려하느냐에 따라 직업선택이 달라질 수 있다는 것을 고려하지 못하고 있다.

셋째, 개인의 특성과 직업 간의 관계를 기술하지만 개인의 특성이 어떻게 발달하였는지, 개인이 왜 그런 특성을 갖게 되었는지에 대한 설명이 부족하다. 이 이론에서 관심을 두는 것은 흥미나 적성과 같은 내담자의 특성을 확인하는 것이다.

넷째, 개념적인 단순함으로 인해 많은 상담가나 상담프로그램에서 활용하고 있지만 이 이론 자체적으로 효율적인 진로상담을 위한 지침은 제공하지 못하고 있다. 즉, 수많은 검사도구 중에서 어떤 것을 선택해야 하고 또 어떻게 그 검사결과를 활용해야 하는지는 전적으로 상담가의 몫으로 남겨져 있을 뿐이다.

2. 인간중심 진로상담

1) 이론의 개요

인간중심 진로상담(Person-centered career counseling)은 Rogers(1951)의 인간중심 상담의 원리를 바탕으로 Patterson(1964)이 진로상담에 적용하여 개념화하였다. 특성-요인 진로상담이 개인을 특성과 요인의 집합체로 보고 적절한 검사도구를 사용하여 개인의 특성을 밝혀내고 직업 관련 요인과 비교하여 적합한 직업선택을 하도록 상담자가 내담자를 적극적으로 돕는 반면, 인간중심 진로상담은 인간은 본질적으로 스스로의 문제를 해결할 수 있는 능력을 가지고 있다고 본다. 그리고 개인을 자아실현의 경향성을 지닌 존재로 규정한다. 또한 각 개인의 구체적이고 현상적인 경험의 세계를 중요시한다. 따라서 진로상담의 목표도 내담자로 하여금 Rogers가 말하는 인간관을 가진 사람이 될 수 있도록 하는 데에 있다. 즉 내담자가 자아와 경험을 더 많이 일치시키고 내담자가 자아와 일에 대한 정보가 부족하거나 왜곡되지 않도록 하고, 자아개념이 직업적 자아개념인 직업정체감과 보다 일치할 수 있도록 돕는 과정이다(Patterson, 1964). 이때 상담자에게 내담자가 진로 관련 문제를 스스로 해결할 수 있게 돕는 조력자의 역할이 강조된다.

2) 이론의 내용

특성-요인 진로상담에서는 진단이 가장 중요한 개념인데 비해서 인간중심 진로상담에서는 진단을 크게 중요시하지 않는다. Patterson(1964)은 진로상담이 각 개인의 생활 중 진로문제라는 특정한 문제를 다루는 것이므로 지나치게 심리검사에 의존해서는 안 된다고 주장하였다. 하지만 Crites(1981)는 진로상담에 있어서 내담자의 문제가 정보나 경험의 부족 때문인지, 자아와 일의 세계에 대한 정보의 거부 및 왜곡 때문인지를 진단하고 상담을 이끌어가야 한다고 보았기 때문에 심리검사의 중요성을 강조하였다. 그래서 점차 후기 인간중심 진로상담자도 어느 정도의 심리검사는 필요하다고 보았다.

3) 상담 진행과정

인간중심 진로상담은 7단계의 진로상담과정을 다음과 같이 제시하였다(Rogers, 1961).

- 1단계: 내담자는 자신에 대해 이야기하고 싶어 하지 않고, 자기 이외의 외부적인 것에 대한 피상적인 대화에 머문다.
- 2단계: 내담자는 자신의 문제가 아닌 외부사건을 언급하고, 과거경험에 대해서만 이야기한다. 자아와 관계되는 주제도 계속 회피한다.
- 3단계: 내담자는 대화의 내용에 대해 신경을 덜 쓰게 됨으로써 감정적으로는 이완되지만 상담자와 친밀한 접촉은 하지 않는다.
- 4단계: 내담자는 자신의 경험과 감정을 더 진실하고 심도 있게 다루지만 상담자의 도움을 통해서만이 자기감정을 원활하게 표현할 수 있다.
- 5단계: 내담자는 '지금-여기'에서 느끼는 감정들을 표현하기 시작한다. 내담자는 자기의 경험을 노출하고, 직면하고 있는 자기 문제에 대해 책임을 갖고 해결하려고 한다.
- 6단계: 내담자의 경험과 과정이 생생해지고, 감정 표현도 자유로워지면서 경험과 자각 간의 모순이 사라지고 민감해진다. 자신의 문제에 대해 회피하지 않고 직면하며 적극적으로 대처한다.

- 7단계: 내담자는 자기의 경험을 주관적으로 인식한다. 잘 조화된 감정과 더불어 내면적 의사소통이 가능해지고, 내담자는 효율적이고 새로운 존재방식을 자발적으로 선택한다.

이와 같은 일련의 인간중심 진로상담과정 초기에는 상담자의 허용적인 분위기 속에서 내담자의 충분한 자기이해가 요구되고, 자기이해가 깊어지고 난 후에 자아를 일의 세계와 관련지어 좀 더 구체적인 진로에 관한 문제를 상담해야 한다.

4) 상담기법 및 기술

인간중심 진로상담에서는 상담을 성공적으로 이끌기 위해서 특정한 상담기법보다는 능동적인 상담자의 태도와 자질을 더 중요하게 여긴다. Rogers(1957)는 상담자가 갖추어야 할 태도를 일치성, 공감적 이해, 무조건적 수용이라고 보았다. 인간중심 진로상담의 목표는 내담자의 자아개념을 직업적 자아개념으로 전환시키고 내담자의 경험을 풍부하게 할 수 있도록 해주는 데 있다. 이와 같은 목표를 달성하기 위해서 상담자는 안내, 반영(재진술, 명료화, 해석, 충고, 정보제공), 지지, 주의 환기와 같은 기법을 사용할 수 있다.

5) 검사의 적용

Rogers(1946)는 심리검사가 내담자를 자기방어적으로 만들고 자아 수용 및 책임감을 감소시키며 전문가에게 의존하는 태도를 발생시키는 경향이 있으므로 그 사용을 반대하였지만, 점차적으로 개인의 직업적성이나 흥미를 평가하는 것도 필요하다고 보았다. 그러나 검사결과를 지나치게 의존해서는 안 되며 상담과정에서 꼭 필요할 때 보조적으로 사용하는 것이 바람직하다고 보았다.

6) 직업정보의 적용

Patterson(1964)은 인간중심 진로상담에서 내담자에게 직업정보를 제시할 때 내담자의 입장에서 직업정보가 필요하다고 인정될 때에만 사용하고, 내담자에게 영향을 주거나 내담자를 조종하기 위해 사용해서는 안 된다고 하였다. 그리고 직업정보를 제공하는 데 있어서 내담자가 자발성과 책임감을 극대화시킬 수 있는 방법으로 정보를 얻을 수 있도록 격려해야 한다. 이를 위해서는 출판주, 고용주, 그리고 그 직업과 관련된 사람들로부터 직접 정보를 찾아보도록 지도하는 것이 필요하다. 마지막으로 직업정보를 제공한 후 직업과 일에 대한 내담자의 태도와 감정은 자유롭게 표현되어야 하고, 상담 과정에서 치료의 목적으로 이용되어야 한다.

7) 이론의 평가

인간중심의 진로상담이론은 Rogers(1946)가 주장한 원리들을 적용하고 있는 것뿐만 아니라 특성–요인이론과 발달 이론의 핵심개념을 종합하고 있음을 알 수 있다.

Patterson(1964)은 "진로선택은 처음에 생각했던 것보다 훨씬 더 복합적이지만 아직까지는 개인과 진로의 조화로 널리 인식되고 있다."고 하였다. 이론적으로 Grummon(1972)은 자아의 일의 세계에 대한 정보의 획득과정과 진행과정에 영향을 주는 자극변인들의 효과를 무시하는 인간중심접근의 배타적인 경향에 관심을 보여 왔다. 실제적으로 중요하게 느끼는 어려움은 상담과정에 정보를 투입할 때 가끔 일어나는 분리 또는 분열가능성이다. 어떻게 인간중심의 측면에서 상담자가 교훈적 역할로 변하지 않고 상담자가 내담자에게 직업에 관한 정보를 효과적으로 알려줄 수 있는지는 Patterson의 표현에서 보더라도 분명치 않다는 아쉬움이 있다.

3. 정신역동적 진로상담

1) 이론의 개요

정신역동적 진로상담(Psycho-dynamic career counseling)은 Freud(1917)의 정신분석학 원리를 바탕으로 Bordin(1963), Nachman(1960), Segal(1963) 등이 진로상담에 적용하여 개념화하였다. 이 접근법은 특성-요인 접근법과 내담자중심 접근법을 포괄하면서 내담자의 동기유발과 방어기제에 초점을 두는 이론이다. 정신역동적 진로상담은 사람과 직업을 연결시키는 것을 기초로 하고 있지만, '어떻게 그와 같은 선택이 이루어지는가?'와 같은 즉 선택 과정에 대한 복잡한 개념들을 설명하려고 노력한다.

Bordin(1968)은 선택의 자유를 갖는 개인이 자기의 직업활동에서 만족할 수 있는 최선의 방법을 추구하고, 불안으로부터 사람을 보호할 수 있는 최고의 직업을 선호하는 경향이 있다고 하였다. 이처럼 정신역동적 진로상담은 진로결정에 정신분석적 원칙을 적용시킨 것으로 진로선택은 내담자의 욕구를 포함한 것이며 그것은 발전적 선택과정이라는 것이다. 따라서 정신역동적 진로상담의 목표는 내담자가 현명한 진로의사결정을 하고 자신의 선택에 대한 책임을 수용할 수 있도록 돕는 동시에 진단을 통해서 나타난 심리적 어려움을 해결하도록 하는 것이다. 이러한 진로상담과정을 통해 내담자의 진로문제뿐만 아니라 성격문제를 해결하기 위해 노력하는 방법과 개인 상담을 통해 진로를 너무 강조하지 않으면서 불안을 감소시키고 성격구조의 변화를 도모할 수 있다.

2) 이론의 내용

Bordin(1968)은 정신역동적 진로상담에서 진단의 범주를 의존성, 정보의 부족, 자아갈등, 진로선택에 대한 불안, 문제가 없음으로 분류하였다. 진단의 범주를 살펴보면 다음과 같다.

① 의존성(dependence): 내담자들은 자신의 진로문제를 해결하고 책임을 지는 것과 발달과업을 주도적으로 완수하는 것이 어렵다고 느낀다. 그들은 다른 사람에게 지나치게 의존하거나 자신의 욕구를 중재하는 것을 다른 사람에게 의존한다.

② 정보의 부족(lack of information): 경제적으로나 교육적으로 어려운 환경에서 자란 사람들은 적합한 진로 정보를 접할 기회가 없기 때문에 진로결정에서 어려움을 겪고 현명한 선택을 하지 못하는 경우가 있다.

③ 자아갈등(self-conflict): 진로선택이나 진로결정 등 삶에서 중요한 결정을 해야 할 때 개인은 심리적 갈등을 겪는다.

④ 진로선택에 대한 불안(career anxiety): 개인은 자신이 하고 싶은 일과 타인이 기대하는 일이 다를 경우에 진로선택에서 불안과 갈등을 경험한다.

⑤ 문제 없음(non problem): 이 유형은 문제는 없고 확신이 부족한 경우이다. 내담자가 현명한 선택을 하였지만 선택에 대한 확신이 결여된 상태로 여러 가지 문제를 야기할 수 있다.

3) 상담 진행과정

Bordin(1968)은 정신역동적 진로상담과정으로 탐색과 계약체결단계, 비판적 결정단계, 변화를 위한 노력단계를 다음과 같이 제시하였다.

① 탐색과 계약체결단계: 상담자는 내담자가 자신의 욕구 및 자신의 정신역동적 상태를 탐색할 수 있도록 돕고, 충고하기보다는 허용적이고 온정적 관심을 보이며 상담과정을 구조화하여 상담계약을 한다.

② 비판적 결정단계: 진로에 대한 비판적 결정뿐만 아니라 인성변화를 포괄하는 문제들도 포함하는 결정단계이다. 즉 내담자가 성격적 제한을 그대로 받아들이고 그 성격에 맞게 직업을 선택할 것인지 아니면 직업선택에 제한을 가하

는 성격을 변화시키는 노력을 통해 다른 직업선택 대안을 탐색할 것인지 결정하는 단계이다.

③ 변화를 위한 노력단계: 자신이 선택하고자 하는 직업과 관련지어 자신의 성격, 욕구, 흥미 등에서 좀 더 많은 변화를 시도하려고 노력하는 단계이다. 이 과정에서 상담자는 내담자가 자아를 더욱 명확히 인식하고 이해하도록 조력한다.

4) 상담기법 및 기술

정신역동적 진로상담기법은 정신분석 진로상담기법과 특성–요인 진로상담기법, 인간중심 진로상담기법들을 절충한 접근기법이다. Bordin(1968)은 정신역동적 진로상담기법으로 명료화, 비교, 소망·방어체계에 대한 해석의 세 가지 기법을 제시하였다. 명료화는 현재의 진로문제와 관련된 내담자의 생각과 감정을 언어로 명료하게 재인식시키는 것이다. 비교는 내담자가 지니고 있는 문제와 진로발달의 관계, 역동적인 현상 간의 유사점과 차이점을 설명하는 방법이다. 소망·방어체계에 대한 해석은 상담자가 내담자의 욕구나 소망, 방어체계를 해석해 주는 방법으로 상담자가 내담자의 내적 동기 상태와 진로의사결정 사이의 관계를 인식하고 그에 따른 도움을 주는 방법이다.

5) 검사의 적용

정신역동적 진로상담은 심리검사에 의한 진단이 핵심이다. Bordin(1968)은 심리검사를 통해 상담자가 내담자의 심리상태를 이해하고 상담에 대한 내담자의 기대를 충족시키기 위해 검사결과를 활용해야 한다고 주장하였다. 내담자는 진로선택의 문제를 해결하는데 가장 유용한 자기평가에 관한 검사를 선택할 수 있다.

6) 직업정보의 적용

정신역동적 진로상담에서는 개인의 욕구분석에 대한 정보를 중요시한다. 이것은 특성-요인이론의 영향을 받은 것으로 개인이 자기(Self)와 직업세계와의 정신역동적 구조를 잘 이해하게 된다. 그러면 자신의 욕구를 가장 잘 충족시켜주는 직업을 선택할 수 있게 되고 욕구와 현실과의 타협을 잘할 수 있게 된다.

7) 이론의 평가

정신역동적 진로상담은 내담자가 현명한 진로선택을 하고 자신의 선택에 대한 책임을 지는 사람으로 변화하도록 돕는 이론이다. 이러한 진로상담의 관점은 내담자가 갖는 불안이나 정서장애를 제거시켜서 자유의지를 가지고 책임감 있게 진로를 선택하도록 내담자의 성격구조를 재구성하는 것을 강조하고 있다.

정신역동적 진로상담자는 내담자에게 개인 간의 상호관계와 진로발달을 다루는 과정에서 좀 더 광범위하게 참여할 수 있는 대안들을 제시한다고 볼 수 있다. 정신역동적 진로 상담자는 내담자와의 협력적인 상호작용을 통해 의사결정에서 쉽게 자아를 수용하고, 내담자와 상담자가 상담에 동등한 모습으로 참여하도록 돕는다.

4. 발달적 진로상담

1) 이론의 개요

발달적 진로상담(Developmental career counseling)은 전 생애에 걸쳐 이루어지는 개인의 진로발달 측면을 중시한다. 발달적 접근법은 시간에 따라 일어나는 모든 행동의 변화가능성, 즉 변화와 발달을 전제로 출발한다. 진로발달은 개인적 · 사회적인 발달의 측면과 관련되어 있으므로 진로상담을 통해 진로발달을 돕는 것은 개인발달의 다른 측면을 돕는 것이다. 대표적인 학자들로 Super, Ginzberg, Tiedman, Hearley 등이 있다.

발달적 진로상담의 목표는 내담자의 긴장을 이완시키고 느낌을 명료화하여 통찰을 돕고 자신이 일하는 분야에서 유능감을 경험하게 함으로써 진로적응을 돕고 일상적인 삶에서의 적응력을 증진시키도록 돕는 것이다(Super, 1953). 발달적 진로상담은 직업세계에 대한 인식을 증진시켜서 직업목표를 설정하고 실행하게 하며 진로발달과제를 완수하게 함으로써 내담자의 직접적인 진로발달을 돕는다. 나아가 내담자의 일반적인 적응력을 기르고 인간관계를 개선시키는 것을 목표로 한다. 이처럼 발달적 진로상담은 개인의 진로발달뿐만 아니라 일반적 발달 향상을 함께 도모한다.

2) 이론의 내용

Super(1957)는 진단이라는 용어 대신에 '평가(appraisal)'라는 용어를 사용했다. 이는 평가라는 개념이 진단이라는 개념보다 포괄적이고 긍정적이기 때문이다. Super는 내담자의 잠재능력에 초점을 두어 문제의 평가, 개인의 평가, 예언 평가의 세 가지 평가를 다음과 같이 제시하였다.

① 문제의 평가(problem appraisal): 내담자가 경험한 곤란한 점과 진로상담에 대한 기대가 평가된다. 내담자의 문제를 확인하기 위해서 자기변화의 동기, 문제 해결의 책임, 적응력, 유연성, 침착성, 유머감각, 구조적 및 통합적 행동과 관련된 요인으로 나누어 평가한다. 직업문제와 관련된 요인으로는 직업선택에서 가족의 관여 여부, 직업선택에 관한 문제에서는 성격 관련, 재정적 문제, 군복무, 결혼 계획, 학업 계획 등이 평가대상이다.

② 개인의 평가(personal appraisal): 개인의 평가는 내담자의 심리적·사회적 및 신체적 차원에서 개인의 상태에 대한 평가를 한다. 또한, 개인의 평가는 적

성, 흥미, 성격, 학업 성취도, 사회경제적 지위, 대인관계 등의 현재의 상태와 가족적 배경, 출생순위, 부모의 양육태도, 과거의 적성과 흥미 등의 기능별 생애발달사로 나누어 평가한다. 이러한 개인의 평가는 심리검사, 임상적 방법, 사례 연구 등을 통해 개인적 정보를 수집하고 평가한다.

③ 예언 평가(prognostic appraisal): 문제의 평가와 개인적 평가를 바탕으로 내담자가 성공하고 만족할 수 있는 직종에 대한 예언이 이루어진다.

3) 상담 진행과정

발달적 진로상담과정은 진로발달이론에 기초한다. 상담자와 내담자의 관계는 내담자가 진로발달의 어느 단계에 도달해 있는가에 따라 달라진다. 따라서 상담자는 내담자의 진로성숙도를 측정하고 이에 따른 상담전략을 수립해야 한다. Super(1957)는 진로상담에서 자아탐색, 의사결정, 현실분석 등의 이성적 측면과 정서적 측면들을 모두 고려하기 때문에 지시적 상담과 비지시적 상담방법을 반복적으로 사용하는 진로상담이 이루어진다고 하였다. Super(1957)는 발달적 진로상담과정 6단계를 다음과 같이 제시하였다.

- 1단계(문제탐색 및 자아개념 탐색): 내담자가 문제를 탐색하고 자아개념을 표출할 수 있도록 비지시적 상담을 실시한다.
- 2단계(심층적 탐색): 내담자의 심층적 탐색을 위해 지시적인 상담방법으로 진로탐색의 문제를 설정한다.
- 3단계(자아수용 및 자아통찰): 내담자가 느낌을 반영하고 명료화하여 자아를 수용하고 통찰할 수 있도록 비지시적 상담을 실시한다.
- 4단계(현실검증): 내담자의 현실검증을 위해 심리검사, 직업정보분석, 과외활동 경험 등과 같은 사실적 자료들을 탐색하도록 지시적 상담을 실시한다.
- 5단계(태도와 감정의 탐색 및 처리): 내담자가 현실검증에서 얻어진 태도와

감정을 탐색하고 직면하고자 비지시적 상담을 실시한다.

- 6단계(의사결정): 내담자의 의사결정을 돕기 위해 가능한 대안과 행동을 고찰하도록 비지시적 상담을 실시한다.

한편 Hearly(1982)는 각 내담자의 독특한 발달특성을 발견하는데 강조점을 두고 내담자 특성 찾기, 전략확인 및 선택하기, 수행돕기, 목표달성 확인하기의 4단계를 제시하였다.

4) 상담기법 및 기술

발달적 진로상담기법으로 상담자는 재진술, 반응, 명료화, 요약, 해석, 직면 등 지시적 및 비지시적 방법을 사용하여 상담을 진행한다. 상담자는 내담자의 내용설명에는 지시적으로 반응하고 감정표현에는 비지시적으로 반응해야 한다. 특히 진로 자서전과 의사결정 일기쓰기는 내담자의 의사결정방식을 이해하고 자각과 민감성을 증가시킬 수 있는 대표적인 활동이다.

5) 검사의 적용

Super(1951)는 내담자에 대한 정보를 얻기 위해 집중검사와 정밀검사를 개발하였다. 집중검사는 특성-요인 진로상담에서처럼 진로상담 초기에 내담자의 특성을 평가하는 것이며 정밀검사는 진로상담이 진행되는 과정 중 내담자의 진로발달 과정과 유형을 개별검사를 통해 평가하는 것이다. 발달적 진로상담에서 상담자는 정밀검사를 실시하기 전에 내담자에게 검사의 필요성을 설명하고 동의하도록 해야 한다. 그리고 검사결과를 제시할 때 프로파일을 시각적으로 제시하기보다는 언어적인 설명을 통해 제시해야 하고, 검사결과의 정보를 진로선택을 위한 사고과정 속에 더 잘 통합될 수 있도록 해야 한다.

내담자의 진로발달유형을 평가하기 위해서는 진로성숙도를 측정한다. 진로성숙 또는 Crites(1973)의 진로성숙도검사(CMI)를 사용하여 내담자의 진로발달단계를 확인하고 내담자가 그의 동료들에 비해 상대적으로 부족한 진로성숙 범주를 정확히 인식하게 한다. 이를 통해 발달적 진로선택 문제 진단을 예상하여 결과를 말해줄 수 있다.

6) 직업정보의 적용

발달적 진로상담에서는 내담자의 다양한 직업적 욕구를 충족시켜 줄 수 있는 직업유형의 정보를 중요시한다. 상담자는 내담자의 진로성숙 수준에 맞추어 직업세계의 구조, 직업의 추세와 예상, 지위와 업무, 고용기회에 대한 정보들을 내담자에게 제공하기 위하여 직업전망 핸드북과 같은 소책자, 팸플릿을 주어 직업정보를 제공할 수 있다. 직업 관련 자료를 모으고 평가하는 과정을 통해 내담자는 자신의 진로선택이나 발달에 관하여 폭넓고 적극적인 참여를 경험하게 된다.

7) 이론의 평가

발달적 진로상담은 Super(1951)가 언급했던 이성적인 동시에 정서적인 존재로서의 인간을 가장 바람직하게 보았던 개념을 적용한 진로상담으로서 이론상의 양극단을 적절히 조화시키면서 절충적이라는 포괄적이고 종합적인 진로상담으로 평가할 수 있다. 또한, 발달적 진로상담은 내담자의 긴장을 이완시키고 느낌을 명료화하여 통찰을 조력하며 자기가 일하는 분야에서 능력감을 맛보게 함으로써 진로적응을 돕고 일상적인 삶에서의 적응력을 증진시키도록 조력한다(Super, 1953). 무엇보다 발달적 진로상담의 핵심은 내담자의 진로발달을 돕는 것이라고 할 수 있다.

발달적 진로상담은 내담자와 상담자의 관계에서 내담자가 진로발달의 어떤 단계에 도달해 있는지에 따라 달라진다. 따라서 상담자가 내담자의 진로성숙도를 측정함에 따라 상담전략을 세워야 하는 특징을 가지고 있다. 즉 진로성숙도가 낮은 내담자에게는 직업준비를, 진로성숙도가 높은 내담자에게는 정보수집과 내면화를 도와야 한다는 것이다. 결국 발달적 진로상담은 전 생애에 걸친 개인의 진로행동 성숙도에 초점을 맞춘다고 할 수 있다.

5. 행동주의 진로상담

1) 이론의 개요

행동주의 진로상담(Behavioral career counseling)은 학습이론을 바탕으로 내담자의 진로행동을 변화시키는 데 그 목적이 있다. Goodstein(1972)은 진로선택 문제의 원인을 불안이라고 보고 불안을 선행불안과 결과불안으로 구분하였다. 행동주의 진로상담의 목표는 선행원인과 결과로서의 불안을 감소 또는 제거하고 새로운 적응 행동을 학습하고, 진로결정 기술을 습득하는 것이다. 행동주의 진로상담은 진로의사결정에 영향을 미치는 학습과정을 다룬다. 즉 내담자가 가진 문제행동을 학습된 부적응 행동이라 보고 다양한 방법에 의해 내담자의 부적응 행동을 바람직한 새로운 행동으로 변화시키도록 조력할 것을 강조한다.

2) 이론의 내용

Goodstein(1972)은 진로선택 문제의 원인을 불안이라고 보고 불안이 원인이 되어 진로선택과 관련된 상황에서 우유부단한 진로행동, 무결단적인 진로행동을 보인다고 하였다. Crites(1969)는 내담자의 우유부단과 무결단성을 다음과 같이 제시하였다.

(1) 우유부단

Goodstein은 단순한 우유부단의 주요 원인은 경험이 제한된 데서 기인되는 자아와 일의 세계에 대한 정보의 결핍 때문이라고 하였다. 이러한 상태에서 내담자는 선택을 할 수 없거나 혹은 현실적이지 않은 선택을 한다. 결과적으로 내담자는 "당신이 성장하면 무엇을 하려고 하는가?"와 같은 질문에 대한 대답을 말로 표현하지 못하는 진로발달과업을 숙달하지 못한 불안을 느낀다. 이 과정에서 불안은 우유부단의 결과불안이다.

(2) 무결단성

우유부단이 정보의 결핍에서 비롯된다면 무결단성은 선택하지 않은(no choice) 상태로 온 내담자가 자신과 직업에 대한 정보가 주어지고 상담이 끝난 후에도 아직 결정하지 못하는 상태라고 할 수 있다. 무결단성은 진로선택에 관한 결정과 연관되는 지속적인 불안에서 일어나는데 불안으로 인해 진로결정을 하지 못하게 된다. 무결단성은 종종 위압적이거나 지나친 요구를 하는 부모에게서 비롯된다.

3) 상담 진행과정

행동주의 진로상담에서는 내담자의 의사결정 문제를 불안으로 보기 때문에 불안을 먼저 제거한 후 인지적 과정을 통해 진로선택을 돕는다. 그러나 불안을 제거하는 것이 핵심 목표가 아닌 부적응 행동을 치료하거나 적응 행동을 학습하게 하는 조건형성 학습과정에 강조점이 있다. 상담과정은 진로의사결정에서 발생한 문제가 선행불안 원인일 경우와 결과불안이 원인일 경우가 다르게 진행된다. 먼저 선행불안이 진로문제 부적응의 원인일 경우 상담자는 의사결정과 연관된 불안을 역조건 형성함으로써 제거시킨다. 다음 단계로 내담자가 필요로 하는 정보를 찾아보거나 진로선택에서 요구되는 반응을 획득할 수 있는 학습을 경험하도록 한다.

한편 진로의사결정 과정에서 발생한 문제가 결과불안이 원인인 경우에 진로상담은 바로 도구적 학습 단계에서 시작한다. 내담자는 지금까지 진로발달에 유용하지 못했던 경험들을 노출하게 된다. 이때 내담자에게 필요한 학습은 어떻게 진로선택을 하며 어떤 선택이 자신에게 유리하며 선택의 결과가 무엇인가 하는 것이다.

4) 상담기법 및 기술

행동주의 진로상담에서는 상담의 목표나 가치보다 상담기법을 강조한다. 따라서 다양한 기법들이 개발되었다. 행동주의 진로상담에서 가장 보편적으로 사용하는 기법은 크게 불안제거기법과 학습촉진기법이다. 불안을 제거하는 기법으로는 적응 또는 둔감화(adaptation or desensitization), 반조건 형성(counter conditioning), 내적금지(interal inhibition)가 있고 학습을 촉진시키는 기법으로는 강화(reinforce-ment), 사회적 모방과 대리학습(social modeling and vicarious learning), 변별학습(discrimination learning) 등이 있다. 강화는 상담자가 내담자의 진로선택이나 결정에 대한 긍정적 또는 부정적인 반응을 보임으로써 내담자의 진로결정을 촉진시킨다. 모방이나 대리학습은 다른 사람들의 진로 행동결정이나 결과를 관찰함으로써 의사결정의 학습을 촉진시키는데 주로 비디오테이프를 사용한다. 변별학습은 진로선택이나 결정능력을 검사도구 또는 기타 다른 것을 사용하여 변별하고 비교해 보는 방법이다.

5) 검사의 적용

행동주의 진로상담에서는 고전적 조건반응이론이나 조작적 조건반응이론을 적용한다. 왜냐하면 개인과 환경 간의 상호작용관계는 행동주의 진로상담의 기본가정이기 때문이다. 하지만 심리검사는 개인의 특성이나 개인차를 측정하는 데는 용이하지만 개인과 환경 간의 상호작용은 반영하지 않기 때문에 심리검사의 결과를 해석하는데 큰 비중을 두지 않는다. 행동주의 진로상담에서는 다른 표준화된 검사보다는 흥미검사를 사용하는데 흥미는 학습에 영향을 주는 요인으로 가정하기 때문이다(Krumboltz & Baker, 1973).

6) 직업정보의 적용

행동주의 진로상담의 가장 큰 공헌 중 하나는 직업정보의 제공에 있다.

Krumboltz와 Bergland(1969)는 20여 가지의 직종에 관한 직업정보를 상세하게 제시했으며 '진로문제 해결 상자(Problem-solving career kits)'를 고안해서 다양한 직업정보를 제공하였다.

7) 이론의 평가

행동주의 진로상담은 진로결정에 영향을 주는 학습과정을 주로 다루는 이론으로 내담자의 진로행동을 변화시키는 접근법이다. 즉, 내담자가 갖고 있는 문제행동을 학습된 부적응 행동이라고 보고 다양한 방법으로 내담자의 부적응 행동을 바람직하고 새로운 적응행동으로 변화시키도록 조력하는 것을 강조하고 있다.

행동주의 진로상담은 불안의 제거나 감소, 진로결정기술의 습득을 기대한다. 즉, 내담자의 불안을 제거시키고 부적응행동을 바람직한 적응행동으로 대치시키며 진로결정기술을 학습하여 현명한 진로결정을 하도록 돕는 접근법이다.

6. 포괄적 진로상담

1) 이론의 개요

특성-요인 진로상담은 내담자의 능력과 흥미, 인성의 개인차에 초점을 맞추고 인간중심 진로상담은 내담자의 자아개념과 현상학적인 장을 강조한다. 정신역동적 진로상담은 내적인 동기변인과 이에 관련된 방어기제를 중요시하고 발달적 진로상담은 전 생애에 걸친 개인의 진로 성숙도에 초점을 맞춘다. 그리고 행동주의 진로상담은 진로결정에 영향을 미치는 학습과정을 다룬다. 포괄적 진로상담(Comprehensive career counseling)은 이러한 진로상담이론들의 장점들을 서로 절충하고 단점을 보완하여 더욱 설득력 있고 일관성 있는 체제로 통합시키려는 진로상담이론이다(Crites, 1981). 포괄적 진로상담의 목표는 변별적이고 역동적인 진단과 명확하고 과학적인 해석이다. 그리고 문제 해결을 위한 도구적 학습을 통해 내담자를 독립적이고 현명한 의사결정자로 만드는 것이다. 진로상담을 통하여 진로 결정에 요구되는 적절한 태도와 능력을 학습하게 되면 삶 전반에서 적응적인 생활을 할 수 있다는 것이다.

2) 이론의 내용

포괄적 진로상담에서 진단은 여러 접근에서 제시하고 있는 진단체계들을 모두 고려하고 있으므로 먼저 다양한 이론들의 진단체계를 알고 있어야 한다. 내담자가 진로상담을 요청하였을 때 '내담자의 진로 결정상의 문제는 무엇인가?'라는 질문은 특성-요인 진로상담의 변별적 진단이 되고 '왜 내담자에게 문제가 생기는가?'라는 질문은 정신역동적 진로상담의 역동적 진단이 되며 '내담자의 문제를 어떻게 제거할 것인가?'는 행동주의 진로상담 접근법이 된다. 그리고 '선택이 이루어졌다면 왜 그런 선택을 하였는가?'라는 질문은 진로선택방법의 차이를 알기 위한 결정적 진단이 될 수 있다. 이와 같이 변별적 · 역동적 · 진단적 · 결정적 진단의 실시는 상담자가 내담자의 문제가 무엇이고, 왜 발생하였으며, 어떻게 다루어져야 하는가에 대해서 우연적인 결론을 도출하기보다는 더 좋은 결론을 도출할 수 있게 한다.

3) 상담 진행과정

포괄적 진로상담은 진로상담과정을 내담자와 상담자 간의 상호작용으로 본다. 이를 위해 첫째, 상담자는 내담자에 대한 문제를 파악하고 자료를 모으고, 둘째, 검사를 실시하고 해석을 통해 문제를 명료화하며, 셋째, 검사와 상담을 바탕으로 한 진로정보를 제공하는 상담과정이 이루어진다.

(1) 1단계: 진단의 단계

내담자의 진로문제를 진단하기 위해 내담자의 태도, 능력, 의사결정 유형, 성격 등 내담자에 대한 폭넓은 검사자료와 상담을 통한 자료가 수집되는 단계이다. 이 단계에서는 인간중심적 접근과 발달적 접근을 활용한다.

(2) 2단계: 명료화 및 해석단계

문제를 명료화하고 해석하는 단계이다. 내담자와 상담자는 상호협력하여 의사결정 과정을 방해하는 진로문제의 태도와 행동을 확인하고 대안을 탐색한다. 이 단계에서는 정신역동적 접근을 활용한다.

(3) 3단계: 문제 해결단계

내담자가 자신의 문제를 확인하고 적극적으로 문제 해결에 참여하기 위해 실제로 취해야 하는 행동을 결정하는 단계이다. 이 단계에서는 특성-요인 접근과 행동주의 접근을 활용한다. 특별히 본 단계에서는 내담자가 진로행동을 추구할 수 있도록 모방(modeling), 강화(reinforce) 등의 기법을 활용한 도구적 학습에 초점을 맞춘다.

4) 상담기법 및 기술

포괄적 진로상담은 특성-요인 진로상담, 인간중심 진로상담, 행동주의 진로상담의 다양한 기법들을 절충하고 있다. 상담의 초기단계에는 인간중심 접근법과 발달적 접근법이 주로 활용된다. 이때 재진술, 상담 내용과 감정의 반영 등의 반응을 자주 사용하여 문제의 본질과 원인 요인, 문제 해결에 도움이 되는 촉진 요인을 찾는다. 상담의 중간단계에서는 정신역동적 접근법이 활용된다. 내담자의 진로 문제 범위를 좁히고 중재와 병치 전략을 통해 문제의 발생 요인을 명료하게 밝혀서 제거하고 촉진 요인은 강화시키는 단계이다. 중재란 내담자가 자신의 문제를 모호하게 진술할 때 그 한계를 명확히 하도록 돕는 전략이다. 병치란 내담자가 진술한 말들 사이의 관계성을 비교·대조하게 하는 명료화의 기법이다. 상담의 마지막 단계에서는 특성-요인 및 행동주의 접근법이 활용된다. 모방과 강화 등의 기법들은 문제 해결에 적합한 기법들이다. 이때 상담자는 능동적이고 지시적인 태도로 내담자의 문제 해결에 개입한다.

5) 검사의 적용

포괄적 진로상담에서는 검사의 역할을 중시한다. 포괄적 진로상담에서 검사는 특성-요인 접근법에서 직업 성공을 예측하기 위한 수단으로 사용하는 것과 달리 상담의 진단, 과정, 결과를 통합하여 전체 단계에서 검사를 효율적으로 활용한다. 내담자가 가진 진로상의 문제를 변별하기 위해 진단검사를 실시하는데 주로 진로성숙검사(CMI), 직업적성검사, 직업흥미검사 등을 사용한다. 이후 검사들을 통해 얻어진 자료들은 포괄적이고 역동적으로 해석하는 역동적 진단을 실시한다. 마지막으로 결정적 진단은 진로선택이나 의사결정과정에서 나타나는 내담자의 문제를 체계적으로 분석한다. 이때 검사의 결과는 상담자와 내담자가 함께 해석해 나간다. 상담자는 검사 해석 시 심리측정의 특수용어를 사용하지 않고 내담자의 개념, 언어적인 수준과 형태로 진술한다.

6) 직업정보의 적용

포괄적 진로상담에서는 단순한 우유부단 집단, 만성적으로 결단력이 없는 무결단성 집단, 비현실적 결정 집단에 따라 직업정보를 다르게 제공한다. 단순한 우유부단으로 진로를 결정하지 못하는 집단은 정밀하고 체계적인 직업정보를 제공함으로 진로선택을 도울 수 있다. 만성적으로 결단력이 없는 무결단성의 집단은 진로정보의 제공이 오히려 불안을 야기시킬 수 있으므로 불안을 먼저 제거해 주어야 한다. 비현실적 결정을 내린 집단은 왜곡을 시인하고 수정할 수 있도록 내담자가 목표로 하고 있는 직업과 직업세계에 대한 현실인식 능력을 향상시키도록 객관적인 직업정보를 제공해 주어야 한다.

7) 이론의 평가

포괄적 진로상담은 앞에서 기술한 특성-요인 진로상담, 인간중심 진로상담, 정신역동적 진로상담, 발달적 진로상담, 행동주의 진로상담 등의 5가지 진로상담의 장점을 절충하고 단점을 보완하여 설득력 있고 일관성 있는 체계로 통합하려는 진로상담이라 평가할 수 있다. 또한, 기존의 접근법에서 사용하는 개념이나 원리뿐만 아니라 일반적인 상담이나 심리치료의 개념과 원리도 포괄적으로 사용하여 만들어졌음을 알 수 있다. 그러므로 포괄적 진로상담은 변별적이고 역동적인 진단의 성격을 띠고 있음을 알 수 있다.

포괄적 진로상담의 목표는 변별적이고 역동적인 진단과 명확하고 과학적인 해석, 그리고 문제 해결을 위한 조작적 학습을 통해서 내담자를 독립적이고 현명한 의사결정자로 만드는 것에 있다. 직업면에서 성숙한 개인은 매사에 유능하고 자신감을 느끼며 자기의 일을 사랑할 뿐만 아니라 대인관계가 원만하고 삶이 자유롭다. 포괄적 진로상담은 특성-요인 접근법의 지시적인 방법과 Rogers의 인간중심적인 방법, 그리고 행동주의적 접근법의 학습 이론적인 방법을 적절하게 절충하고 있다.

CHAPTER 05

진로상담의 방법

1. 진로상담의 과정

1) 진로상담의 특징

일반적으로 상담장면에서 내담자의 심리적 특성과 진로문제가 중복되어 있기 때문에 진로상담과 일반심리상담을 엄밀하게 구분하는 것은 쉽지 않다. 진로상담과 심리상담 간에는 공통분모가 있고 서로 얽혀 있는 경우가 많지만, 진로상담은 일반심리상담과 몇 가지 측면에서 다음과 같은 차이를 보인다(김봉환 외, 2016).

첫째, 진로상담은 문제를 이해하고 그에 대한 목표를 수립하는 과정보다는 의사결정이나 행동화하기 위한 전략의 구상 또는 행동화를 위한 조력과정이 일반심리상담에 비해 더욱 중요하며 이를 중점적으로 다룬다.

둘째, 일반심리상담에 비해 진로상담, 특히 진학상담은 전문가가 주도하기보다는 비전문가에 의해 실행되기 때문에 상담자의 가치관 및 사회 전반적인 진로문화에 의해 좌우되는 경우가 많다.

셋째, 내담자의 경제적 현실 및 진로 상황에 따라 개인의 진로선택 및 의사결정이 상당히 변화될 수 있으므로 진로상담자는 개인의 심리적 특성 분석에 의해 선택이나 의사결정을 한다는 '심리적 환원주의'의 오류를 벗어나야 한다.

2) 진로상담의 구성

(1) 접수면접

진로상담의 첫 번째 단계는 접수면접이다. 접수면접은 실제상담 이전에 상담 호소문제가 무엇인지, 상담기관에서 다룰 수 있는 문제 영역인지를 확인하고 실제 상담자와 연결 짓기 위한 기본적인 정보를 수집하는 대화가 이루어지는 장이기 때문에 소홀히 취급될 수도 있다. 하지만 내담자들이 상담을 가장 처음에 접하는 장이기 때문에 접수면접에 대한 인상이 곧 상담에 대한 인상을 결정한다고 볼 수 있다. 따라서 접수면접 과정에서 상담자와 내담자 간의 협력적 관계 수립의 기본 토대가 마련되어야 한다.

접수면접단계에서 상담자가 해야 할 중요한 과제는 상담을 신청한 내담자의 주된 문제가 진로문제인지, 아니면 심리적인 문제인지를 감별하는 것이다. 내담자의 주호소문제가 한 가지 영역이 아닌 경우도 많기 때문에 상담자들은 이 내담자의 경우 과연 진로문제를 주호소 영역으로 보아야 하는지, 아니면 심리적인 문제를 주호소 영역으로 보아야 하는지를 감별해야 한다.

(2) 관계 수립 및 내담자 분류

❶ 관계 수립

상담의 가장 중요한 토대는 내담자와의 긍정적이고 협력적인 관계를 수립하는 것이다. 아무리 좋은 상담 전략과 기법이 제시되더라도 내담자가 상담자에 대해 호의를 갖고 희망적으로 상담에 임하지 않으면 상담의 목표는 달성되기 어렵다. 이러한 중요성 때문에 일반심리상담에서는 관계 수립을 일종의 동맹관계로 보고 치료적 동맹 또는 작업동맹이란 용어로 상담자와 내담자 간의 유대, 협조, 목적의식의 공유 등을 지칭하고 있다. 진로상담에서도 작업동맹으로 이해될 수 있는 편들어주기(mattering) 개념이 제시되고 있다(Schlossberg, Lynch, & Chickering, 1989).

진로상담자가 내담자와 좋은 관계를 형성하기 위해서 몇 가지 고려해야 할 사항은 다음과 같다.

첫째, 상담하러 온 내담자들은 불안감정이 높은 상태로 상담실을 찾는다.

둘째, 상담자는 그동안 자신의 문제를 해결하기 위한 내담자의 노력을 인정하고 이를 격려할 필요가 있다.

셋째, 상담자는 내담자와 전문적이면서 개인적인 관계를 형성해야 한다.

넷째, 상담자들은 내담자의 바람과 욕구를 파악하는 한편 왜 이 시점에 내담자가 상담자를 찾아왔는지를 확인할 필요가 있다.

다섯째, 관계 수립과 동시에 상담자는 진로상담에 대한 구조화 작업을 해야 한다.

❷ 내담자 분류

진로문제를 호소하는 내담자들은 각기 다른 배경과 어려움을 호소하고 있기 때문에 이를 적절한 기준에 근거하여 분류하면 더욱 효과적인 상담전략을 갖추고 적용하게 되어 상담의 효율성을 높일 수 있게 된다.

(3) 문제 평가 및 목표 설정

❶ 문제 평가

내담자가 호소하는 문제의 내용과 심각도, 내담자 상태를 파악하는 것은 상담자가 해야 할 가장 중요한 과제다. 상담자는 내담자의 호소문제를 확인하는 한편, 호소문제가 왜 발생하였고 내담자는 이 문제를 어떻게 이해하고 있는지를 파악해야 한다.

❷ 목표 설정

문제가 파악되면 내담자와 더불어 진로상담의 목표를 설정해야 한다. 상담자 입장에서 보면 내담자보다 자신이 상담의 전문가이기 때문에 목표를 자신이 설정하고 싶은 욕구가 있다. 하지만 문제를 안고 있는 사람도, 해결해 나가야 하는 사람도 내담자이기 때문에 반드시 내담자와 합의하여 목표를 설정해야 한다. 전문가의 입장에서 내담자에게 목표를 부여하게 되면 내담자의 참여도나 동기가 저하될 뿐만 아니라 주어진 과제의 실행력이 낮아지게 된다. 내담자들이 진로상담을 하는 이유와 방향을 인식하고 적극적으로 목표 달성을 위해 노력하도록 촉진하려면 다소 시간이 걸리더라도 목표 수립과정에 내담자를 주도적으로 참여시켜야 한다.

(4) 행동계획 수립 및 행동실행을 위한 조력

목표 수립은 행동계획의 수립과 자연스럽게 연결된다. 행동계획을 세울 때 상담자들이 귀담아 들어야 할 사항들을 Gysbers, Heppner와 Johnston(1998)는 다음과 같이 제시하였다.

- 내담자로 하여금 현실적인 성과로 기대할 수 있는 것이 무엇인지 알게 한 후 빨리 그리고 자주 목표와 행동계획의 실행을 위한 기대와 욕구를 정해야 한다.
- 내담자들의 이전 경험은 합리적으로 계획을 세우는데 도움이 되지 못하므로 목표를 세우는 과정을 연습시키고 목표와 계획을 재검토하고 비판하며 목표와 계획을 정교화할 수 있도록 도와주어야 한다.
- 목표뿐만 아니라 계획도 객관적이고 유의미한 준거에 의해 평가될 수 있는지 확인해야 하며 상담자와 내담자 모두 그러한 진전을 관찰하고 기록할 수 있어야 한다.
- 행동화하는 것보다 계획을 세우는 것이 훨씬 쉽기 때문에 목표를 달성하기 위하여 내담자에게 목표와 계획을 말하고 쓰고 연습하고 시각화하는 기회를 주어야 한다.
- 내담자의 욕구와 스타일에 따라 행동계획 과정을 개별화할 필요가 있으며 일이 계획대로 안 될 때는 그동안 들인 내담자와 자신의 노력을 평가 절하하지 말아야 한다.

(5) 종결 및 추후지도

모든 상담은 종결이라는 지향점을 향해 출발한다. 하지만 때때로 상담자와 내담자 모두 종결을 의식하지 않고 상담을 진행하다가 여러 가지 이유로 조기 종결하거나 종결준비가 부족한 채로 종결을 하여 미진하게 상담관계를 중단하는 경우가 있다. 하지만 상담과정의 초기부터 종결을 염두에 두게 되면 내담자의 상담 참여도가 높아지고 종결에 따른 정서적인 어려움이 줄어들 수 있다. 따라서 진로상담자는 상담의 시작단계에서부터 지속적으로 종결을 염두에 두고 있어야 하며 내담자에게도 이를 분명하게 하고 이해시킬 필요가 있다.

종결은 내담자의 진전을 평가할 명백한 시점이다. 종결 회기는 그동안 발전시켜 온 상담 협력관계의 수준 및 목표달성 정도에 따라 상당히 달라지지만 효과적인 종결이 되도록 하는 데는 일곱 가지의 공통적인 요인이 존재한다.

첫째, 진로상담과정에서 다루어진 내용들을 살펴본다.
둘째, 진로상담이 진행되어 온 과정들을 점검해 본다.
셋째, 진로문제를 다루는 내담자의 능력과 강점을 확인하고 강조한다.
넷째, 내담자의 변화(잘 이루어진 점과 잘 이루어지지 못한 점)에 대해 평가한다.
다섯째, 남아있는 문제들을 예측하고 논의한다.
여섯째, 상담관계의 종결에 대한 내담자의 다양한 정서를 다룬다.
일곱째, 목표달성의 정도를 평가하여 다음 단계에서 해야 할 일들을 검토한다.

2. 진로상담의 기술

1) 목표 수립을 위한 진로상담 기법

상담목표를 정하는 것은 내담자와 상담자의 노력의 방향을 정하는 것이며 마치 여행에서 가고자 하는 목적지를 정하는 것과 같다. 이러한 목표 설정에는 세 가지 중요한 기능이 있다. 첫째, 상담자와 내담자 노력의 방향을 제공한다. 둘째, 상담자에게 적절한 조력방법을 선택하기 위한 자료를 제공한다. 셋째, 상담자와 내담자 노력의 결과를 평가하는 기준을 제공한다. 상담자는 내담자의 목표 설정을 조력하기 위해 다음의 방법들을 활용할 수 있다.

(1) 목표 설정을 위한 기법: 면담 리드

면담 리드란 상담자가 적절한 질문을 함으로써 내담자의 욕구나 가치 정보를 표현하도록 돕는 기법이다. 내담자의 초기 진술은 매우 중요하므로 적절히 목표를 이끌어 내기 위한 상담자의 면담 리드 기술은 매우 중요하다. 목표 설정을 위한 면담 리드 기술은 다음과 같은 질문으로 시작할 수 있다.

- 당신은 진로상담의 결과가 무엇이기를 원하십니까?
- 진로상담 후 당신이 달성하고자 하는 것은 무엇입니까?
- 진로상담이 종결되었을 경우를 상상해 보십시오.
- 당신이 원하는 모습은 어떤 모습입니까?
- 현재의 상황이 어떻게 달라지기를 원하십니까?

(2) 진로목표 설정의 준거

성공을 보면서 사람들은 큰 꿈을 가지는 것이 성공 가능성을 높여 준다고 믿는다. 그러나 진로상담에서 만족스러운 결과를 도출하기 위해서는 구체적인 목표를 설정해야 한다. 진로목표를 설정할 때는 다음과 같은 내용을 반드시 고려해야 한다.

❶ 목표는 가능한 한 구체적으로 표현하라

목표와 계획이 얼마나 구체적인가를 파악하는 것은 상담자의 역할이자 기술이다. 내담자는 목표에 대해 막연하게 진술하는 경향이 있으므로 상담자는 내담자로 하여금 희망하는 직업의 종류나 원하는 급여의 액수, 특정한 전공 등과 같이 구체적으로 언급할 수 있도록 이끌어주어야 한다.

❷ 목표를 관찰 가능한 방식으로 표현하라

목표는 구체적이고 관찰 가능해야 한다. 인지적 제약이 있거나, 나이가 어릴수록, 그리고 진로모델이 결여되어 있을수록 내담자들은 목표를 관찰 가능한 방식으로 표현하는 것을 어려워한다. 따라서 상담자는 진로목표를 구체적이고 관찰 가능한 방식으로 표현할 수 있도록 조력해야 한다.

❸ 목표 달성 시점을 지정하라

목표 달성 시점을 정하는 것은 목표 달성 가능성을 높이고 내담자의 목표 달성 동기를 부여하는 역할을 한다.

❹ 달성 가능한 목표를 설정하라

상담자는 내담자의 열정을 손상시키지 않으면서 내담자의 상황과 능력을 고려한 달성 가능한 목표를 설정하도록 조력해야 한다.

❺ 실천 행동을 계획하라

현실에서 목표를 가능하게 하는 것은 계획이다. 상담자와 내담자는 하나의 목표가 정해졌다면 '이런 일이 발생하도록 하려면 나는 정확히 무엇을 해야 하는가?'라는 질문을 통해 좀 더 구체적으로 실천 계획을 세울 수 있다. 그리고 가장 쉬운 것부터 가장 어려운 것까지 위계적으로 배열하거나 순서에 따라 배열한 후 과제를 수행하도록 한다.

(3) 현실치료(WDEP)기법을 통한 진로상담 목표 설정 활용

William Glasser(1998)의 현실치료에서 인간은 긍정적이고, 자신의 행동과 정서에 대해 책임을 지는 존재이며 자신이 결정함으로써 책임을 다하고 성공적이며 만족스러운 삶을 살 수 있다고 본다. 현실치료의 WDEP기법은 진로상담의 목표를 설정하는데 유용하게 활용될 수 있다.

W(want) 질문

- 무엇을 원하는가?
- 어떤 직업을 갖기 원하는가?
- 당신의 삶이 어떻게 되기 원하는가?
- 현재의 상태에서 어떤 변화를 원하는가?
- 당신의 부모(혹은 상담자)가 어떻게 해주기 원하는가?

D(doing) 질문

- 당신은 지금 원하는 직업을 위해 무엇을 하고 있는가?
- 직업에서 보람을 느꼈을 때는 어떤 행동을 했을 때인가?
- 일(혹은 학업)과 관련해서 어디에서 누구와 무엇을 하고 있을 때 재미있었는가?

E(evaluation) 질문

- 현재 당신은 직업을 얻기 위해 적절한 행동을 하는가?
- 그런 행동을 계속하면 어디로 갈 것이라 생각하는가?
- 그런 행동을 계속하면 원하는 것을 얻게 된다고 생각하는가?

P(plan) 질문

- 무엇을 언제부터 하면 당신이 원하는 것을 얻게 될 것인가?
- 지금 바로 실천할 수 있는 것은 무엇이 있는가?

2) 내담자 특성 파악을 위한 진로상담 기법

(1) 생애진로사정

생애진로사정(Life Career Assessment: LCA)은 Adler의 개인심리학에 기초한 것으로서 상담자가 내담자의 체계적이고 다양한 정보를 수집하고 내담자는 자신에 대해 체계적으로 이야기해 나가면서 자신의 경험을 정리하고 자신의 삶의 방식을 알아가는 과정이다(Dinkmeyer, Pew, & Dinkmeyer, 1979; 김봉환 외, 2016). Adler는 인간이 평생 세 가지의 주요 과제인 일, 사회(사회적 관계), 성(우정)을 해결해야 한다고 보았다. 이 세 영역은 하나의 변화가 다른 것의 변화를 가져오게 하는 관계로 서로 얽혀 있기 때문에 분리해서 다룰 수 없다고 보았다. 이러한 면에서 생애진로사정은 개인의 일, 즉 진로문제에만 문제를 국한시키지 않고 생애 전반에 걸친 사건을 다루고 있다.

생애진로사정은 크게 진로사정, 일상적인 하루 부분, 강점과 약점, 요약의 네 부분으로 구성되어 있다.

① 진로사정은 내담자가 그동안 경험했던 이전의 직업 경험에 대한 사정, 내담자가 그동안 받았던 교육과 훈련 경험 전반에 대해 이야기하고 평가하는 교육과 훈련 부분, 내담자가 어떻게 여가시간을 보내는지 등 여가활동에 대해 탐색한다.

② 일상적인 하루 부분은 내담자가 일상적인 하루를 어떻게 조직하는지 탐색함으로써 성격요인 중 독립적-의존적, 체계적-임의적 요인에 대해 탐색한다.

③ 강점과 약점 사정에서는 내담자가 스스로 생각하는 세 가지 주요 강점과 주요 약점에 대해 접근한다.

④ 생애진로사정의 마지막 부분은 요약으로 내담자로 하여금 이 회기를 통해 깨달은 것을 요약함으로써 상담을 통해 얻은 정보를 강조하고 수집된 정보들을 상담목표와 관련지어 생애진로 주제들을 극복하고 강점으로 발전시킬 수 있는 요소들을 제시해 줄 수 있다.

(2) 진로가계도

우리가 경험하는 가족생활사는 여러 세대를 거쳐 의식적, 무의식적인 영향을 준다. 구성주의적 관점에서 본다면 가족 일상이란 무수한 시간과 사건의 연속이며 우리는 그 공간에 던져져 있으며 이를 주관적으로 체험화하는 과정이다. 특히 우리 정신과 성격의 형성은 그러한 주관적인 체험에 영향을 받기 때문에 '내가 어떠한 상황에 있었는가'에 대한 분석과정은 매우 중요한 작업이다. 이러한 과거의 가족체계 이해를 위해 McGoldrick 등은 가계도를 가족사의 간단한 이해와 가계도 분석을 통하여 가족을 통해 일어나는 반복성과 특이성, 사회적 사건 등으로 시대적 상황, 가족관계적 이해, 성과 세대의 분석, 가족사건, 삼각관계 등을 이해함으로써 가족의 역동성과 가족치료의 근거 수단으로 사용하였다. 가계도 분석은 가족 상담과 가족과정 분석과 이해의 중요한 논리자료이다(윤경원, 2008).

진로가계도(career genogram)는 Bowen의 가계도를 응용한 것으로 진로상담의 '정보수집' 단계에서 내담자의 정보를 수집하는 질적 평가방법 중 하나이다. 이 기법은 3대에 걸친 내담자 가족이 어떠한 직업을 선택해 왔는지, 그것이 내담자에게 어떠한 영향을 미쳤는지 파악하도록 함으로써 내담자를 더 깊이 이해하도록 돕는다.

진로가계도는 총 세 단계로 진행된다. 1단계는 진로가계도의 목적을 내담자와 공유하는 단계, 2단계는 내담자가 자신의 진로가계도를 그릴 수 있도록 방법에 대해 설명하는 단계, 그리고 3단계는 그 내용을 구체적으로 살펴보면서 내담자 진로에 영향을 미친 것들에 대해 탐색하는 단계로 구성되어 있다.

진로상담과정에서 가계도는 특히 상담자와 내담자가 가족 중 내담자의 진로기대 형성에 중요한 역할을 한 사람이 누구인지를 결정하는 데 도움이 될 수 있다. 또한 상담자는 가계도를 통해 내담자의 직업세계를 더욱 잘 이해할 수 있다. 여기에 내담자 자신이 한계라고 지각하는 진로장벽, 성역할 편견 등을 탐색하고 통찰할 수 있다(Okiishi, 1987; 김봉환 외, 2016).

(3) 직업카드 분류법

직업카드 분류법이란 미국심리학회(APA) 심리상담 분과에서 연설을 한 Tyler (1961)에 의해 제안된 것으로 직업카드를 개발하고 이를 분류하는 활동을 통해서 직업 흥미를 탐색하는 방법 또는 질적 도구를 의미한다. 직업카드 분류 방법은 내담자들의 흥미, 욕구, 가치, 능력, 선입견, 직업 선호 등을 분류하거나 우선순위를 매기는 비표준화된 접근법으로 상담자의 상담목적과 내담자의 특성에 따라 다양한 방법으로 활용할 수 있다.

(4) 표준화된 검사

표준화된 검사는 검사의 실시와 채점, 결과의 해석이 동일하도록 모든 절차와 방법을 일정하게 만들어 놓은 것이다. 표준화 검사는 표본집단의 점수를 기초로 규준이 만들어진 검사이기에 개인의 점수를 규준에 맞추어 해석하고 비교하는 것이 가능하다. 표준화 검사는 대규모로 제작되고, 내용의 표집이 광범위하며, 전문적이고 체계적인 절차를 거치기 때문에 신뢰성과 타당성이 높다. 검사를 통해 내담자가 자신을 보다 잘 이해하고 특정한 환경에 적합한지의 여부를 확인함으로써 상담의 진행과정을 증진시킬 수 있다(Holland, 1985b; 김봉환 외, 2016). 표준화된 검사는 진로상담의 과정과 결과를 증진시킬 뿐만 아니라 진로를 선택하고 결정하는데 있어서 비교적 정확하고 객관적인 자료를 제공하기 때문에 좀 더 과학적인 상담을 가능하게 해 준다.

3) 의사결정 조력을 위한 진로상담 기법

(1) 의사결정 유형검사 활용

의사결정 유형검사 도구로는 Harren(1984)이 개발한 진로의사결정 검사척도(Assessment of Career Decision Making: ACDM)에 포함되어 있는 의사결정 유형검사가 있는데 '예', '아니오' 형식의 문항이 30문항으로 구성되어 있다. 유형으로는 합리적 양식, 직관적 양식, 의존 양식 등이 있다.

- 합리적 양식(rational style): 의사결정 과업에 논리적이고 체계적으로 접근하는 것을 의미한다. 또한 미래의 의사결정의 필요성을 예견하고 자신 및 기대되는 상황에 대한 정보를 수집하는 등의 준비를 한다.
- 직관적 양식(intuitive style): 의사결정에 있어서 개인 내적인 감정적 상태(internal affective states)에 의존하는 것을 나타낸다.
- 의존 양식(dependent style): 결정에 대한 자신의 책임을 거부하며 그 책임을 자신 이외의 가족이나 친구 또는 동료 등에게 전가하는 특징이 있다.

(2) 진로 자서전 쓰기

자서전 쓰기는 자기의 정체인 자아를 파악하기 위한 내면의 과정으로 발전하였다. 이를 토대로 1970년대를 시작으로 자서전을 문학의 한 장르로 보는 연구로 이어졌다. Britton(1975)은 학생들이 쓰는 자서전을 의사소통적 글쓰기, 문학적 글쓰기, 자기 표현적 글쓰기로 분류하였다. 그 중 자기 표현적 글쓰기는 형식과 관습에 얽매이지 않고 자유롭게 자신의 경험 및 대상에 대한 감정과 느낌을 서술하는 활동이다. 즉 자서전쓰기는 개인의 삶을 다시 되돌아보며 과거의 경험을 통한 현재의 자기 자신을 가치화 함으로써 자아 성장을 도모하는 글쓰기인 것이다(김정란, 2014; 박성희, 2015).

자서전 쓰기는 글쓴이로 하여금 성찰의 기회를 부여한다. 이는 자서전 작성의 과정(이흔정, 2003)을 살펴보면 잘 알 수 있다.

첫째 단계인 후향(regressive)은 과거 모든 경험을 의식의 표면으로 끄집어내는 과정이다.

둘째 단계인 전향(progressive)은 첫째 단계에서 마주한 과거 경험과 현재가 자연스럽게 연결될 수 있도록 하는 과정이다.

셋째 단계는 분석(analysis)으로 과거, 현재, 미래의 관계를 이해하고 분석하여 과거와 현재의 경험을 재해석하기 위한 질문을 제기한다.

마지막으로 종합(synthetical)은 과거, 현재, 미래의 전 삶의 과정을 조망하는 단계이다. 이처럼 자아성찰의 과정은 과거뿐만 아니라 현재와 미래에 이르기까지 장기적 시각에서 이루어지는 것이다(민지희, 2016).

내담자가 과거에 진로와 관련하여 어떻게 의사결정을 했는지 알아보기 위해 학교선택, 고등학교 졸업 후의 직업훈련, 시간제 일을 통한 경험, 고등학교에서 배운 지식과 기술들, 중요한 타인을 내담자가 스스로 기술하게 한다. 이때 내담자는 '학교생활 중 가장 기억에 남는 선생님은 누구이며 그 이유는 무엇인가? 학업적인 면에서 가장 좋아하는 과목은 무엇이며 그 이유는 무엇인가? 학교 생활 중에 가장 즐거웠던 경험과 가장 좌절감을 경험했던 경험은 무엇인가? 재량활동 시간에 선택한 활동은 무엇인가?' 등을 중심으로 경험을 작성할 수 있다.

(3) 주관적 기대효과 활용

'주관적 기대효용(Subjective Expected Utility: SEU) 최적화(maximization)'란 선택에 있어 개인이 다른 사람이나 사회가 아닌 자신의 행복이나 즐거움, 만족에 대한 감정을 충족함을 뜻하며 이를 기준으로 선택을 한다는 것이다. 모든 의사결정은 세 가지 과정을 거치는데 첫째, 목표를 정하고 둘째, 마음에 드는 항목을 결정하며 셋째, 선택한 항목 중에서 한 가지를 선택한다.

의사결정을 하기 위해 다음 8단계를 거치는 것을 알 수 있다.

① 목표를 파악하라
② 선택 가능한 것들을 사전에 조사하라
③ 숨겨진 가치를 파악하라
④ 의사결정의 중요성을 평가하라
⑤ 시간과 노력에 대한 계획을 수립하라
⑥ 전략을 선택하라

⑦ 선택 가능한 것들을 파악하라
⑧ 적절한 시기에 계획한 대로 선택하라

이때 자신이 원하는 것이 무엇인지 더 잘 인식하고 있을수록 자신이 소중하게 여기는 것을 보다 분명히 이해하게 된다. 그래서 비록 고통스러운 선택의 순간일지라도 의사결정을 내리는 것이 수월해진다. 이처럼 중요한 의사결정을 위해 자신을 인식하는 것은 매우 중요하다.

(4) 근거 없는 믿음 확인하기

Ellis(1977)의 현실치료의 ABCDE 모델을 활용한 것으로 진로와 관련된 근거 없는 믿음에 대해 합리적으로 생각하게 하는 것이 진로의사결정 과정에 활용될 수 있다. 진로신화에 대한 내용들은 어떤 일을 해 보지도 않고 그렇게 될 것이라는 것을 확신하는 것이다. 이러한 잘못된 믿음을 갖고 있는 내담자들에게는 그들의 묶여 있는 믿음이 근거 없는 것이라는 것을 인식하도록 하는 것이 중요하다. 내담자들이 그러한 믿음과 노력이 잘못된 것이라는 것을 통찰하는 순간 그들은 새로운 대안을 찾을 수 있게 된다. 그리하여 좀 더 이성적인 신념을 지니고 합리적 선택을 할 수 있게 되는 것이다.

(5) 은유로 저항감 다루기

진로상담에서 전혀 동기화가 되어 있지 않거나 저항감을 나타내는 내담자를 만나게 되는 경우가 있다. 상담자가 내담자에게 잠재적인 책임감을 갖게 하는 위협 등을 식별하고 인식한 후, 은유를 사용한다면 내담자의 저항을 줄이고 의사결정을 도울 수 있다.

3. 진로상담자의 조건

최근 다변화된 사회에서 미래를 준비하는 많은 사람들에게 진로를 안내하고 인도해 주려고 하는 욕구가 증가하고 있다. 더불어 진로상담자가 되기를 희망하는 학생들의 수도 점차 증가하고 있는 추세이다. 그럼에도 불구하고 상담의 영역에서 진로문제를 다루는 전문적이고 체계적인 과정이 충분히 다루어지고 있지 못한 실정이다. 다음은 국립진로발달연구협회(The Career Development Association, 1985)에서 진로상담을 능숙하게 대처하기 위해 필요한 기술과 지식에 대해 제시한 목록이다(김충기 외, 2012).

① 관계형성에 필요한 상담기술과 일반적인 상담기술들
② 내담자의 진로문제를 돕기 위한 상담기술을 사용할 수 있는 능력
③ 가치관, 흥미, 적성 등과 개인적 요인들에 관한 지각을 증진시키고 이러한 자기 지식을 진로상담에 적용할 수 있는 능력
④ 내담자가 진로에 대해 갖고 있는 고정관념을 점검하고 그것을 극복하도록 돕는 능력
⑤ 진로결정과정에서 인생의 다른 역할들의 중요성에 대해 내담자가 점검해 볼 수 있도록 돕는 능력
⑥ 내담자의 의사결정능력을 증진시킬 수 있도록 돕는 능력
⑦ 관련 지식의 확보
- 노동시장 정보, 훈련과 고용경향, 직업정보
- 진로발달에 대한 기본적인 개념들
- 진로발달과 의사결정에 관한 이론들
- 특수집단의 진로상담에 사용될 수 있는 자원과 기술들
- 직업정보의 개발, 저장, 활용체계
- 남성과 여성의 역할 변화와 인생 역할들 간의 연관성

⑧ 적성, 흥미, 가치, 인성, 특성에 관한 평가능력
⑨ 다양한 집단들에 대한 평가자료 확인
⑩ 평가 · 해석과 검사도구들의 활용능력
⑪ 자신의 삶의 질과 작업환경에 대해 자기평가를 내릴 수 있도록 내담자를 돕는 능력

4. 진로상담 시 고려해야 할 사항

진로상담자가 진로상담 내용을 고려하여 다음과 같은 과정에 따라 상담을 진행하는 것이 바람직하다(김충기 · 장선철, 2011).

1) 자기이해

상담에서 '나는 누구인가?'와 같은 질문을 통해 나의 존재를 좀 더 구체적으로 알아보는 것은 매우 중요하다. 이 과정에서 나의 능력, 적성, 흥미, 성격, 신체적 조건 등 개인을 더 객관적으로 알아보는 활동을 전개한다. 여기에 가정의 경제적 여건을 참조하고 각 개인의 미래 성공가능성, 위험부담률을 분석하는 절차도 포함된다.

2) 직업세계의 이해

1960년대 이전에는 직업의 종류가 불과 2천여 종에 지나지 않았다. 1960년대 후반부터는 새로운 직업의 종류도 점점 다양화 · 세분화 · 전문화되기 시작하여 현재에 이르러서는 1만 5천여 종 혹은 그 이상으로 추정하고 있다. 따라서 직업선택 이전에 직업탐색 과정을 두어서 여러 직업의 하는 일과 장래의 전망을 인식시킬 수 있는 계획적인 지도가 요청된다.

3) 가치관의 확립

민주주의와 자본주의 사회의 특징은 경제 지상주의라고 하지만 경제가 모든 삶의 세계를 지배할 수는 없다. 그러므로 세상을 건전하고 행복하게 살아가려면 나름대로의 건강한 가치관을 확립하도록 지도해야 한다. 특히 진로 가치관 형성은 각 개인이 앞으로 선택할 직업 분야에서 잘 적응하고 만족하며 자아실현의 계기가 되도록 도울 수 있다. 그러므로 가치관검사를 통해 개인의 가치관이 뚜렷하게 성립될 수 있도록 가치관 교육이 이루어져야 한다.

4) 표준화 검사의 실시

진로상담 시 표준화 검사는 필수조건이다. 적합한 검사를 활용하여 학생들의 적성 · 흥미 · 가치관 · 성격 등의 정확한 파악을 의무화해야 한다.

5) 단계적 원리의 적용

단계적 원리란 small step의 원리로서 가깝고 구체적인 것부터 계획을 세워 원대하고 추상적인 방향으로 나아가는 것이다.

6) 진로정보 활동의 전개

현대사회는 정보화, 국제화, 세계화 사회라고도 불린다. 산업사회에서 요구되는 교육정보, 직업정보, 개인 · 사회적 정보를 충분히 사용할 수 있도록 진로정보센터 활용을 적극적으로 권고하고 진로상담 시 활용하도록 한다.

7) 직업윤리의 적용

직업선택은 인생에 있어서 가장 중요한 결단이기 때문에 일시적인 기분이나 다른 사람의 충고보다 자기 적성이나 자신의 결정이 좀 더 신중하게 고려되어야 한다. 직업을 선택한 이유에서는 직업에서 요구하는 기본 원리가 지켜져야 한다. 모든 직업에는 직업을 성실히 이행하기 위한 직업윤리가 지켜져야 한다. 그 이유는 직업사회의 안정을 가져오고 직업사회가 번영할 수 있기 때문이다. 또한, 직업관 확립과 더불어 직업윤리의 습득 및 이행은 기본 과제라는 사실을 인식시키는 것이 중요하다.

8) 진로상담의 실시

진로상담은 개인적 요인, 환경적 요인, 직업적 요인, 진학 요인, 취업 요인 등을 고려한 이후에 진로결정을 돕기 위한 활동이다. 여기에 진로정보 요인을 감안하여 상담자가 내담자와 학부모 상담으로 진로를 진단하고 권고하는 상담과정을 통하여 진학 또는 취업을 결정하게 된다. 결국 교육을 받거나 취업에 성공한 후에는 사회의 한 구성원으로서 바람직한 직업인을 육성하는 길로 나아가야 하며 자아실현을 함으로써 건강한 삶을 누리게 된다.

CHAPTER 06

진로상담에 요구되는 검사

심리검사는 개인의 흥미, 적성, 성격, 신념, 가치관 등 개인의 여러 가지 심리적 특성을 정확하게 평가하고 이해하는 데 있어 상담자와 내담자 모두에게 도움이 되는 많은 정보를 제공한다. 또한 심리검사결과를 통해 학습이나 진로와 관련된 문제에 대해 합리적인 결정을 내리는데 유용한 도움이 된다. 따라서 본 장에서는 진로상담을 실시할 때 중요한 역할을 하게 되는 심리검사 기초에 대한 이해, 표준화된 진로심리검사를 이용하는 방법과 다양한 사정도구, 상담 영역에 따른 진로심리검사의 유형과 특징, 심리검사의 활용에 대한 쟁점과 유의사항 등을 알아보고자 한다.

1. 심리검사의 기초이해

1) 심리검사의 개념

심리검사(Psychological testing)는 심리적 현상에서의 개인차를 비교하고 개인의 인격적, 행동적 측면을 이해하기 위해 다양한 도구들을 이용하여 양적, 질적으로 측정하고 평가하는 일련의 과정이라고 할 수 있다. 즉, 심리검사는 개인에 대한 진단과 평가의 도구가 되는 동시에 학문적인 연구의 도구가 된다.

모든 심리검사는 유형에 상관없이 다음과 같은 몇 가지 공통적인 특징을 갖고 있다.

① 심리검사는 개인의 대표적인 행동표본(behavior sample)을 심리학적 방식으로 측정한다. 즉, 개인 행동을 모두 측정하지 않더라도 소수의 표본 행동을 측정하여 그 결과를 바탕으로 개인의 전체 행동을 예견할 수 있다. 검사 제작과정에서 문항선정이 적절하게 이루어지면 이러한 조건은 충족될 수 있다.
② 이러한 심리학적 측정은 표준화(standardization)된 방식에 따른다. 표준화란 검사를 시행하고 채점하는 과정이 일정한 방식으로 진행된다는 의미이다. 이러한 검사 표준화는 심리검사 반응이 실시하는 조건이나 채점방식의 차이에 따라 다르게 나타나는 것을 방지해주고 검사 반응이 순수한 개인차를 나타낼 수 있도록 보장해준다.
③ 심리검사는 체계적인 과정이다. 이것은 하나의 심리검사가 여러 개인들에게 실시될 때 동일한 종류의 정보가 수집됨을 의미한다.

이러한 심리검사는 표준화, 체계화의 조건으로 인해 주관적 판단을 방지해주고 양적 측정을 통해 개인 간 행동을 비교할 수 있다. 또한 횡단적인 시행을 통하여 개인 내 비교도 가능하게 해준다는 장점을 지니고 있다.

2) 심리검사의 목적

심리검사의 목적은 크게 개인 행동의 예측, 분류 및 진단, 자기이해 증진, 조사 및 연구에 있다. 이를 구체적으로 설명하면 다음과 같다.

(1) 개인 행동의 예측

개인의 선택과 결정은 예측을 통해 나타나게 된다. 일반적으로 개인이 결정을 내리는데 기초가 되는 능력을 비롯한 기타의 특성을 측정하기 위하여 검사가 사용된다. 특히 신뢰할 만한 표준화된 검사를 통해서 얻어진 수량화된 자료는 더욱 정확하게 개인 행동을 예측하게 한다.

(2) 분류 및 진단

분류는 체계화된 구분에 따라 계층이나 집단으로 배치하는 것을 의미한다. 분류에 앞서 현재의 상황에 대한 진단은 필수적이다. 심리검사는 한 개인의 행동상의 원인적인 요인을 진단(diagnosis)하는 것이다. 따라서 적절한 심리검사는 개인의 행동에서 나타나는 결함이나 결점뿐만 아니라 그 원인을 찾는 데 도움을 준다. 이처럼 분류 및 진단은 인간의 특성을 계량화한 검사의 점수를 보다 효과적·과학적으로 활용할 수 있도록 한다.

(3) 자기이해의 증진

심리검사는 개인의 특성을 발견하여 자기이해 또는 자신의 발전을 도모하고 이를 통한 인력의 적절한 배치를 위해 사용된다.

(4) 조사 및 연구

심리검사는 특정 집단의 일반적인 경향을 조사 또는 연구하여 기술하거나 규명하려는 목적으로 사용한다. 이를 통해 특정한 집단의 훈련방법이나 교수방법 등 다양한 프로그램을 계획하고 평가할 때 유용한 도구로 활용된다. 이와 같은 목적을 가지고 심리검사는 교육, 임상의학, 상담과 생활지도, 산업장면, 범죄의 분류심사, 교정 등의 다양한 분야에서 활용되고 있다.

3) 심리검사의 요건

심리검사는 그 과정이 객관적이고 타당한 방법일 때 의미가 있다. 그러므로 충실한 경험적 자료를 얻기 위해서 조사도구에 대한 신뢰성과 타당성을 측정해야 한다. 신뢰성이란 "동일한 두 개의 척도가 사람에게 사용되었을 때, 정확하게 동일한 결과를 낳지 않아도 두 측정 사이에 일정한 유형(consistent pattern)을 보이는 경향(stanley, 1971)"을 의미한다. 물론 경우에 따라서 두 측정의 결과가 정확하게 동일할 수도 있지만 응답자의 개인사정, 시간과 환경의 변화에 의해서 언제나 일치할 수는 없다. 그래서 일정한 유형은 정도(degree)로 표현되는데, 이것을 신뢰도(reliability)라고 부른다. 즉 신뢰도란 검사가 측정하고자 하는 것을 얼마나 일관성 있게 측정하였는가와 관련된 개념이다. 따라서 신뢰도가 높다는 것은 두 측정 사이에 완벽한 일치는 보이지 않아도 결과에서 일치의 정도가 높다는 의미이다.

심리검사의 측정결과는 일관성이 있고, 신뢰할 수 있어야 하지만 그 일관성이 추상적 개념을 추정함에 있어서 타당성도 지녀야 한다. 연구자가 작성한 척도가 어떤 것이든지 원하는 바를 완벽하게 측정한다고 말할 수 없다. 그래서 타당성 역시 정도(degree)로 나타낼 수 있는데 이것이 바로 타당도(validity)이다. 즉 타당도란 검사가 측정하려고 하는 내용이나 목표를 얼마나 충실하게 측정하였는가와 관련된 개념이다. 정리하면, 신뢰도는 경험적 측정결과의 일정성(consistency)에 관심을 갖는 것이고, 타당도는 이론적 개념과 경험적 측정 결과 사이의 관계성(relationship)에 관심을 보이는 것이다(Carmines & Zeller, 1979).

신뢰도가 높다고 해서 타당도가 높은 것은 아니며 반대로 타당도가 높다고 해서 반드시 신뢰도가 높은 것은 아니다. 즉 반복되는 측정결과가 높은 일정성을 보인다 해도 이것이 연구자가 의도하는 바를 측정한다고 단언할 수 없고, 연구자가 원하는 바를 측정한다고 해서 그 측정결과가 일정하지만도 않다는 것이다. 결과적으로 척도는 신뢰도와 타당도에서 모두 높아야 하지만 이 둘은 서로 독립적인 개념이다.

(1) 신뢰도 검증

척도의 신뢰도 검증에는 검사–재검사 방법(test-retest method), 동형검사 방법(alternative form reliability method), 반분신뢰도 방법(split half reliability method),

내적 일치도 방법(internal consistency method)이 있다. 이 네 가지 방법들을 살펴보면 다음과 같다.

❶ 검사-재검사 방법

검사-재검사 방법은 신뢰도의 가장 대표적인 것이며 동일한 검사를 일정 간격을 두고서 동일한 사람에게 실시하는 것이다. 첫 번째와 두 번째 검사의 차이점은 단지 시간적 간격밖에 없다. 첫 번째와 두 번째에서 얻은 결과가 완전하게 일치된다면 상관계수 "r=1"이다. 계수가 1인 경우는 첫 번째 검사의 결과와 두 번째 검사의 결과가 정확하게 일치한다는 것을 의미한다. 즉, 측정도구의 결과가 완벽하게 일관성을 보여주는 신뢰성 있는 검사라는 것을 의미한다. 그러나 대부분의 경우 두 검사에서 완벽한 상관을 기대하기는 어렵다. 왜냐하면 두 검사 사이에 여러 가지 이유가 포함되기 때문이다. 응답자들은 첫 번째와 두 번째 검사에서 동일한 질문을 받지만 이월효과, 반응민감성 효과, 측정 속성의 변화, 물리적 환경의 변화 등의 이유 때문에 두 개의 검사에서 다른 답을 주어서 신뢰도를 낮출 수 있다.

❷ 동형검사 방법

동형검사 방법은 동일한 사람에게 두 번의 검사를 실시하는 점에서는 검사-재검사 방법과 같지만 첫 번째 검사와 두 번째 검사에서 응답자에게 주는 질문지가 다르다는 것이 차이점이다. 그러나 검사 내용 자체가 완전히 다른 것은 아니다. 예를 들어 어떤 주제를 측정하기 위해서 10개의 질문으로 완성될 수 있지만 20개의 질문을 만들거나 혹은 두 개의 질문지가 유사성을 갖도록 하면서 별도로 만들 수 있다. 즉, 동형검사 방법이란 내용상으로는 동일하지만 문구가 다른 쌍둥이 질문지를 만드는 것이다(Nunnally, 1978; Carmines & Zeller, 1979). 이 경우에는 측정하려고 구성되었던 개념에 측정오류가 발생하는 문제점을 지니고 있다.

❸ 반분신뢰도 방법

반분신뢰도(split half reliability) 방법은 동형검사의 난제를 해결하려는 노력에서 시도되었는데 하나의 척도를 반으로 나누어서 나누어진 두 개의 반쪽들을 가지고 신뢰도를 측정하는 방법이다. 그러나 이렇게 얻는 상관계수는 전체에서 두 개로 나누어진 반쪽들의 측정이므로 둘의 상관계수를 구한 다음 전체에 관한 상관계수를 구해야 한다. 이런 통계적 방법을 Spearman-Brown 공식이라 부른다(Spearman, 1910; Brown, 1910). 반분신뢰도 방법은 홀수와 짝수 두 부분으로 나누어지기 때문에 홀수와 짝수 방법(odd-even method)이라고도 한다.

❹ 내적 일치도 방법

내적 일치도 방법은 검사의 각 문항을 독립된 한 개의 검사 단위로 생각하고 그 합치성 및 동일성을 종합하는 방법이다. 이 방법은 검사 척도에 포함된 문항들이 상호 일치성을 갖는다면 문항들이 나타내는 결과에서 일정성을 나타낸다는 가정 하에서 신뢰도의 대안으로 사용된다. 이 방법에는 Cronbach's alpha와 쿠더-리처드슨 20(Kuder-Richardson Formula 20: KR-20) 방법이 있다.

지금까지 살펴본 신뢰도를 측정하기 위한 네 가지 척도 가운데서 검사-재검사 방법은 측정절차가 약간 수월하지만 첫 번째 검사결과의 기억이 두 번째에 영향을 준다는 약점을 갖는다. 이런 단점을 보완하는 방법으로 동형검사와 반분신뢰도 검사가 이용된다. 이들 두 방법 중에서 동형검사는 유사한 척도를 두 개 만들어서 하나만 사용하고 나머지는 버려야 한다. 그리고 반분신뢰도 검사는 반분되어서 만들어지는 짝이 많지만, 각 짝들의 상관계수의 값이 서로 동일하지 않아서 어느 짝을 사용해야 할지 결정하기 힘들다. 마지막으로 Cronbach's alpha는 다른 방법과 달리 하나의 완성된 척도와 한 번의 검사로 자료를 얻은 후에 신뢰도 계수를 얻는다는 장점을 갖지만, 신뢰도의 확실한 답을 주는 방법은 아니다.

지금까지 설명한 여러 가지 신뢰도 측정 방법 중에서 어느 것이 가장 효과적인 방법인가에 대한 명쾌한 답은 없다. 그러나 어느 것을 사용하든지 상관계수의 값이 .80을 넘어서야 한다는 점에서는 학자들 간에 일치를 보고 있다. 이런 수준이라면, 검사 실시 상에서 무선적 과오(random error)를 범할 확률이 비교적 낮기 때문이다.

(2) 타당도 검증

타당도 검증을 위한 방법에는 각각의 장점과 약점을 지니고 있는 다양한 방법들이 있다. 여러 방법들 중에 가장 많이 활용되고 있는 내용 타당도(content validity), 준거 타당도(criterion validity), 그리고 구성 타당도(construct validity)를 중심으로 살펴보면 다음과 같다.

❶ 내용 타당도

내용 타당도는 계산을 위해서 더하기, 곱하기, 나누기 등 복잡한 계산과정을 요구하지 않고 측정하려는 내용이나 개념을 척도가 모두 포함하고 있는지 전문가가 검토하고 평가한 후 결정하는 방법이다. 내용 타당도는 연구자가 자신이 관심을 갖고 있는 전 영역의 주제를 포함하여 척도를 제작했는지 점검해야 하며 단순 무선 방법에 의해서 선택된 항목들은 검사를 받을 수 있는 리커트(Likert)형, 양분형 등의 척도의 형태를 갖추었는지도 점검해야 한다. 내용 타당도의 제한점은 사회과학의 이론적 개념들이 정확하게 기술될 수 없다는 점과 내용을 표집한다는 것이 쉽지 않다는 것이다(Carmines & Zeller, 1979).

❷ 준거 타당도

준거 타당도는 연구자가 관심을 갖는 어떤 행동 특성(기준)을 척도가 어느 정도 측정하는지를 검사하는 방법으로 일명 예언 타당도라고도 하며 크게 공인 타당도(concurrent validity)와 예측 타당도(predictive validity)로 구분한다.

공인 타당도는 검사결과와 준거 행동의 측정 사이에 시간적 차이가 필요 없거나 시간적 차이를 줄이고 싶을 때 이용한다. 예를 들어, 어느 회사 사장이 성공적인 사원을 채용하기 원한다면, 신입사원 채용시험에서 얻은 결과와 이미 회사에 입사해서 성공한 사원의 측정 결과 사이의 상관관계를 구하여 신입사원의 자질을 파악할 수 있다.

예측 타당도는 연구자가 개발한 척도의 결과와 관심의 대상이 되는 미래의 어떤 행동 간의 관계정도를 의미한다. 예를 들어, 대입예비고사 성적과 입학 후 학생이 얻는 성적(GPA) 사이에 높은 일치 정도를 갖는다면 대입예비고사의 타당성을 인정받는 것이다.

❸ 구성 타당도

구성 타당도란 성격, 태도, 동기 등과 같은 인간행동의 본성을 구성하는 심리적 특성이나 성질을 측정도구에 의해 제대로 측정되었는지의 정도를 알아보는 것이다. 구성 타당도를 검증하는 방법으로는 상관을 이용하는 방법과 요인분석을 이용하는 방법이 있다. 상관을 이용하는 방법에는 '서로 다른 측정 방법을 사용하더라도 동일한 개념을 측정한다면 그 측정값은 하나의 차원으로 수렴한다.'라는 수렴 타당도와 '서로 상이한 개념을 측정하는 경우에 서로 다른 측정 방법을 사용하더라도 그 측정값 간에는 차별성이 나타난다.'는 변별 타당도가 있다. 검사의 구성 타당도를 검증하는 방법으로 가장 많이 사용되는 통계적 방법은 요인분석이다. 요인분석의 기본 원리는 항목들 간의 상관관계가 높은 것끼리 하나의 요인으로 묶이며 요인들 간에는 상호 독립성을 유지하는 것이다. 요인분석은 요인 내의 항목들이 수렴적 타당성에 해당하며 요인 간에는 변별적 타당성이 적용된 것이라 할 수 있다(김효창, 2013).

4) 심리검사의 분류

심리검사의 분류는 학자에 따라서 측정 영역, 수행양식, 인원수, 도구, 측정내용, 검사목적, 문항구성 형식 등 그 방법이 다양하다. 심리검사는 실시방식에 따라 속도검사와 역량검사, 개인검사와 집단검사, 지필검사와 수행검사로 나뉠 수 있다. 그리고 측정내용에 따라 인지적 검사와 정서적 검사, 검사의 목적에 따라 규준참조검사와 준거참조검사, 문항의 구성 양식에 따라 투사적 검사와 객관적 검사로 구분한다.

강봉규(2001)는 심리검사의 분류를 측정 영역, 측정 방법, 목적 · 용도에 따라 구분하였는데, 측정 영역에 따른 심리검사에는 지능검사, 학력검사, 적성검사, 성격검사, 흥미검사가 있고 측정 방법에 따른 심리검사에는 기구에 의한 검사, 지필검사가 있다. 그리고 목적 · 용도에 따른 심리검사 방법에는 교육, 임상의학, 상담, 산업, 범죄, 교정, 선발, 진단, 배치 등이 있다고 하였다.

그리고 탁진국(2007)은 수행양식, 인원수, 도구에 따라 심리검사를 분류하였는데 도구(기구)에 따른 분류에 있어서는 강봉규와 같이 동일하게 분류했으나 수행양식과 인원수에 강조점을 두고 있음을 볼 수 있다. 수행양식은 극대수행검사(Maximum performance test)와 습관적 수행검사(Typical performance test)로 구분된다. 일반적으로 능력검사라고 하는 극대수행검사는 일정하게 주어진 시간 내에 피검사자가 자신의 능력을 최대한 발휘해서 반응하도록 만들어진 검사로 지능, 적성 및 성취검사 등이 여기에 속한다. 또한 평소에 습관적으로 어떠한 행동을 보이는지를 측정하기 위한 습관적 수행검사로는 성격검사, 흥미검사 및 각종 태도조사 등이 있다. 습관적 수행검사는 능력검사와는 달리, 일정한 시간제한이 없고 각 문항에 정답 또는 오답이 없다. 인원수에 따라서는 개인검사와 집단검사로 분류할 수 있다. 개인검사로는 로샤(Rorschach), 그림검사, 주제통각검사(Thematic Apperception Test: TAT), 비네(Binet) 지능검사와 웩슬러 성인용 지능검사(Wechsler Adult Intelligence Scale: WAIS) 및 웩슬러 아동용 지능검사(Wechsler Intelligence Scale for Children, WISC) 등이 있으며 집단검사에는 아미-α(Army-α) 검사를 포함하여 일반적으로 사용되고 있는 질문지법 검사들의 대부분이 집단검사이다.

2. 심리검사의 활용

1) 적성검사 활용

적성이란 어떤 특정 활동이나 직업을 수행하는데 필요한 능력의 현재 상태나 발전 가능성의 정도를 말하는 것으로서 어떤 일을 빨리 배워 익숙해 질 때 그 일에 적성이 많다고 하고 어떤 일에 대해서 다소 느리고 익숙해지지 못할 때는 그 일의 적성이 적다고 한다(김성곤, 2007).

자신의 적성을 확인하고 적합한 직업을 선택하고 결정하는 일은 직업에서의 성취와 보람, 행복한 삶을 위하여 매우 중요한 과정이다. 직업선택을 잘하기 위해서는 자신이 과거에 잘했던 것뿐만 아니라 미래에 잘할 수 있는 것을 선택해야 한다는 것이다. 적성검사는 다음과 같은 특성을 가지고 있다(Gibson & Mitchell, 1990; 김성곤, 2007).

① 개인이 인식하지 못하고 있는 잠재력을 개발할 수 있다.
② 개인의 특수 능력이나 잠재력을 개발하도록 격려할 수 있다.
③ 학업이나 진로를 결정하는 데 있어서 중요한 정보를 제공할 수 있다.
④ 개인의 미래 학업이나 직업에 있어서의 성공가능성을 예측할 수 있다.
⑤ 다른 발달이나 교육적인 목적에 따라서 학생들을 적성별로 분류할 수 있다.

적성검사는 일반능력 혹은 정신능력과는 달리 특수분야에 대한 능력의 정도나 그 능력의 발현 가능성을 표현한다. 적성검사는 특수한 직종에 적합한 사람을 선발할 목적으로 사용하는 것이 일반적이다. 우리나라에서는 [표 6-1]과 같이 적성을 평가하기 위해서 표준화된 적성검사를 개발하여 활용하고 있다. 적성검사 종류는 크게 일반적성검사, 특수적성검사, 중다적성검사 3가지로 구분된다.

[표 6-1] 적성검사종류

번호	검사명	대상	검사방법	검사기관	사이트	비용
1	청소년용 적성검사	중/고	on/off	한국고용정보원 워크넷	www.work.go.kr	무료
2	성인용 적성검사	만 18세 이상	on/off	한국고용정보원 워크넷	www.work.go.kr	무료
3	직업적성검사	중/고	on	한국직업능력개발원 커리어넷	www.career.go.kr	무료
4	홀랜드 적성탐색검사	만 18세 이상	on/off	한국가이던스	www.guidance.co.kr	유료
5	학습잠재능력 검사	초/중/고	on/off	한국심리자문 연구소	www.psypia.co.kr	유료

* 출처: 한국고용정보원(워크넷) 외 검사기관 사이트 참조.

(1) 일반적성검사

일반적성검사(General Aptitude Test Battery: GATB)는 미국노동청 고용위원회가 1945년에 연구 · 개발한 검사로 우리나라에서는 이 검사를 표준화된 검사들로 중앙적성검사연구소(1968)에서 'GATB 직업적성검사'를 발행하였으며, 최근에는 한국고용정보원에서 만 13세 이상 18세 미만의 중 · 고등학생용 일반직업적성검사(1999)와 만 18세 이상을 대상으로 하는 성인용 직업적성검사(2000)를 개발하여 사용하고 있다.

일반적성검사는 기구대조검사, 형태대조검사, 명칭비교검사, 타점속도검사, 표식검사, 종선기입검사, 평면도판단검사, 입체공간검사, 어휘검사, 산수추리검사, 계수검사, 환치검사, 회진검사, 조립검사, 분해검사의 15개 하위검사로 구성되어 있으며 일반능력(G), 언어 적성(V), 수 적성(N), 공간 적성(S), 형태 지각(P), 기능 조정력(K), 손 기능력(M), 사무 지각(Q)의 9개 적성요인을 측정할 수 있다. 측정방식은 11개의 지필검사와 4개의 동작검사로 구성되어 있다. 11가지 적성유형을 구체적으로 살펴보면 다음과 같다(장석민, 1988; 김성곤, 2007).

① 일반능력(G): 지시사항, 사실, 배경 논리 등의 이해의 정도, 추론하고 판단할 수 있는 능력, 학교 성적과 밀접한 관련이 있다.
② 언어 적성(V): 언어와 아이디어의 이해력과 언어를 사용해서 정보나 아이디어를 명확히 제시한다.
③ 수 적성(N): 신속하고 산술적인 조작을 한다.
④ 공간 적성(S): 평면도형을 보고 공간적인 물체의 상을 상징한다.
⑤ 형태 지각(P): 물체나 도면의 세부사항을 관찰하고 형태나 명암의 차이를 감지한다.
⑥ 기능 조정력(K): 어떤 과업의 수행을 위해 손과 눈 혹은 손가락을 신속하고 정확하게 움직인다.
⑦ 손 기능력(M): 물체를 옮기거나 돌리는데 손을 기능적이고 숙련되게 움직인다.
⑧ 사무 지각(Q): 유인물, 괘도, 표 등에서 숫자, 철자법, 문법 등의 세부적인 사항을 검토하여 틀린 것을 찾을 수 있으며 틀리게 기재하지 않는다.
⑨ 손가락 기능력(F): 손가락을 사용하여 작은 물체들을 신속하고 정확하게 움직인다.
⑩ 눈, 손, 발의 조정 기능력(E): 시각적 신호나 관찰을 따라 손과 발을 움직인다.
⑪ 색 분별력(C): 색상의 유사 및 유의도를 판단하여 색을 관찰하고 배합한다.

일반적성검사는 직업상담이나 진로지도에 가장 많이 활용되는 검사 중 하나로 검사를 통해 개인이 특정 분야에 적성이 있는지를 파악함으로써 대학진학 시 전공선택, 산업체의 인력선발, 구직자의 직업선택 등에 유용한 정보를 제공해준다.

(2) 특수적성검사

특수적성검사(Special aptitude test)는 특정한 직업이나 활동영역에서 개인의 수행능력이나 가능성을 측정하도록 제작된 검사이다. 특수적성검사는 구체적인 하나의 적성을 측정하기 때문에 단일적성검사라고도 한다. 주로 대학원이나 전문직종의 학교에서 사용되고 있다.

또한 수학이나 외국어와 같은 특수 교과에 대한 능력을 측정하기도 한다. 그러나 이러한 특수적성검사는 종합적성검사가 보편화되면서 사용빈도가 하락하는 추세이다(김성곤, 2007). 과학, 예능 등 특수 분야의 적성을 측정하기 위한 검사는 감각운동능력검사, 기계적성검사, 사무적성검사, 직업적성검사, 예능적성검사 등으로 분류할 수 있다(한국진로교육학회, 1999). 감각운동능력검사는 시각능력, 청각능력, 운동 및 수공 능력 등을 측정한다. 기계적성검사는 기계적 추리, 공간, 지각 등을 측정한다. 예능적성검사는 Horn의 미술적성검사, Seashore의 음악재능검사, Carroll의 산문감상력검사 등 예술 분야의 적성을 측정하기 위한 것으로 현재 우리나라에서는 음악적성검사가 일부 제작되어 시판되고 있다(현경실, 2000).

(3) 중다적성검사

중다적성검사(Multiple aptitude test)는 여러 개의 특수적성을 모은 총집합(battery) 형태의 검사로 광범위한 분야의 다양한 능력을 각기 측정해서 비교 및 해석할 수 있도록 제작된 검사이다. 현재 우리나라 직업상담용으로 사용할 수 있는 적성검사총집으로는 'GATB 직업적성검사'가 있다.

2) 진로흥미검사

흥미란 여러 직종 중에서 선호와 비선호를 구분하고 선호하는 직종에 호의적 태도를 보이는 것을 말한다. 어떤 직종에 대한 선호는 개인의 능력, 경험, 신체적인 특징 등에 의하여 결정되는데 이것의 바탕이 되는 것이 흥미이고, 진로흥미는 일반적인 흥미와는 구별된다(김남규, 2000). 또한 이재창(1996)은 '일의 능률과 성공을 가져오려면 인지적 요인뿐만 아니라 정의적 요인인 흥미 또는 동기도 함께 조화를 이루어야 한다'고 하였다. 즉, 인지적 요인이 일의 능률과 관련이 있다면 정의적 요인은 일에 대한 흥미를 느끼고 그 일에 대한 보람과 행동 등을 주는 일에 대한 의미를 느끼게 하는 요인이라는 것이다. 이와 같은 이유로 정의적 영역에서 흥미와 가치는 진로교육에서 중요한 것으로 여겨지고 있다. 하지만 진로흥미와 진로가치가 다양한 직업들을 차별화할 수 있다는 충분한 증거(Holland, 1977; Tylor & Pryor, 1986)가 있음에도 불구하고 직업선택의 지시자로서 직업의 가치와 진로흥미의 결합에 관한 유용한 자료는 없다(Tylor & Pryor, 1986; 윤지연, 2014).

[표 6-2] 흥미검사종류

번호	검사명	대상	검사방법	검사기관	사이트	비용
1	청소년용 직업흥미검사	중/고	on/off	한국고용정보원 워크넷	www.work.go.kr	무료
2	직업선호도검사 (S형)	만 18세 이상	on/off	한국고용정보원 워크넷	www.work.go.kr	무료
3	직업선호도검사 (L형)	만 18세 이상	on/off	한국고용정보원 워크넷	www.work.go.kr	무료
4	직업흥미검사	중/고	on	한국직업능력개발원 커리어넷	www.career.go.kr	무료
5	홀랜드 진로발달검사	초/중	on/off	한국가이던스	www.guidance.co.kr	유료
6	스트롱 진로탐색검사	중/고	on/off	(주) 에세스타	www.assesta.com	유료
7	학습종합 진로검사	초/중/고	on/off	한국심리자문 연구소	www.psypia.co.kr	유료

출처: 한국고용정보원(워크넷) 외 검사기관 사이트 참조.

진로검사의 전체 맥락 안에서 무엇보다 중요한 것은 내담자의 흥미를 탐색하는 것이다. 아무리 좋은 직업일지라도 자신이 흥미가 없다면 아무런 의미가 없다. 흥미는 어떤 종류의 활동 또는 사물에 대한 특별한 관심이나 주의를 가지게 하는 개인의 일반화된 행동 경향을 의미한다(장대운 외, 1996). 개인이 종사하는 직업에 대한 흥미여부는 그 직업에 있어서 노력의 방향이나 지속성 또는 직무 만족도를 결정짓는 데 중요한 역할을 한다.

일반적으로 흥미를 평가하기 위해서는 체크리스트나 표준화된 흥미검사를 사용하는데 우리나라에서는 [표 6-2]과 같이 다양한 흥미검사가 개발되어 활용되고 있다. 흥미검사는 대표적으로 일반흥미검사, 직업흥미검사, 학습흥미검사로 구분할 수 있다. 진로흥미검사에서 가장 일반적으로 사용되고 있는 검사는 스트롱 흥미검사와 쿠더 흥미검사, 그리고 홀랜드 검사가 있다.

(1) 스트롱 흥미검사

스트롱 흥미검사(Strong Interest Inventory: SII)는 전문적인 직업에 성공적으로 종사하고 싶어 하는 대학생의 필요를 충족시켜주기 위해 제작된 도구로써 여러 가지 다양한 직업에서 성공한 사람들과 일반인의 흥미 유형 간에 차이가 있다는 경험적 사실에 근거하여 제작된 검사이다. 스트롱 흥미검사는 1927년에 처음 제작된 스트롱 직업흥미검사(Strong Vocational Interest Blank: SVIB)가 몇 차례의 개정을 거쳐 1994년에 최종 개정되어 현재까지 사용되고 있다(Harmon, Hansen, Borgen, & Hammer, 1994). 이 검사는 남자용 399문항, 여자용 398문항으로 구성되어 있으며, 그 중 249문항은 공통문항으로 구성되어 있었으나 현재는 단일검사로 통합되었다.

(2) 쿠더 흥미검사

쿠더 흥미검사(Kuder's Preference Record: KPR)는 피검자에게 직업이나 학교 및 여가 생활에서 행해지는 여러 가지 특정 활동과 관련된 세 가지의 가능한 생활

중에서 가장 좋아하는 것과 가장 싫어하는 것을 선택하게 하여 피검자의 흥미 영역을 결정한다. 쿠더 흥미검사의 흥미영역은 기계적 흥미, 계산적 흥미, 과학적 흥미, 설득적 흥미, 예술적 흥미, 문학적 흥미, 음악적 흥미, 사회봉사적 흥미, 사무적 흥미의 9개 영역으로 이루어져 있다.

(3) 홀랜드 진로적성 탐색검사

홀랜드의 진로적성 탐색검사는 현재 세계적으로 가장 인정받고 널리 활용되고 있는 진로검사이다. 진로심리학자인 Holland는 개인의 흥미와 특성이 진로유형과 밀접한 관계를 보인다고 생각했고 개인–환경의 상호작용이론에 입각하여 진로유형을 연구하였다.

Holland는 1953년에 직업선호도검사(Vocational Preference Inventory: VPI)를 처음 제작하였고, 이후 여덟 차례의 개정과정을 거쳐 현재 사용되고 있는 진로적성 탐색검사(Holland's Self-Directed Search: SDS)로 발전시켰다(Holland et al., 1994). 처음 발표한 직업선호도검사는 여섯 가지의 직업선호도 척도를 사용하여 여섯 가지 성격 유형인 실재적(Realistic), 탐구적(Investigative), 예술적(Artistic), 사회적(Social), 기업적(Enterprising), 관습적(Conventional) 유형 등을 알아내고자 하였다. 그는 발표 이후 개인의 흥미에 관한 요인 분석에 영향을 받았고 개인의 흥미와 특성을 직업에 관한 여섯 가지 분야로 나눠 실증적인 구조로 조직화 작업을 하였다. 홀랜드 진로적성 탐색검사(SDS)는 직업적 성격 유형을 나타내는 육각형 모형(RIASEC)으로 개발되었는데 이는 대칭성 혹은 균형성을 좋아하는 Holland의 개인적인 선호 때문이다(안창규 · 안현의, 2004).

우리나라에서는 중 · 고등학생용 홀랜드 진로탐색검사와 고등학생용 홀랜드 전공탐색검사 그리고 대학생 및 일반인용 홀랜드 적성탐색검사가 개발되어 유료로 사용되고 있으며(안창규, 1996; 안창규 · 안현의, 2003), 한국판 홀랜드 직업 및 적성탐색검사는 총 396문항으로 RIASEC 각 하위척도별 66문항으로 구성되어 있다. 한편 한국고용노동부 '워크넷(www.work.net)'에서는 청소년 및 만 18세 이상을 대상으로 직업흥미검사와 직업선호도 검사를 무료로 제공하고 있다. Holland의 성격 유형과 육각형 모형(RIASEC)은 〈그림 6-1〉과 같다.

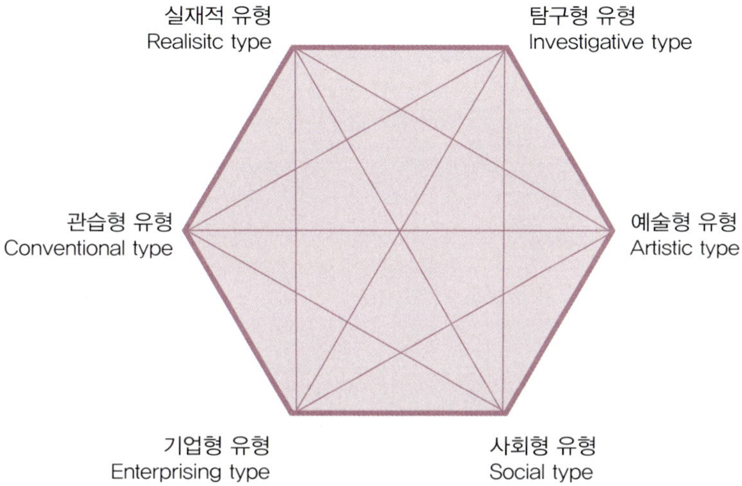

〈그림 6-1〉 Holland의 성격 유형과 육각형 모형(RIASEC)

그리고 [표 6-3]의 직업탐색검사는 대학생 이상의 성인을 대상으로 개인이 선호하는 활동을 체크하여 Holland 직업 유형을 알아볼 수 있는 간이검사지이다. 해당하는 곳에 ∨표하여 가장 많은 점수를 얻은 유형이 자신의 직업흥미 유형이라 할 수 있다.

[표 6-3] 직업탐색검사

번호	내용	예
1	정밀기계를 조립한다.	
2	농작물을 재배한다.	
3	자동차를 정비한다.	
4	기계나 기구를 제작한다.	
5	크고 무거운 기계나 차를 조종한다.	
6	기계제작을 위한 설계를 한다.	
7	전자제품을 점검하고 수리한다.	
8	가죽, 가방 등의 가죽제품을 만들고 수선한다.	
9	현장 건축기사로 일한다.	
10	용접기계를 조작하여 부서진 기구를 용접한다.	
	R 계	____ 개
1	동물이나 식물의 세포구조를 연구한다.	
2	암세포의 원인을 밝히는 연구를 한다.	
3	수학적 원리를 증명한다.	
4	각종 컴퓨터 프로그램을 개발한다.	
5	물리학 실험실에서 실험을 한다.	
6	사회현상이나 사회문제를 조사한다.	
7	연구실에서 연구논문을 읽거나 쓴다.	
8	지구의 역사를 연구한다.	
9	유전자를 연구한다.	
10	지도를 제작하기 위해 해발고도, 등고선, 해안선 등을 탐사한다.	
	I 계	____ 개
1	시, 소설 등 문학작품을 써서 출판한다.	

번호	내용	예
2	무대에서 연극, 무용, 음악 등의 공연을 한다.	
3	광고 포스터를 제작한다.	
4	음악작품을 독창적으로 해석하고 연주한다.	
5	그림, 조각 등 미술작품을 창작한다.	
6	악기연주자로서 일한다.	
7	연극의 각본을 쓴다.	
8	그림을 그린다.	
9	무용안무가로 일한다.	
10	실내장식을 위해 디자인을 한다.	
	A 계	____ 개
1	유치원에서 아이들을 가르친다.	
2	중등학교의 교사가 된다.	
3	특별한 교육방법을 활용해 장애아동을 가르친다.	
4	정신적으로 고통받는 사람들을 치료 · 상담한다.	
5	레크레이션 지도자로서 일한다.	
6	구직자와 상담하고 직업을 알선한다.	
7	사회봉사단체에서 활동한다.	
8	병원의 간호사로 일한다.	
9	아이들의 식사, 놀이 등을 돌봐준다.	
10	빈민 구제단체에서 일을 한다.	
	S 계	____ 개
1	상품판매원들의 관리책임자가 된다.	
2	증권을 팔고 사는 투자상담가가 된다.	
3	고객명단을 작성하여 영업에 활용한다.	
4	업무와 직원 관리에 대한 계획을 세운다.	

번호	내용	예
5	추진력있는 지도자로서 일한다.	
6	상품을 더 많이 판매할 수 있는 방법에 대해 협의한다.	
7	현장취재 신문기자로 일한다.	
8	기업체의 판매담당 영업사원으로 일한다.	
9	직원을 모집하기 위하여 회사선전을 한다.	
10	상품의 구매 또는 판매업무를 대행한다.	
	E 계	____ 개
1	기업체의 회계장부를 정리한다.	
2	직장에서 업무에 필요한 전화연락, 우편물, 서류 등을 정리한다.	
3	은행에서 현금 출납업무를 맡는다.	
4	기관장 또는 사장의 업무비서로 활동한다.	
5	회사의 물건 판매량과 비용을 기록한다.	
6	과일과 야채를 다듬고 품질 등급을 매겨 포장한다.	
7	공문서를 작성하고 타이핑을 한다.	
8	세관에서 수출입 물품을 검사한다.	
9	서류를 분류하고 정리한다.	
10	컴퓨터 통신망에서 다양한 정보를 검색 · 분석한다.	
	C 계	____ 개

출처: www.career.go.kr

여섯 가지의 직업흥미성격 유형(RIASEC)의 특징을 설명하면 다음과 같다.

❶ 실재형

실재형은 남성적이며, 솔직하고 검소하며, 소박할 뿐만 아니라, 지구력이 있고 비사교적이며, 다소 거칠고 투박한 편이다. 또한 대체로 말이 없으며, 냉정한 편이고 고집이 있으며 단순한 편이다. 실재형은 사물지향적이고 구체적 · 실용적이며, 기능성과 예측가능성을 선호한다. 이 유형은 기술 · 기능적인 전문성이나 생산적인 일을 추구한다. 이들의 인생 목표는 기계 장치에 대한 발견이나 전문 기술자로 인정받는 것, 또는 특기 중 하나인 뛰어난 운동선수가 되어 성공하는 것이다.

❷ 탐구형

탐구형의 사람들은 탐구심이 많고 논리적 · 분석적 · 합리적이며 정확하고 지적인 호기심이 많아 학구열이 높다. 이들은 소극적이고 수줍음을 잘 타서 나서지 않고, 신중하며, 비판적이다. 탐구형은 사람보다는 아이디어를 지향하고 추상적 · 분석적인 사고를 요하는 직업을 선호한다. 탐구형의 직업은 데이터나 정보를 산출하는 기계나 측정도구에 관련된다. 탐구형은 여섯 가지 유형 중에서 가장 높은 사회적 지위를 차지하고 있고(Gottfredson, 1980), 탐구형이 추구하는 가치는 탐구심, 많은 지식을 쌓는 일, 지혜와 합리성이다. 이 유형에 해당되는 사람들의 인생 목표는 사물이나 현상을 발견하고 과학에 이론적 기여를 하는 것이다.

❸ 예술형

예술형은 상상력, 창의성, 감수성이 풍부하고 자유분방하며, 개방적이고 즉흥적이다. 또한 직관력이 뛰어나고 관념적이며, 개성이 강하고, 복잡하며 까다로운 성향을 지니고 있다. 예술형이 좋아하는 직업이나 활동은 예술적이며 창의적인 표현을 지향하는 일이다. 예술가 유형의 학력 수준은 여섯 가지 유형 중에서 두 번째로 높으며, 예술형의 직업은 예술형 사람들의 분포에 비해 상대적으로 적은 편이다(Gottfredson, 1975). 예술형이 추구하는 최고의 가치는 문화예술, 창의성과 새로운 변화, 자유로움이다. 그리고 이들의 인생 목표는 독창적인 작품 활동이며 예술계의 유명인이 되는 것이다.

❹ 사회형

사회형의 사람들은 사람들을 좋아하고 다른 사람들과 어울려 일하는 것을 즐기며, 친절하고 우호적이다. 또한 관대하고 마음이 따뜻하며 활동적이다. 이들은 이해심이 많고, 협동적이고 재치가 있으며, 감정적이고 사회성이 발달한 사람들이다. 사회형이 좋아하는 직업과 활동은 타인의 문제를 듣고 이해하며 어려움에 처한 다른 사람들을 도와주는 일이다. 사회형이 추구하는 가치는 사랑과 용서, 헌신과 봉사, 평등과 같은 인간을 존중하는 내재적 가치이고, 이들의 인생 목표는 타인을 돕고 희생하고 봉사하는 일을 하는 것과 존경받는 스승, 치료 전문가가 되는 것이다.

❺ 기업형

기업형(진취형)은 기업가적 기질이 강하며, 특정 목표의 달성을 위해 타인을 통제·지배하고, 말로 설득을 잘하며, 경쟁적이고 쟁취적이다. 또한 이들은 과시적이고 쾌락적인 면도 강하고 활기차며 자신감이 넘칠 뿐만 아니라, 낙관적이고 열정적인 외향형이다. 기업형은 성취의욕이 강하고 능력과 모험심이 강한 편이다. 아이디어보다는 사람에 관심을 가지고 있지만, 권력과 통제를 강조하기 때문에 대인관계에서는 어느 정도 거리감을 갖는다. 그리고 관찰적·상징적·체계적인 활동에는 흥미를 보이지 않으며, 과학적인 능력과 체계적인 능력이 부족한 편이다. 기업형이 추구하는 가치는 권력과 야망, 명예, 모험심, 자유, 보상이다. 그리고 인생 목표는 사회의 영향력 있는 지도자가 되는 일과 금융과 상업 분야의 전문가가 되는 것이다.

❻ 관습형

관습형은 정확하고 빈틈이 없으며, 세밀함과 조심성이 있고, 계획적·보수적·사무적이다. 이들은 매우 절제된 생활습관을 갖고 있으며, 순응적이고 방어적이며 질서정연함과 완고함 그리고 책임감이 강한 특성이 있다. 관습형은 정해진 원칙과 계획에 따라 자료를 기록하고 정리하는 활동을 선호한다. 세부적이고 체계적인 작업환경에서 사무적인 업무를 보는 것, 계산하는 것을 좋아한다. 관습형은 대체적으로 사무 능력, 계산·회계정리 능력이 탁월하고 성실하며, 인내심이 강한 편이다. 그러나 예술적, 탐구적, 독창성, 상상력에 관련된 능력은 부족하다. 관습형이 추구하는 가치는 능률적이고 체계적인 것, 안전과 안정감이다. 인생 목표는 금융과 회계의 전문가가 되는 것과 사무·행정 전문가가 되는 것이다.

Holland의 RIASEC 육각형 모형은 오늘날 거의 모든 직업흥미검사에 강력한 영향을 미치고 있을 만큼 가장 잘 검증된 결과물로 평가받고 있다(Rounds, 1995). Holland의 이론은 복잡한 직업세계를 단순화하여 적성과 진로를 해석하는데 매우 유용한 방식이라 할 수 있다. 그의 진로검사는 개인과 환경의 다양한 유형 속에서 인간의 행동을 예언하고 이해하는 데 필요한 구조 개발에 기여해 왔다. 그러나 각 진로적성유형의 발달과정에 대한 설명이 결여되어 있고, 사람들이 주어진 환경을 극복하고 자기 자신을 변화시킬 수 있는 능력을 소지하고 있음을 고려하지 못했다는 한계점을 지닌다.

Holland의 여섯 가지 직업적 성격 특징과 직업흥미 활동, 대표 직업에 대한 구체적인 설명은 [표 6-4]과 같다.

[표 6-4] Holland의 진로유형의 성격과 특징

	실재형(R)	탐구형(I)	예술형(A)	사회형(S)	기업형(E)	관습형(C)
흥미특징	남성적, 솔직성, 성실성, 검소, 소박하고, 지구력이 있고, 말이 적고, 고집, 단순하며, 비사교적이며, 사물, 도구, 기계 및 동물들에 대한 명확하고 체계적인 조작을 필요로 하는 활동들을 선호함. 교육적이거나 치료적 활동을 싫어함.	분석적, 논리적, 합리적, 정확하고, 지적 호기심, 물리적, 생물학적, 꼼꼼한, 비판적인, 관찰하는 것을 즐기며, 상징적이고 체계적이며 창조적인 활동이 필요한 조사나 연구 활동을 선호함. 설득적이고 사회적이며 반복적인 활동을 싫어함.	상상력 풍부, 감수성, 직관적, 독창적, 감정 풍부, 개성이 강하며, 예술적 형태를 창조해 내는 신체적, 언어적 활동이나 자유로우며 체계화지 않은 활동들을 선호함. 분명하고 체계적이고 질서정연한 활동들을 싫어함.	이해심 있는, 친절한, 우호적인, 관대한, 따뜻하며, 협동적임. 다른 사람들을 훈련시키고, 발달시키고, 치료해주기 위한 활동들을 선호함. 자료나 도구 등을 혹은 기계를 포함하는 명확하고 체계적인 활동을 싫어함.	지배적, 통솔력, 열정적, 과시적, 경쟁적, 낙관적, 모험적, 쾌락적, 설득력, 조직적인 목표나 경제적인 이익을 얻기 위한 상호작용 활동을 선호함. 관찰적이고, 상징적이며, 체계적인 활동을 싫어함.	정확하고, 보수적이며, 빈틈없고, 조심성, 계획성, 세밀한 자료에 대한 명확하고, 질서정연하며 체계적인 조작을 필요로 하는 활동들을 선호함. 자유로우며, 탐색적이고, 체계적이지 않은 활동들을 싫어함.
적성유능감	1. 기계적 · 운동적인 능력은 있으나 대인관계 능력은 부족함. 2. 수공, 농업, 전기, 기술적 능력은 높으나 교육적 능력은 부족함.	1. 학구적 · 지적 자부심을 가지고 있으며, 수학적 · 과학적 능력은 높으나 지도력이나 설득력은 부족함. 2. 연구능력이 높음.	1. 미술적 · 음악적 능력은 있으나 사무적 기술은 부족함. 2. 상징적 · 자유적 · 비체계적 능력은 있으나 체계적 · 순서적 능력은 부족함.	1. 사회적 · 교육적 지도력과 대인관계 능력은 있으나 기계적 · 과학적 능력은 부족함. 2. 기계적 · 체계적 능력이 부족함.	1. 적극적이고, 사회적이고, 지도력과 언어의 능력은 있으나 과학적 능력은 부족함. 2. 대인관계에서, 설득적인 능력은 있으나 체계적 능력은 부족함.	1. 사무적이며, 계산적인 능력은 있지만 예술적, 상상적 능력은 부족함. 2. 체계적, 정확성은 있으나 탐구적 · 독창적 능력은 부족함.

	실재형(R)	탐구형(I)	예술형(A)	사회형(S)	기업형(E)	관습형(C)
가치	특기, 기술, 기능, 전문성, 유능성, 생산성.	탐구, 지식, 학문, 지혜, 합리성.	예술, 창의성, 재능, 변화, 자유, 개성.	사랑, 평등, 헌신, 공익, 용서, 봉사.	권력, 야망, 명예, 모험, 자유, 보상.	능률, 체계, 안전, 안정감.
인생목표	기계나 장치의 발견 및 기술사, 전문인, 뛰어난 운동선수.	사물이나 현상의 발견 및 과학에 대해 이론적 기여함.	예술계의 유명인, 독창적인 작품 활동함.	타인들을 도우고 희생, 존경받는 스승, 치료전문가.	사회의 영향력있는 지도자, 금융과 상업분야의 전문가.	금융과 회계의 전문가, 사무행정 전문가.
대표직업	기술자, 자동기계 및 항공기 조종사, 정비사, 농부, 엔지니어, 전기 · 기계기사, 운동선수, 건축가.	과학자, 생물학자, 화학자, 물리학자, 인류학자, 지질학자, 의료기술자, 의사, 과학잡지 편집자, 지질학자.	예술가, 작곡가, 음악가, 무대감독, 작가, 배우, 소설가, 미술가, 무용가, 디자이너, 조각가, 성악가.	사회복지가, 교육자, 간호사, 유치원교사, 종교지도자, 상담가, 임상치료가, 언어치료사.	기업경영인, 정치가, 판사, 영업사원, 상품구매인, 보험회사원, 판매원, 관리자, 연출가.	공인회계사, 경제분석가, 은행원, 세무사, 경리사원, 감사원, 안전관리사, 사서, 법무사.
전공학과	공과대학, 기계공학과, 농학과, 자동차공학과, 항공학과, 도시공학과, 컴퓨터공학과, 해양학과, 건축학과, 전기공학과, 조선공학과.	자연계열학과, 의치과대학, 약대, 화학과, 생물학과,유전공학과, 지질학과, 수학과, 문화인류학과, 천문학과, 사회학과, 심리학과.	예술대, 대중예술, 무용학과, 국어국문학과, 영어영문학과, 산업미술학과, 연극영화과, 음악과, 만화영상학과, 미술과, 공예과.	심리학과, 언어재활과, 사회복지과, 특수교육학과, 간호학과, 유아교육과, 레크리에이션과, 교육학과, 체육학과, 가정학과, 재활치료학과.	경영학과, 정치외교학과, 보험관리과, 경제학과, 회계학과, 판매과, 무역학과, 법학과, 경찰대학, 사관학교, 유통정보학과.	회계학과, 법대,행정학과, 도서관학과, 금융보험학과, 컴퓨터학과, 정보처리학과, 세무학과, 무역학과, 안전관리학과, 품질관리학과.

출처: Holland, 1992

3) 진로가치관검사

Kluckhohn(1951)은 가치와 가치관의 개념을 구분하여 정의하고 있다. 가치란 이용 가능한 행동의 목표 수단 양식의 선택에 영향을 주는 개인이나 집단이 특이하게 소유하고 있는 소망 대상에 대한 외현적 또는 내재적인 개념이다.

가치관은 자연 속의 인간의 위치, 인간과 인간과의 관계의 행동에 영향을 미치고 인간과 자연과의 관계에서 바람직한 것과 바람직하지 않은 것에 대한 일반적이고 조직화된 개념이라고 정의하였다(김종학, 2017). 또한 가치관이란 개인이 특정 상황에서 어떤 선택이나 결정을 내려야 할 때 어떤 특정한 방향으로 행동하게 하는 원리나 믿음 또는 신념을 의미한다. 개인의 가치관은 인생관 및 직업관 형성에 중요한 역할을 한다. 또한 가치관은 개인의 직업적 능률과 만족감에 직접 관여하기 때문에 진로결정에 있어 자신의 직업가치를 이해하고 자신의 가치관에 적합한 직업을 탐색하는 가치관검사는 매우 중요하다고 할 수 있다. 가치관을 탐색하기 위해서는 가치관 명료화 프로그램이나 표준화된 가치관검사를 활용할 수 있다. 표준화된 가치관검사는 개인가치관검사와 직업가치관검사가 있다.

(1) 개인가치관검사

개인가치관검사는 개인의 가치체계를 측정하기 위해 개발된 검사로 Zytowsky와 Warman(1982)이 개발한 가치관 연구(Study of Value: SV)와 Super(1986) 등이 개발한 가치관 척도(Value Scale: VS) 및 중요도검사(Salience Inventory: SI)가 있다. SV는 고등학교 고학년이나 대학생을 대상으로 이론적, 경제적, 심미적, 사회적, 정치적, 종교적 영역에 대한 상대적 가치를 측정한다. 가치관 척도는 피검자에게 여러 가치 가운데 자신이 상대적으로 더 중요하게 여기는 가치와 그렇지 않은 가치관에 대한 정보를 제공해주며, 중요도검사는 Super의 진로무지개 모형에 기초하여 공부, 일, 가정 및 가족, 여가, 봉사의 5개의 서로 다른 역할의 중요성을 측정한다. 그러나 가치관 척도와 중요도 검사는 모두 엄격한 표준화에 이르지 못하고 있다(김봉환 외, 2013).

(2) 직업가치관검사

직업가치관검사는 Super(1970)가 개발한 직업가치관검사(Work Value Inventory: WVI)와 Wollack, Goodale, Wijting과 Smith(1971)가 개발한 직업가치관 조사(Survey of Work Value: SWV), Rounds, Hanly, Dawis, Lofguist와 Weiss(1981)가 개발한 미네소타 중요도 질문지(Minesota Importance Questionnaire: MIQ) 등이 있다. WVI는 직업 활동에 대한 가치와 만족여부를 묻는 45개 문항으로 구성되어 있으며 SWV는 직업의 역할, 직업활동선호, 지위향상, 보수에 대한 태도, 자긍심, 소속감을 내용으로 한 54문항으로 구성되어 있다. MIQ는 20개의 욕구에 대한 개인의 중요도를 측정하며 성취, 편안함, 지위, 이타성, 안정성, 자율성의 6개의 가치요인으로 분류되는 위계구조를 가진다. 진로상담과정에서 MIQ를 활용하여 개인에게 가장 중요한 욕구를 확인하고 이를 강화물로 제공해주는 직업환경을 찾아볼 수 있다. 한편 한국고용정보원이 운영하는 워크넷에서는 직업가치관검사를 무료로 제공하고 있다. [표 6-5]은 만 15세 이상의 중·고등학생 대상과 대학생 및 일반구직자 대상으로 구분되어 있고, 개인이 생각하는 직업가치관을 측정할 수 있는데, 성취, 봉사, 개별활동, 직업안정, 변화지향, 몸과 마음의 여유, 영향력 발휘, 지식추구, 애국, 자율, 금전적 보상, 인정, 실내활동의 총 13개 하위요인으로 구성되어 있다.

[표 6-5] 직업가치관검사 종류

번호	검사명	대상	검사방법	검사기관	사이트	비용
1	직업가치관검사	대학생 / 성인	on/off	한국고용정보원 워크넷	www.work.go.kr	무료
2	직업가치관검사	중/고	on/off	한국고용정보원 워크넷	www.work.go.kr	무료

출처: 한국고용정보원(워크넷) 외 검사기관 사이트 참조.

4) 진로성숙도검사

진로성숙이란 동일한 연령층의 학생들과의 비교에서 나타나는 상대적인 직업준비의 정도를 의미한다(Crites, 1978). 한국교육개발원(1992)에서는 진로성숙을 자아의 이해, 일과 직업세계의 이해를 기초로 한다. 또한 자신의 진로를 계획하고 선택하는 과정에서 동일한 연령이나 발달단계에 있는 집단의 발달과업수행 정도에서 차지하는 개인의 상대적인 위치로 정의한다. 진로성숙과 유사한 개념들로는 직업성숙, 진로의식성숙 등 성숙과 관련된 것이 있다. 또한 진로발달, 직업발달, 진로의식발달 등 발달과 관련된 개념들이 있다. 진로성숙 혹은 진로발달정도를 측정하기 위한 검사도구는 [표 6-6]과 같이 진로발달검사(Career Development Inventory: CDI), 진로성숙도검사(Career Maturity Inventory: CMI), 진로성숙도검사(한국교육개발원, 1992)가 있다.

[표 6-6] 진로성숙도검사 종류

번호	검사명	대상	검사방법	검사기관	사이트	비용
1	청소년 진로발달검사	중/고	on/off	한국고용정보원 워크넷	www.work.go.kr	무료
2	진로성숙도 검사	중/고	on/off	한국직업능력 개발원 커리어넷	www.career.go.kr	무료

출처: 한국고용정보원(워크넷) 외 검사기관 사이트 참조.

(1) 진로발달검사(Career Development Inventory: CDI)

진로발달검사는 Super, Thompson과 Linderman(1979)이 중학생부터 대학생들의 진로발달 정도를 측정하고 학생들의 교육 및 진로계획 수립에 도움을 주기 위하여 Super의 진로 발달 모형에 기초하여 제작하였다. 진로발달 검사도구는 진로

계획(Career Planning: CP), 진로탐색(Career Exploration: CE), 의사결정(Decision Making: DM), 직업세계에 대한 정보(World of Work Information: WW), 선호하는 직업군(Preferred Occupation Group: POG)의 진로발달 특수영역을 측정하기 위한 5개의 하위영역과 진로계획과 진로탐색을 포함하는 진로발달과 태도(Career Development-Attitude: CDA), 의사결정과 직업세계에 대한 정보를 포함하는 진로발달 지식 및 기술(Career Development Knowledge and Skill: CDK), 총체적 진로발달성향(Career Development Orientation Total: CDT)의 척도들을 조합한 3개의 하위척도로 구성되어 있다.

(2) 진로성숙도검사(Career Maturity Inventory: CMI)

한국교육개발원(1992)은 진로성숙을 자아의 이해, 일과 직업세계의 이해를 기초로 하여 자기 자신의 진로를 계획하고 선택하는 과정에서 동일 연령이나 발달단계에 있는 집단의 발달과업 수행 정도에서 차지하는 개인의 상대적인 위치라고 정의하였다. 김충기(1995)는 개인의 직업적 소양, 가치, 지식 등의 습득을 통해 궁극적으로 직업 적성에 부합되는 행동과 판단력을 낳는 과정을 직업 발달이라 보았고, 이런 과정을 거쳐서 이루어진 결과를 진로성숙이라 하였다. 또한, 김봉환(2010)도 진로성숙도를 진로발달의 수준으로 이해하고, 직업의 준비부터 은퇴까지의 발달과업에 대처해 나가는 태도적, 인지적 준비도라고 정의하였다. 김현옥(1989)은 진로성숙을 '진로의식, 탐색, 의사결정에서의 발전적 변화의 개념으로 개인이 진로를 탐색하고 선택할 때 자아와 환경을 인식하여 진로를 선택하고 적응해 나가는 준비의 정도'라고 정의하였다. 결국 진로성숙도는 개인의 진로를 계획하고 준비하는 태도가 동일 연령 집단에 비해 어느 정도 발달해 있는지에 대한 정도로 진로와 관련하여 직면하는 문제들을 해결하고 대처해 나갈 수 있는 준비도로 정의할 수 있다(김윤희, 2016).

진로성숙도란 능력, 흥미, 가치관, 신체적 조건 그리고 환경적 조건과 같은 자아의 이해, 일과 직업세계의 이해 등을 바탕으로 자신의 진로계획과 진로선택을 통합하고 조정해 나아가는 발달단계의 연속이고, 각 발달단계마다 수행해야 할 발달과업이 있는데 이 발달과업의 인지 수행여부가 다음 단계로의 발달을 촉진시키며 이해하는데 중요한 조건이라고 보았다. 또한 개인은 자아의 이해와 관련된 많은 변인들을 고려할 수 있어야 하고, 일과 직업세계의 이해라는 면은 직업정보, 일과 직업의 조건, 직업관 및 직업윤리 등 많은 변인들을 종합적으로 통합할 수 있어야 한다고 보았다(권은숙, 2015).

진로성숙도와 관련된 대표적인 검사도구는 진로성숙도검사가 있다. 국내에서도 진로성숙도검사를 이용하여 진로성숙과 관련된 여러 변인들 간의 관계를 탐구하기 위한 연구가 이루어졌고 각종 진로성숙과 관련하여 검사 도구를 개발하였다. 초등학교 6학년부터 고등학교 3학년 학생들을 대상으로 진로의사결정에 대한 태도와 능력을 측정하기 위해 제작된 진로성숙도검사는 1961년 Crites에 의해 직업발달척도(Vocational development inventory)로 처음 개발된 후 4번 개정되었다. 최종적으로 2011년 Crites와 Savickas에 의해 타당하고 신뢰할 수 있는 척도로 개발되었으나 아직 국내 진로상담연구에서 타당화 작업은 이루어지지 않았다.

CMI척도는 태도척도(Attitude scale)와 능력척도(Competency scale)로 구성되어 있으며 태도척도는 선발척도(Screening form)와 상담척도(Counseling form) 두 가지로 개발되었다. 선발척도(Form A-2)는 직업발견 및 진로선정과 관련된 긍정적 지술과 부정적 지술 50개로 이루어져 있다. 이 척도는 상담을 위하여 학생들을 분류하거나 진로교육의 결과를 평가할 때 적합하다. 상담척도(Form B-1)는 75개의 문항으로 구성되어 있는데 그 가운데 50문항은 선발척도의 문항과 동일하다. 상담척도는 진로결정성, 참여도, 독립성, 성향, 타협성의 5가지 하위영역으로 구성되어 있고, 일에 대한 태도와 관점에서 교육 또는 상담의 효과를 자세히 분석하는데 유용하다. 한편 능력척도는 진로의사결정에서 가장 중요한 자기평가, 직업정보, 목표선정, 계획, 문제 해결의 5가지 하위 영역을 측정하는 문항들로 구성되어 있다. 각 영역은 20문항씩 전체 100문항으로 구성되어 있다.

5) 진로결정검사

진로상담의 최종적인 결과는 진로의사결정으로 드러나기 때문에 진로상담에서도 진로의사결정은 매우 핵심적인 개념이다(김봉환 외, 2006). 진로의사결정을 위해 개인은 정보를 조직하고 여러 가지 대안들을 신중하게 검토하며 진로선택을 위한 행동 과정에 전념한다(Harren, 1979). 그렇다면 왜 어떤 사람들은 자신의 진로에 대해서 확실한 결정을 하는 반면, 어떤 사람들은 불확실해 하고 고민하는 것일까? Crites(1969)는 진로미결정을 '개인이 구체적인 진로의 준비와 시작에 필요한 행동들을 선택하거나, 그러한 과정에 관여하는데 있어서의 무능력'이라고 정의하였지만, Gorden(1995)은 진로미결정을 단순한 무능력이 아닌 '교육적 · 직업적 결정을 내리고 싶어 하지 않거나, 내릴 수 없거나 또는 내릴 준비가 되어있지 않은 상태'라고 보았다.

진로미결정의 구성개념을 단순히 결정과 미결정으로 나누는 것은 부적합하다(Larson, Heppener, Ham, & Bugan, 1988). 진로미결정에는 서로 다른 하위집단이 존재한다. 진로미결정연구와 관련해서 진로미결정을 구성하는 다차원적인 요인들을 측정하는 검사도구로는 진로결정검사(Career Decision Profile: CDP), 진로결정수준검사(Career Decision Scale: CDS), 진로미결정검사(Career Decision Difficulties Questionnaire: CDDQ), 진로미결정 척도(탁진국 · 이기학, 2001)가 있다.

(1) 의사결정 유형검사

진로의사결정이론은 개인이 의사결정의 문제에서 자신의 이익을 극대화하고 손실을 극소화하는 방향으로 행동한다는 Keynes의 이론에 바탕을 두고 있고(안광자, 2004), 개인은 선택 가능한 직업 중에서 자신의 투자를 최대한 보장받을 수 있는 직업을 선택한다는 것이 이론의 핵심이다. 이것을 통해 개인은 진로를 선택하는데 있어 지위나 명예, 일에 대한 만족 등을 모두 고려하고 있다. Katz(1963)는

'의사결정자가 개인의 주관적인 가치에 따라 각 대안설정에 따른 기대치가 높은 대안을 선택하게 된다'고 하였다. Gelatt(1962)는 '의사결정자가 의사결정에 관한 정보를 수집하고 그 정보를 활용함으로써 본인의 선택에 대한 책임과 합리적인 지각양식을 가지게 된다'고 보았다. 또한 Gelatt는 진로상담의 중요한 목표 중 하나가 학생들로 하여금 훌륭한 결정을 내릴 수 있도록 돕는 것이라는 가정 하에 의사결정의 과정을 중시해야 한다고 제안하였다. 그의 이론은 직업선택과 발달의 과정을 의사결정의 순환과정으로 보고 '목적의식 → 정보수집 → 가능한 대안의 열거 → 각 대안의 실현가능성 예언 → 가치평가 → 의사결정 → 평가와 재투입'의 과정으로 설명하고 있다. Harren은 의사결정 유형(decision making style)이란 '개인의 의사결정 과정을 지각하고 그에 반응하는 특정 형식, 또는 개인이 의사결정을 내리는 방식'이라고 정의했다. 진로의사결정이론은 진로선택이 하나의 의사결정 과정이라는 착상에서 비롯된 것으로 의사결정 유형이 직업 행동에 적용되면 그것이 진로의사결정 유형이 된다(Harren, 1979; 이영희, 2009).

Harren(1979)의 세 가지 진로의사결정 유형을 정리해 보면 다음과 같다(안광자, 2004; 이영희, 2009).

① 합리적 유형(rational style)은 나중에 내릴 결정을 위하여 일찍 내린 결정의 합의를 인식할 수 있는 능력으로 특징된다. 이 유형은 이상적인 자아실현 진로의사결정자로 표현된다. 이 척도에서 높은 점수를 받은 학생은 이용 가능한 정보를 신중하고 논리적으로 결정하여 그 결정에 대해 책임을 지려는 유형이다.

② 직관적 유형(intuitive style)을 사용하는 사람은 합리적 유형과 같이 진로의사결정에 대한 책임을 인정한다. 그러나 직관적 유형은 미래를 예견하거나 정보를 구하고 진로의사결정 요인들을 논리적으로 비교해 보는 것과는 별 관계가 없다. 이 유형은 개인의 내적인 상태의 변화와 낯선 상황을 정확하게 표현하

는데 제한된 능력으로 인해 결국 합리적 유형보다 효과적인 진로의사결정을 하기가 어렵다. 이 척도에서 높은 점수의 학생은 이용 가능한 정보를 논리적으로 평가하기보다는 의사결정의 기초로 환상과 감정 및 상상력을 이용하며 합리적인 의사결정과 동일하게 자기가 내린 결정에 책임을 지려고 한다.

③ 의존적 유형(dependent style)을 사용하는 사람은 합리적 유형과는 달리 진로의사결정에 대한 스스로의 책임을 부정하고 외부로 투사하는 것이 특징이다. 또한 사회적 인정에 대한 욕구가 높고 환경이란 제한된 선택권만 제공하는 것으로 인식하고 있다. 이 유형이 진로의사결정과 관련된 즉각적 불안을 감소시킬 수도 있으나 개인적 만족이나 성취감의 부족을 초래하기 쉽다. 이 유형은 개인이 의사결정을 할 때 그 결정의 책임을 질 능력이 없는 적극성이 결여된 입장에서 주변 사람들에게 의존하는 진로의사결정 유형이다.

의사결정 유형은 사람들이 그들의 삶에서 중요한 의사결정에 접근하고 해결하는데 활용하는 전략으로 의사결정과제를 지각하고 그에 반응하는 개인의 특징적 유형 또는 개인이 의사결정을 내릴 때 선호하는 접근 방식을 의미한다. [표 6-7]은 Harren의 의사결정 유형검사로 진로결정과 관련하여 조력을 필요로 하는 내담자를 선별하는데 도움을 준다. 문항들을 하나씩 읽어 가면서 그 내용이 자신의 입장과 같으면 '그렇다'에, 자신의 입장과 매우 다르거나, 상당히 다르면 '아니다' 안에 O표시를 한다. 합계의 개수가 가장 많은 유형이 자신의 의사결정 유형이다. 진로의사결정 유형검사는 개인이 의사결정을 할 때 어떠한 방식으로 결정을 내리는가를 측정하는 도구로써 원래의 '예/아니오' 형식을 4점 척도로 변경한 것이다. 이 검사는 합리적, 직관적, 의존적 유형별로 각 10문항씩 30개 문항으로 되어 있다. 측정된 세 가지 의사결정 유형은 각각 점수를 매기고, 이 세 가지 척도는 각각 독립된 변인으로 취급되기 때문에 세 가지 유형 점수를 합한 총점은 계산하지 않는다.

[표 6-7] 의사결정 유형검사

번호	문항	그렇다	아니다
1	나는 중요한 결정을 할 때 매우 체계적으로 한다.		
2	나는 중요한 결정을 해야 할 때 누군가가 올바른 방향으로 이끌어 주었으면 한다.		
3	나는 나 자신의 즉각적인 판단에 따라 매우 독창적으로 결정한다.		
4	나는 대체로 미래보다는 현재의 내 입장에 맞춰서 일을 결정한다.		
5	나는 모든 정보를 수집할 수 있는 상태에서는 중요한 결정을 좀처럼 하지 않는다.		
6	나는 왜 그렇게 결정했는지 이유는 모르지만, 곧잘 올바른 결정을 한다.		
7	나는 어떤 결정을 할 때 그것이 나중에 미칠 결과까지도 고려한다.		
8	나는 어떤 결정을 할 때 친구의 생각을 중요시한다.		
9	나는 남의 도움을 없이는 중요한 결정을 하기가 정말 힘들다.		
10	나는 중요한 결정이라도 매우 빠르게 결정한다.		
11	나는 어떤 결정을 할 때 나 자신의 감정과 반응에 따른다.		
12	나는 내가 좋아서 결정하기보다는 남의 생각에 따라 결정하는 경우가 많다.		
13	나는 충분한 시간을 두고 생각을 한 후에 결정한다.		
14	나는 어떤 일을 점검해 보거나 사실을 알아보지도 않고 결정하는 경우가 많다.		
15	나는 친한 친구와 먼저 상의하지 않고서는 어떤 일이든 좀처럼 결정하지 않는다.		
16	나는 결정하는 것이 어려워 그것을 연기하는 경우가 많다.		
17	나는 중요한 결정을 해야 할 때 우선 충분한 시간을 갖고 계획을 세우며 실천할 일들을 골똘히 생각한다.		
18	나는 결정에 앞서 모든 정보가 확실한지 아닌지를 재검토한다.		
19	나는 진지하게 생각해서 결정하지 않는다. 즉, 마음속에 있던 생각이 갑자기 떠올라 그에 따라서 결정한다.		
20	나는 중요한 일을 할 때 미리 주의 깊은 세밀한 계획을 세운다.		
21	나는 다른 사람들의 많은 격려와 지지가 있어야만 어떤 일을 결정할 수 있을 것 같다.		

번호	문항	그렇다	아니다
22	나는 어떤 일을 결정한 후에 대개 그 결정이 내 마음에 드는지 안 드는지를 상상해 본다.		
23	나는 평판이 좋을 것 같지 않은 결정을 해 봤자 별 의미가 없다고 생각한다.		
24	나는 내가 내리는 결정에 굳이 합리적인 이유를 따질 필요가 없다고 생각한다.		
25	나는 참으로 올바른 결정을 하고 싶기 때문에 성급하게 결정을 하지 않는다.		
26	나의 어떤 결정이 감정적으로 만족스러우면 나는 그 결정이 옳은 것으로 생각한다.		
27	나는 훌륭한 결정을 내릴 자신이 없어서 대개 다른 사람들의 의견을 따른다.		
28	나는 내가 내린 결정 하나하나가 최종 목표를 향해 발전해 나가는 단계라고 곧잘 생각한다.		
29	친구가 나의 결정을 지지해 주지 않으면 나는 나의 결정에 그다지 자신을 갖지 못한다.		
30	나는 어떤 결정을 하기 전에 그 결정이 가져올 결과를 가능한 한 많이 알고 싶다.		

출처: Harren, 1979

● 채점방법

▶ 합리적 유형: 1, 5, 7, 13, 17, 18, 20, 25, 28, 30번 – 총 ______개

▶ 직관적 유형: 3, 4, 6, 10, 11, 14, 19, 22, 24, 26번 – 총 ______개

▶ 의존적 유형: 2, 8, 9, 12, 15, 16, 21, 23, 27, 29번 – 총 ______개

● 의사결정 유형별 해석방법

a. 합리적 유형

▶ 의사결정을 할 때 자신과 상황을 고려하고 유익한 결정을 내리는 유형이다.

▶ 정확한 정보를 얻고 신중하게 결정한다.

▶ 자신의 결정에 책임을 진다.

▶ 장점: 의사결정이 합리적이고 심리적 독립과 성장에 도움이 된다. 잘못하거나 실패할 확률이 낮다.

▶ 단점: 의사결정에 시간이 걸린다.

b. 직관적 유형
- ▶ 의사결정을 할 때 자신과 상황에 대해 감정적으로 평가하는 유형이다.
- ▶ 환상, 감정, 상상을 이용하고 즉흥적인 느낌을 중시한다.
- ▶ 자신의 결정에 책임을 진다.
- ▶ 장점: 빠른 의사결정이 가능하고, 스스로의 선택에 책임을 진다.
- ▶ 단점: 잘못하거나 실패할 확률이 높다.

c. 의존적 유형
- ▶ 의사결정을 할 때 다른 사람의 영향을 많이 받고 내가 원하든 원하지 않든 그대로 따른다.
- ▶ 사회적으로 인정받으려 하고 나의 상황이 여러 가지로 제한받는다고 느낀다.
- ▶ 자신의 의사결정에 책임을 지지 않으려 한다.
- ▶ 장점: 뚜렷한 장점이 없다.
- ▶ 단점: 다른 사람의 눈치를 보는 관계로 소신 있게 일을 처리하지 못한다. 실패했을 때 남의 탓을 한다.

(2) 진로결정수준검사

진로결정수준에 관한 개념을 알기 위해서는 진로미결정, 진로결정, 결단성 부족이라는 개념들을 먼저 살펴봐야 한다. 먼저 진로미결정이라는 개념이 사용되기 시작한 계기는 Wanberg와 Muchinsky(이명갑, 2002, 재인용)가 처음으로 사용했는데, Wanberg와 Muchinsky는 왜 어떤 사람들은 자신의 진로에 대해 정확히 결정하는 반면, 다른 사람들은 그렇지 못하는가를 규명하고자 하는 것에서 비롯되었다. 진로결정이란 개인이 그들의 생애를 나타내는 개념으로서 의도하는 목적을 달성하기 위해 진로문제를 다루는 결정으로(정채기, 1991) 진로에 대한 개인의 목표를 달성하기 위해 전공과 직업의 선택상황에서 사용하게 되는 심리적 기제(유계식 · 이재창, 1997)로 정의되고 있다. 또한 바람직한 진로교육을 통해 설계와 계획, 장시간에 걸쳐 진로발달로 이루어져 진로를 결정해야 할 '결정적 시기'에 합리적으로 진로를 결정할 수 있게 된 상태를 말한다. 반면, 진로미결정이란 자신에 대한 이해부족, 인식과 정보부족, 선택의 두려움, 자신과 환경과의 유기적 연관성을 지각하지 못하는 등의 이유로 진로를 구체화시키지 못하고 결정하지 못한 상태를 말한다

(강선영, 1996). 한편 진로를 미결정한 사람들과 천성적으로 결단력이 부족한 사람을 구분하고 있다. 진로를 미결정한 사람들은 진로결정에 큰 압박을 받지 않지만 결단력이 부족한 사람들은 자신의 진로에 대해 쉽게 접근하지 못하도록 하는 어떤 특성을 소유하고 있는 것으로 간주된다. 김봉환(1997)에 의하면 진로결정수준은 진로결정 또는 진로미결정이라는 이분법적인 속성을 지닌 것이 아니라 두 개념을 양극단으로 하는 연속선상의 한 지점을 지칭하며 대학졸업 이후에 자신의 진로에 대한 결정과 그에 대한 확신정도로 의미한다(민승희, 2012).

진로결정수준검사(Career Decision Scale: CDS)는 Osipow와 그의 동료들(1980)에 의해 진로선택 과정에 있는 고등학생과 대학생을 대상으로 한 개인의 진로결정수준과 동시에 진로미결정의 원인을 측정하고자 한 최초의 척도이다. Osipow는 요인분석을 통해 진로미결정의 하위 요인을 밝히기도 했으나 이후 연구에서 이 요인들이 반복적으로 지지받지 않아 총점을 사용하기를 추천하였다. [표 6-8]은 Osipow 등이 개발한 진로결정수준검사로 고향자(1992)가 우리 문화에 적절한 문장 표현으로 번안한 것이다. 각 문항의 응답은 리커트(Likert) 4점 척도(1= 전혀 그렇지 않다, 2= 그렇지 않은 편이다, 3= 다소 그런 편이다, 4= 아주 그렇다. 단, 역채점의 경우는 척도의 점수가 반대가 된다)이다. 이 척도는 점수가 높을수록 진로결정을 확신하고 있음을 나타내어 진로결정수준이 높은 것을 의미한다. 척도의 해석에 있어서 척도의 총점이 18~24점이면 진로결정수준이 매우 낮으며, 25~48점이면 진로결정수준이 보통이고, 60~72점이면 진로결정수준이 높다고 할 수 있다.

[표 6-8] 진로결정수준검사

번호	내용	전혀 그렇지 않다	그렇지 않은 편이다	다소 그런 편이다	아주 그렇다
1	나는 장래 직업을 결정했으며 그 결정에 대해 편안함을 느낀다.				
2	나는 현재의 내 전공에 편안함을 느낀다.				
3	나에게 재능이 있고 기회도 주어진다면 나는 OOO이 될 수 있다고 믿지만, 실제로 그것은 불가능한 일이다. 그렇다고 나는 다른 어떤 대안을 생각해 보지 않았다.				
4	나는 똑같이 호감이 가는 직업 중에서 하나를 결정하느라고 애를 먹고 있다.				
5	나는 결국 직업을 가져야 하지만 내가 아는 어떤 직업에도 호감을 느끼지 못한다.				
6	나는 OOO이 되고 싶지만 가족이나 친지들의 생각과 다르기 때문에 당장 진로 결정이 어렵다. 나 자신과 그들의 생각이 일치되는 직업을 발견하고 싶다.				
7	본 경험이 별로 없고 또 당장 진로결정을 할 정도의 충분한 정보가 없기 때문에 혼란스럽다.				
8	진로선택에 관한 모든 것이 너무 모호하고 불확실해서 당분간 결정하는 것을 보류하고 있다.				
9	나는 내가 어떤 진로를 원하는지 알고 있다고 생각했지만 최근에 그것을 추구하는 것이 불가능하다는 것을 알게 되었다. 그래서 이제 가능한 다른 진로를 모색하려고 한다.				
10	나의 진로선택에 확신을 갖고 싶지만 내가 아는 어떤 진로도 나에게 이상적으로 생각되지 않는다.				
11	진로선택을 해야 한다는 것이 부담스럽기 때문에 빨리 결정해 버리고 싶다. 내가 어떤 진로를 택해야 할지 알려줄 수 있는 검사라도 받고 싶다.				
12	나의 전공 분야가 내가 만족할 만한 진로를 제공해 줄 수 있는지 잘 모르겠다.				

번호	내용	전혀 그렇지 않다	그렇지 않은 편이다	다소 그런 편이다	아주 그렇다
13	나는 나의 적성과 능력을 잘 모르기 때문에 진로결정을 당장 할 수 없다.				
14	나는 나의 관심 분야가 어떤 것인지 잘 모른다. 흥미를 끄는 분야가 몇 가지가 있지만 나의 진로 가능성과 어떤 관계가 있는지 모르겠다.				
15	나는 많은 분야에 관심이 있으며 어떤 진로를 선택하든지 잘할 수 있다는 것을 안다. 그러나 내가 원하는 하나의 직업을 찾기가 힘들다.				
16	나는 진로결정을 했지만 그것을 어떻게 수행해 나갈지 확실하지가 않다. 내가 선택한 OOOO이 되기 위해 어떤 준비가 필요한지 모르겠다.				
17	진로결정을 하기 전에 여러 가지 직업에 관해 더 많은 정보가 필요하다.				
18	나는 어떤 직업을 선택해야 할지 알고 있지만 결정을 내리기 위해서는 남의 도움이 필요하다고 느낀다.				

출처: Osipow, Camey, Winer, Yanico, & Koschier, 1980

(3) 진로미결정검사

Crites(1969)는 "직업선택에 있어서 미결정이란 개인이 구체적인 직업을 준비하고 시작하기 위해 필요한 특정행동의 과정을 선택하거나 그 과정에 관여하는데 있어서 무능력함을 가리킨다."고 정의했다. 이 정의에서 볼 수 있듯이 진로미결정과 관련된 초기의 연구들은 진로미결정을 단순히 부적응으로 단정지었다(김정희, 2013).

강선영(1996)은 진로미결정이란 '자신에 대한 이해의 부족과 진로 또는 직업에 대한 인식과 정보의 부족, 선택에 대한 두려움, 자신과 환경 간의 유기적 연관성을 지각하지 못한 것 등의 이유로 진로를 아직 구체화시키지 못하고 결정하지 못한 상태를 의미한다'고 하였다. 진로미결정이라는 개념은 진로를 결정함에 있어서 개인이 겪는 문제들을 나타내기 위해 널리 사용되어 온 것으로 이미 진로상담 분야에서 중심적인 연구주제들 중의 하나이다. 이처럼 진로미결정이 관심의 대상이 되는 이유는 진로상담의 본질적인 측면과 관계가 있다. 진로상담의 중요한 목표 중의 하나는 내담자들의 진로결정을 도와주는 것이고 특히 진로결정과정 속에서 직면한 어려움들을 극복할 수 있도록 돕는 것이다. 그러므로 개인의 결정을 방해하는 독특한 어려움들을 밝혀내는 것은 그들이 필요로 하는 것을 제공해 주는 핵심적인 단계이다(Gati, Krausz, & Osipow, 1996; 진은아, 2007).

진로상담을 필요로 하는 잠정적 내담자를 정확히 선별하는데 부적합하다는 사실이 인식되어 점차 진로미결정 집단을 두 분류로 나누는 방식으로 바뀌게 되었다. 발달적 미결정 상태는 정상적이고 일시적인 것으로 발달단계를 따라 나아가고 있는 것으로 간주된다. 이들은 진로와 관련된 결정을 하는 데 있어 큰 압박을 받지 않을 뿐만 아니라 자기 자신, 직업의 세계 및 의사결정 과정에 대한 추가적인 정보를 얻을 때까지 결정의 과정을 연기하는 사람들이라 볼 수 있다. 반면 결단력이 부족한 사람들은 자신의 진로에 관련된 결정뿐만 아니라 일상생활에서 직면하는 여러 가지 결정들에 쉽게 접근하지 못하도록 하는 어떠한 특성을 가지고 있는 것으로 간주하여 만성적인 미결정으로 규정하였다(전경애, 2004; 진은아, 2007).

또한 Salomone(1982)은 이들의 특징으로 높은 수준의 불안정, 불안, 불분명한 자아 정체감, 외적 통제성, 자신의 상황에서 다른 사람들을 비난하는 경향 등을 들었다. 따라서 진로미결정에 미치는 요인은 무엇이고 그 요인들이 실제 영향을 미치는지 확인해 볼 필요가 있으며 그 요인을 줄일 수 있는 프로그램 연구도 함께 이루어져야 할 필요성이 있다. LoCascio(1964)는 진로미결정을 진로에 대한 지식 · 기술 · 인식의 부족이나 과업 수행에서의 무능력에서 발생하는 직업선택 과정에서의 불일치로 보았다(김정희, 2013).

진로미결정검사는 국내에서 진로결정수준검사(CDS)를 기반으로 탁진국과 이기학(2001)이 대학생을 대상으로 진로미결정 요인을 탐색하기 위해 개발한 척도로 총 22문항으로 구성되어 있다. 각 문항의 응답은 리커트(Likert) 5점 척도(1 = 전혀 그렇지 않다, 2 = 그렇지 않은 편이다, 3 = 그저 그렇다, 4 = 그런 편이다, 5 = 매우 그렇다)이다. 진로미결정 하위요인은 직업정보 부족 요인, 자기 명확성 부족 요인, 우유부단한 성격, 필요성 인식 부족, 외적 장애의 5가지로 이루어져 있다. 직업정보 부족은 어떤 직업이 장래성이 있는지 모르거나, 직업에서 요구되는 지식과 능력이 무엇인지 인지하지 못하는 정도를 측정한다. 자기 명확성 부족은 자신의 적성이나 흥미를 정확하게 파악하지 못하는 정도를 측정한다. 우유부단한 성격은 매사에 소극적이고 우물쭈물하는 성격으로 인해 직업결정에 어려움을 겪는 정도를 측정한다. 필요성 인식 부족은 현시점에서 직업선택이나 결정이 크게 중요하지 않다고 생각하는 정도를 측정한다. 외적 장애는 자신이 바라는 직업에 대한 부모의 반대나 주변의 인식 정도를 측정한다.

탁진국과 이기학(2001)이 개발한 진로미결정검사는 다음 [표 6-9]와 같다. 해당 문항의 점수를 합하여 점수가 높을수록 진로를 결정하지 못하고 있는 것으로 해석할 수 있다.

[표 6-9] 진로미결정검사

번호	내용	전혀 그렇지 않다	그렇지 않은 편이다	그저 그렇다	그런 편이다	매우 그렇다
1	내 적성이 무엇인지 모르겠다.					
2	여러 종류의 직업이 있는지 잘 모르겠다.					
3	내가 바라는 직업의 장래성에 대한 정보가 부족하다.					
4	어떤 직업이 전망이나 보수가 좋고 사회의 수요가 많은지 모르겠다.					
5	직업에 대한 정보를 수집하는 방법을 모른다.					
6	하고 싶은 직업이 있지만 직업을 추구하는 방법을 잘 모른다.					

번호	내용	전혀 그렇지 않다	그렇지 않은 편이다	그저 그렇다	그런 편이다	매우 그렇다
7	어떤 직업이 나의 전공과 관련되는지에 대한 정보가 부족하다.					
8	내 흥미가 무엇인지 모르겠다.					
9	내 장점과 단점이 무엇인지 모르겠다.					
10	내가 무엇을 원하는지 모르겠다.					
11	내가 바라는 직업에서 잘 해낼 수 있을지 모르겠다.					
12	나는 어떤 결정을 내리기가 힘들다.					
13	중요한 결정을 내릴 때 우물쭈물하는 경향이 있다.					
14	나는 모든 문제에서 우유부단한 사람이다.					
15	현재로서는 직업선택을 할 필요성을 느끼지 않는다.					
16	아직 이르기 때문에 직업선택에 대해 잘 생각해 보지 않았다.					
17	미래의 직업을 현시점에서 결정해야 한다는 필요성이 피부에 와닿지 않는다.					
18	내 인생에서 직업이 왜 필요한지 잘 모르겠다.					
19	내가 바라는 직업을 주변에서 반대하는 사람이 많다.					
20	내가 바라는 직업을 부모님이 반대하시기 때문에 갈등이 된다.					
21	집안의 경제적 사정 때문에 내가 바라는 직업을 추구하기가 어렵다.					
22	나이를 강조하기 때문에 내 직업을 추구하는데 어려움이 있다.					
진로미결정 점수(총점)		점				

출처: 탁진국 · 이기학, 2001

● 채점방법
▶ 직업정보 부족: 2, 3, 4, 5, 6, 7번 – 총 ______점
▶ 자기 명확성 부족: 1, 8, 9, 10번 – 총 ______점
▶ 우유부단한 성격: 11, 12, 13, 14번 – 총 ______점
▶ 필요성 인식 부족: 15, 16, 17, 18번 – 총 ______점
▶ 외적 장애: 19, 20, 21, 22번 – 총 ______점

6) 성격 유형검사

성격이란 일상적인 생활 속에서 나타나는 일관된 행위로 개인의 특질, 가치관, 태도, 신체적 · 지적 속성, 사회적 기술과 대인관계 경험들로 구성되어 개인의 행동을 예언하는 역할을 한다. 진로상담에서 성격은 개인의 진로선택과 직업적응에 영향을 미치는 큰 요인이 된다. 따라서 성격검사를 활용하여 첫째, 각 개인의 성격적인 특성에 따라서 진학 시 학과 선택과 가장 적절한 직업의 직무영역을 예측하도록 돕고 둘째, 학교생활 및 직장 생활에 필요한 대인관계 문제 및 적응 문제를 예측하도록 돕는 것이 필요하다. 진로상담에서 활용할 수 있는 대표적인 성격검사는 다음 [표 6-10]과 같이 NEO 인성검사, MBTI 성격 유형검사, 에니어그램 성격 유형검사 등이 있다.

[표 6-10] 성격 유형검사 종류

번호	검사명	대상	검사방법	검사기관	사이트	비용
1	청소년 직업인성검사	중/고	on/off	한국고용정보원 워크넷	www.work.go.kr	무료
2	NEO-II 아동 성격검사	초	on/off	학지사 심리검사연구소	www.kops.co.kr	유료
3	NEO-II 청소년 성격검사	중/고	on/off	학지사 심리검사연구소	www.kops.co.kr	유료

번호	검사명	대상	검사방법	검사기관	사이트	비용
4	NEO-II 대학생 성격검사	대학생 /성인	on/off	학지사 심리검사연구소	www.kops.co.kr	유료
5	MBTI 성격 유형검사	고등학생 이상	on/off	(주) 에세스타	www.assesta.com	유료
6	MMTIC 성격 유형검사	초/중	on/off	(주) 에세스타	www.assesta.com	유료
7	에니어그램 성격 유형검사	대학생 /성인	off	한국에니어그램 연구소	www. kenneagram.com	유료

출처: 한국고용정보원(워크넷) 외 검사기관 사이트 참조.

(1) NEO 인성검사

NEO 인성검사는 Costa와 McCrae(1992)가 제안한 성격 5요인 이론에 기초하여 Big 5 성격 차원을 평가하기 위해 개발된 것이다. 미국 특성심리학의 아버지라고 할 수 있는 Allport(1961)는 사람들이 나타내는 행동의 내적, 심리적 근거에는 일관성과 안정성이 있고 또한 개인차를 잘 나타내주는 특성인 심리적 구성체가 있다고 가정하고, 그러한 구성체를 인성의 요인으로 찾아보려고 하였다. 그 결과 35개의 특성-요인을 추출하였고 이들 요인들을 다시 요인분석하여 나온 결과에서 반복적으로 중요한 5개 요인들이 추출되었다.

성격 5요인 모형은 Tupe와 Christal(1961)과 Norman(1963)의 자연발생언어로서의 형용사 연구에 의해 처음 규명되었다. 그들은 자기보고식 및 타인 평정 등의 다양한 측정 방법과 영어, 독일어 및 다양한 언어를 포함한 성격 측정도구들에서 신경증, 외향성, 개방성, 친화성 및 성실성의 요인이 나타난다고 하였다. 이후 Costa와 McCrae(1980)는 16 성격요인척도(16 Personality Factor Scale: 16PF)(Cattell, Eber, & Tatsuoka, 1970)에서 요인분석을 통해 성격의 3가지 영역을 규명하였다. 성격의 3가지 영역은 신경증(Neuroticism: N), 외향성(Extraversion: E) 및 개방성

(Openness to experience: O)이다. 3가지 성격을 규명한 후 Costa와 McCrae(1980)는 이 3가지 성격을 측정하기 위해 하위요인을 포함한 측정도구를 개발하였으며, 자기보고식 및 배우자 평정을 통해 성격의 3요인 구조를 확인하였다. 3요인 구조에 대해 Digman과 Takemoto-Chock(1981), Goldberg(1983)는 3요인 구조가 불완전하다는 비판을 제기하였다. Costa와 McCrae(1992)는 이 비판을 수렴하여 친화성(Agreeableness: A)과 성실성(Sincerity: S)을 측정하는 도구를 덧붙여 성격 5요인 및 성격 5요인 측정도구인 NEO Personality Inventory Revised(NEO-PI-R)를 고안하였다. 성격 5요인 모형을 지지하는 사람들은 성격 5요인이 견고하고 독립적인 구인으로 더 이상 나눌 수 없는 성격의 기본차원으로 본다(Musek, 2007; 권은진 2016).

5요인 구조는 신경성(Neuroticisim), 외향성(Extraversion), 개방성(Openness to Experience), 친화성(Agreeableness), 성실성(Sincerity)으로 NEO 인성검사는 다른 사람들과 비교하여 자신만의 독특한 사고와 감정 및 대인관계의 특징이 어떻게 나타나는지를 설명해 준다. 신경성은 정서적으로 얼마나 안정되고 있고 자신이 세상을 얼마나 통제할 수 있으며, 세상을 위협적이지 않다고 생각하는지의 정도를 나타낸다. 외향성은 타인과의 교제나 상호작용을 원하고 타인의 관심을 유발하고자 하는 정도를, 개방성은 적극적인 상상력, 미적인 민감성, 내적인 감정에 대한 집중력, 다양한 변화에 대한 선호, 지적인 호기심, 그리고 독자적인 판단력 정도를 나타낸다. 친화성은 타인과 편안하고 조화로운 관계를 유지하는 정도를, 성실성은 사회적 규칙들을 기꺼이 지키려는 정도를 나타낸다. 성격의 5요인은 진로의사결정과 직무수행에서의 유용한 정보를 제공한다.

(2) MBTI 성격 유형검사

Briggs는 자서전 연구를 통하여 인간의 개인차를 연구하던 중 1920년에 Jung의 심리학적 유형론을 접한 이후 Jung의 이론에 입각하여 개인차를 유추해 낼 수 있는 심리적 도구를 만들기 위해 각 개인의 성격적 특성을 20여 년간 관찰하였다. 그녀의 딸인 Isabel Myers의 지속적인 연구 끝에 MBTI(Myers-Briggs Type Indicator)를 만들었다. 이 전체 과정에 70여 년이라는 세월이 걸렸으며 MBTI에 나타나는 지표에는 Jung이 간략하게 언급하고 넘어간 JP지표도 첨가하였다(성기원, 2017).

결국 MBTI 성격 유형검사는 가장 일반적으로 사용되는 성격 유형검사가 되었다. MBTI의 기초가 되는 Jung의 성격이론의 요점은 개인이 외부로부터 정보를 수집하고, 자신이 수집한 정보에 근거해서 행동을 위한 결정을 내리는데 있어 각 개인이 선호하는 방법이 근본적으로 다르다는 것이다. Jung은 인간의 행동이 겉으로 보기에는 제멋대로이고 예측하기 힘들 정도로 변화무쌍해 보이지만, 사실은 매우 질서정연하고 일관성이 있으며 몇 가지의 특징으로 나뉘어져 있음을 강조하였다(Jung, 1976).

Jung에 따르면 인간은 선천적인 경향성을 갖고 태어나며 이러한 성격의 경향성은 환경의 자극들과 상호작용하면서 독특한 성격의 체계가 형성된다고 보았다. Jung은 정신 에너지의 방향인 외향성과 내향성이 선천적으로 결정되므로 한 개인에게 나타날 때는 양극 중에 선호하는 방향으로 기울어지게 된다고 보았다. 직업이나 진로를 선택하는 동기도 이런 경향성을 반영한다고 볼 수 있다. 그러므로 직업을 선택할 때 자신이 선호하는 태도 및 기능에 부합되는 직업을 선택하게 된다면 심리적인 에너지를 덜 사용하면서 직업적인 성공과 만족은 극대화될 수 있을 것이라 기대된다(이근춘, 2003; 성기원, 2017).

❶ MBTI의 네 가지 지표

MBTI는 주의초점과 에너지 방향을 기준으로 외향과 내향(E-I), 인식 및 정보수집 기능을 중심으로 감각과 직관(S-N), 판단 및 결정기능을 기준으로 사고와 감정(T-F), 생활양식을 기준으로 판단과 인식(J-P)으로 구분한다. 이러한 네 차원을 중심으로 개인에게 우세한 특성을 조합하여 16가지의 성격 유형이 나타난다. MBTI 검사는 대인관계나 의사소통의 문제는 물론 학업적응 및 진로 탐색 등 다양한 상담 과정에서 활용될 수 있다.

구체적으로 살펴보면 다음과 같다. 외향과 내향(E-I)의 지표는 개인의 주의집중과 에너지의 방향이 인간의 외부 또는 내부로 향하는지를 나타내는 지표이다. 외향성은 주로 외부세계를 지향하고 인식과 판단에 있어서도 외부의 사람이나 사물에 초점을 맞춘다. 이 유형은 행동 지향적이고 충동적으로 사람들을 만나며 대화를 즐긴다. 반면, 내향성은 내적 세계를 지향하기에 바깥 세계보다는 자기 내부의 개념(concept)이나 생각 또는 이념(idea)에 더 관심을 둔다. 관념적이고 내면세계에서 일어나는 것에 의해 에너지를 얻으며 주로 생각을 하는 활동을 좋아한다.

감각과 직관(S-N)의 지표는 정보를 인식하는 방식에서의 경향성을 반영한다. 감각형은 모든 정보를 자신의 감각기관에 의존하여 받아들이는 경향이 있다. 즉, 실제적이고 현실적이다. 자신이 직접 경험하고 있는 일을 중시하며 관찰능력이 뛰어나고 세세한 것까지 기억을 잘하며 구체적이다. 또한 감각형은 업무수행에 있어서 근면성실형이지만 세부적이고 구체적으로 전체를 보지 못할 위험이 있다. 반면, 직관형은 감각기관보다는 통찰이나 육감, 영감에 의존하면서 구체적인 사실이나 사건보다는 이면에 있는 의미, 관계 가능성, 비전을 보는 경향이 있다. 이들 유형은 본질적인 패턴을 이해하려고 애쓰며 미래의 성취와 변화 그리고 다양성을 나타낸다. 직관형은 전체를 보려고 하기 때문에 세부적인 것은 간과하기 쉽고 실제적 · 현실적인 면을 고려하지 않아서 새로운 일이나 복잡한 일에 뛰어들기도 한다.

사고와 감정(T-F)의 지표는 인식된 정보를 가지고 판단을 내릴 때 쓰는 기능이다. 사고형은 객관적인 기준을 바탕으로 정보를 비교 분석하고 논리적인 결과를 바탕으로 판단을 한다. 또한 원칙에 입각하여 판단하며 정의와 공정성에 따라 판단한다. 따라서 객관적 기준을 중시하기에 타인의 마음이나 기분을 간과할 수 있다. 반면, 감정형은 따뜻하고 조화로운 인간관계를 중시한다. 객관적인 기준보다는 자신과 타인이 부여하는 가치를 중시하여 판단을 한다. 즉, 원칙보다는 사람의 마음을 헤아리는데 더 신경을 쓴다.

판단과 인식(J-P)의 지표는 외부 세계에 대한 태도나 적용에 이어서 어떤 과정을 선호하는가를 말한다. 판단형은 의사를 결정하고 종결을 짓고 활동을 계획하며 조직적이고 체계적인 것을 선호한다. 미리 준비하고 시간 내에 마무리하기를 원하며 빈틈없는 행동을 하고 목적의식이 뚜렷하다. 반면, 인식형은 상황에 맞추어 자유롭게 살아가기를 원하며 자발적이고 호기심이 많다. 또한 적응력이 높으며 새로운 사건이나 변화를 추구하며 동시에 여러 가지 일을 하지만 뒷마무리가 약하다.

성격의 네 가지 양상들이 어떻게 함께 맞물리는지를 살펴보면 자신의 성격을 더 잘 이해할 수 있다. MBTI의 4가지 선호지표는 〈그림 6-2〉와 같다.

〈그림 6-2〉 MBTI 선호지표

출처: 오윤선·정순례, 2017

❷ MBTI의 직업 및 진로지도 활용

진로지도에 MBTI를 활용하면 개인의 성격적인 선호 유형에 따른 직업의 만족감과 흥미를 검토할 수 있기 때문에 만족한 진로 및 직업선택을 가능하게 해 준다는 것을 강조하고 있다. 성격 유형을 활용한 진로탐색에서는 특정 직업에서 요구되는 지식, 경험, 인지능력, 신체적 특성 및 심리적 선호를 포함한 일의 특성과 개인의 특성들을 조화시킴으로써 개인이 자신의 삶에 의미 있는 직업을 선택하는 데 도움을 준다(권윤희, 2002). 그뿐만 아니라 학습자 간 자신의 성향에 맞는 예비직업들의 공유를 통해 종합적으로 자신을 이해할 수 있게 되고, 그로 인해 자신에게 맞는 진로를 설계할 수 있게 된다(김정택 · 심혜숙, 1995; 성기원, 2017).

MBTI의 적용은 최근 초 · 중 · 고등학생을 대상으로 MBTI 검사를 활용한 프로그램에 대한 연구가 활발하게 진행되면서 이루어지고 있다. 실제 학교현장에서는 MBTI 검사를 활용한 자기이해와 같은 자기성찰 프로그램, 진로 프로그램 등에서 유용하게 사용되고 있음을 알 수 있다.

7) 직업카드

(1) 직업카드 분류의 정의

직업카드분류법(Vocational Card Sort: VCS)은 개인의 차이점에 대한 Leona Tyler(1961)의 기초연구에서 시작하였다. 각 개인의 진로의사결정상의 어려움을 해결하기 위한 진로경로와 직무역할상의 대안을 찾는 데 도움을 주는 것을 목표로 한다. 그러므로 직업카드분류법(VCS)은 실무자와 연구자 모두에게 진로상담을 위한 일반적 개입전략과 전통방식의 흥미도 평가에 대한 특정대안이나 보완책을 제공한다는 견해를 취하고 있다(이윤우, 2010).

직업카드 분류란 직업카드를 개발하고 이를 분류하는 활동을 통해서 직업흥미를 탐색하는 방법 또는 도구를 말한다. 직업카드 분류는 진로평가 영역 중에서 기존의 표준화검사로 대표되는 표준화 평가, 객관적 평가와 대비되는 개념인 질적 평가, 자기 평가의 영역에 속하며 특히 개인의 대표적인 특성인 흥미를 알아보는 평가도구이다.

(2) 직업카드 분류의 역사

선행연구(Goldman, 1983; Slaney, Moran, & Wade, 1994; Slaney & Mackinnon

Slaney, 1990)에 따르면 Tyler와 Dollivers가 VCS 기법을 개발하고 정교화시키는데 기여한 것으로 알려지고 있다. 또한 Goldman은 진로상담에서 카드분류법을 사용하는 것을 주장하고 이를 활성화시키기 위해서 많은 활동을 했다. Robert Slaney는 이 기법에 대한 2개의 논문에서 공동저자로 활동하고 자신만의 카드분류법을 개발하고 체계적인 연구를 수행하였다. 그러나 Dollivers의 개정연구에 이어 진행되었던 Tyler의 혁신적 연구가 직업카드분류법의 역사에 있어서 가장 저명한 것으로 여겨진다(이윤우, 2010).

(3) 직업카드 분류의 장점

직업카드 분류의 장점을 요약하면 다음과 같다(O'Brien, 1998; Hartung, 1999).

① 내담자를 능동적으로 참여하도록 한다는 점이다. 기존의 표준화된 심리검사가 내담자에게 검사결과를 통보받는 수동적인 입장으로 참여하도록 하는 데 반해, 직업카드 분류는 내담자가 직접 카드를 분류하는 신체활동을 통해 각자 자신만의 독특한 직업흥미의 이유와 범주별로 카드를 묶어 보게 하고 그 이유를 자신의 언어로 표현하도록 함으로써 내담자가 능동적으로 진로탐색 활동의 주체로서 참여하도록 한다.

② 즉각적인 피드백을 제공한다는 점이다. 즉, 전체평가 시간 중 2/3 정도의 시간을 검사를 완료하는데 사용하고 나머지 시간 동안 그 결과를 곧바로 해석하는 시간을 가질 수 있다.

③ 상담자가 내담자의 여러 특징에 대한 의미 있는 정보를 얻을 수 있다는 점이다. 교사나 상담자는 내담자가 카드를 분류하는 과정을 통해서 내담자의 자아개념, 직업세계관, 진로성숙의 정도, 의사결정 유형, 직업세계의 이해, 인지과정의 복잡성 등에 대해 파악할 수 있다.

④ 유연성이다. 표준화된 검사는 규준집단이 다를 경우 사용에 제한이 있고 내담자가 제한적으로 반응하도록 구성되어 있는 데 반해, 직업카드 분류는 다양한 문화, 인종, 민족적 배경을 가진 사람들에게 적용할 수 있다는 점과 내

담자의 선택과 표현이 자유롭다는 점이다.

(4) 직업카드 분류활동의 목표

직업카드는 초기에 직업흥미탐색의 도구로 개발되었고 주로 사용되었지만 최근에는 진로발달을 촉진하기 위한 활동도구나 진로이론 연구의 도구로 사용되는 등 그 활용의 폭이 넓어졌다. 김봉환, 최명환, 조유미(2003)의 연구에서는 직업흥미탐색이라는 직업카드 분류활동의 일차적인 목표에 더해서 직업선택의 폭을 넓히고 진로와 직업정보 찾는 방법을 제공하는 활동을 추가함으로써 학생들의 진로발달을 더욱 촉진할 수 있도록 하였다. 카드 분류활동의 목표를 구체적으로 기술하면 다음과 같다.

① 내담자의 직업흥미를 탐색한다. 내담자가 좋아하는 직업, 싫어하는 직업을 선택하게 하고 그 이유를 탐색함으로써 내담자가 자신의 직업흥미에 대해 구체적으로 파악하도록 돕는다.

② 내담자의 직업세계의 이해를 높이고 직업선택의 폭을 넓힌다. 내담자가 관심을 보이는 직업분류나 직업유형을 폭넓게 탐색함으로써 내담자의 직업세계에 대한 이해를 높이고 선택의 폭을 확장시킨다.

③ 내담자에게 진로 및 직업정보 찾는 방법을 제시한다. 내담자에게 직업정보나 직업심리검사, 기타 진로와 관련된 정보를 찾도록 알려줌으로써 내담자 스스로 진로 탐색 활동을 할 수 있도록 돕는다.

(5) 직업카드 분류활동의 과정

❶ 도입단계

학생들의 카드 분류활동의 준비도를 높이고 효율적인 진행을 위해서 필요하다고 판단되어 따로 분리하여 설정된 단계이다. 도입단계에서는 학생들에게 카드 분류활동의 목표와 진행과정을 설명해 주고 직업카드의 구성내용과 빈 카드 사용법 등을 설명한 뒤 학생들에게 카드를 살펴볼 시간을 잠시 주고 궁금한 점을 질문하도록 한다.

❷ 분류단계

분류단계는 직업카드를 좋아하는 직업, 싫어하는 직업, 미결정 직업의 3가지 범주로 나누는 단계이다. 이것은 학생들이 많이 해당되는 직업군은 무엇인지 또는 적게 해당되는 직업군은 무엇인지에 대해 생각해 보도록 유도하기 위해서이다. 대집단이나 소집단으로 실시할 경우에는 다른 학생들과 비교하여 자신은 남들과 어떤 차이가 있는지를 살펴보게 하고 어떤 의미인지 생각해보도록 하면, 자신의 특성을 이해하는 데 도움이 된다.

❸ 주제찾기단계

이 단계에서는 싫어하는 직업카드를 그 이유별로 재분류하여 소그룹을 만들게 한 다음 각 소그룹의 카드 개수를 세어서 해당되는 수가 많은 순으로 그 이유를 활동지에 정리하게 한다. 다시 좋아하는 직업카드군에 대해서 같은 방식으로 진행한다. 또한 학생들이 특정 직업에 대해 막연히 좋다 또는 싫다고 생각하는 것에서 그 이유를 구체적으로 명료화시킴으로써 자신의 직업흥미를 심층적으로 탐색해 보도록 해야 한다. 따라서 상담자는 학생들이 자신의 직업선호의 이유에 대해서 충분히 탐색할 수 있도록 도와야 한다.

❹ 순위결정단계

순위결정단계는 학생들이 선택한 직업 중에서 가장 좋아하는 3개의 직업을 골라내고 여기에서 다시 순위를 정해 보는 단계이다. 학생들에게 가장 마음에 드는 직업을 고르게 된 이유를 활동지에 쓰게 하거나 설명해 보게 함으로써 상담자는 학생들이 선호하는 직업이 무엇인지에 대한 정보를 얻을 수 있다.

❺ 직업목록/홀랜드 유형 탐색단계

학생들이 선호하는 직업의 경향을 파악하고 직업 목록을 이용해서 직업카드에 제시되어 있지 않은 다른 직업들을 살펴보는 단계이다.

❻ 결과요약 및 정보제공단계

그동안 학생들이 카드 분류활동을 통해 알게 된 진로 정보들을 스스로 정리하고 요약하도록 돕고 새로운 진로 관련 정보를 찾을 수 있는 방법을 알려주는 단계이다. 학생들에게 본 단계가 지금까지의 활동을 정리하는 마지막 단계임을 설명한 후 활동지에 미완성 문장의 질문들을 구두나 문장으로 답하도록 한다.

(6) 직업카드 분류활동의 활용

직업카드를 활용한 진로상담 프로그램의 예시 중에서 고등학생들을 대상으로 연구된 내용을 보면, '직업을 선택할 때 직업과 관련된 요인들을 자신의 가치관 및 생애 목표에 비추어 보게 된다.'고 한다. 또한 이 시기는 자신의 흥미가치는 물론 가용 자원과 앞으로의 일, 그리고 선호하는 직업을 위한 인식과 직업목적을 형성하는 지적 과정단계이다. 직업카드를 활용한 집단진로상담 프로그램은 교사가 학교현장에서 집단을 대상으로 쉽게 적용할 수 있으며 적성, 능력, 성격 및 흥미의 측정결과를 토대로 학생 개개인의 진로방향을 탐색하게 함으로써 학생들에게 도움을 제공할 수 있다(강진령 · 연문희, 2003).

학생들은 직업카드 분류활동을 통해 보다 능동적으로 자신의 흥미를 탐색하고, 교사는 카드 분류활동의 과정을 관찰함으로써 내담자에 대한 정보수집 및 이를 바탕으로 한 적절한 도움을 제공할 수 있다. 직업카드를 활용한 진로상담 프로그램을 통하여 주요 직업 분야의 탐색을 통해 자신의 흥미와 능력을 발견하고 직업 분류와 직업군에 익숙해지도록 하고, 의미 있는 의사결정의 기회와 잠정적인 직업 계획의 경험을 제공해야 한다. 직업카드를 분류하는 과정을 통해 내담자의 언어, 아이디어, 개념에 대한 능력, 과제에 대한 접근, 복잡한 과제를 생각하는 스타일과 편안함, 의사결정, 스타일, 그 외에 이후의 내담자가 처하게 될 사회적 지위를 이해하고 평가하는데 도움이 될 정보들을 얻을 수 있다(박지연, 2007).

직업카드 분류는 학생(내담자)이 가치·흥미 등과 관련된 직업들을 학생 스스로 활동하여 최종적으로 직업판정을 하는 과정에 참여하게 하고 교사(상담자)가 관찰하는 검사이다. 이 기법은 교사와 학생들이 스스로의 존재에 대해서 어떻게 생각하고 있는가, 자신들이 타인을 어떻게 바라보고 있는가, 자신들은 어떤 세상에서 살고 있는가 등에 대한 관점을 확립하는데 도움을 준다. 직업카드 분류는 홀랜드 부호와 같은 다양한 직업분류 체계로 들어가는 시점을 제공하고 학생이 선택 가능한 직업에 대한 인식을 넓혀 주기 위해 관련 직업의 목록을 제공하거나 교육 및 훈련의 요구 조건을 제시한다(김병숙, 2006; 이윤우, 2010).

직업카드분류법은 의뢰인들에게 직업과 진로에 대한 자신의 현실을 만들어내고 구성할 수 있는 권한을 부여하기 때문에 직업카드분류법은 첫째, 내담자와 상담자가 진로상담의 내용 및 과정에 대해서 가질 수 있는 잘못된 선입견을 없애고 둘째, 규범적 기준과 비교하여 의뢰인을 측정할 때 동반될 수 있는 문제점들(예, 인종 또는 성별, 선입견 그리고 문화적 정체성 이슈에 대한 간과)을 회피하는데 도움을 줄 수 있다. 따라서 내담자가 자신의 직업선호도를 어떻게 구성하고 진로선택을 어떻게 하는지 밝혀냄으로써 직업카드분류법은 진로상담에 도움을 주는 한편 직업흥미도 평가를 활성화시킬 수 있는 유용한 방법이라는 관점들(Goldman, 1983; Gysbers, Heppner, & Jonson, 1998; Slaney & MacKinnon-Slaney, 1990; Slaney & Croteau, 1995; 이윤우, 2010)을 상세히 설명하고 있다.

특히 최근 산업기술의 진보, 지식기반산업으로의 전환 등으로 인하여 노동시장에서는 단순기능 일자리뿐만 아니라 고숙련 일자리에 대한 수요가 증가하고 있는 상황이다. 이에 우리나라 직업교육체제는 과연 이러한 요구를 충분히 반영하고 있는가라는 의문이 제기되어 왔다. 특히 인공지능(AI), 사물인터넷(IoT), 3D 프린터 등 지능정보기술의 실용화 단계에 접어들면서 학생들에게 문제 상황을 인식하고 해결방안을 제시할 수 있는 컴퓨팅 사고(computational thinking) 그리고 급변하는 환경에 능동적으로 대처할 수 있는 학습민첩성(learning agility), 더 나아가 '능력을 가지고 있는가'보다는 '능력을 가지고 성과를 낼 수 있는가' 등이 요구되고 있다. 그뿐만 아니라 2016 다보스포럼에서는 미래에는 단순반복에 의존하는 직업은 사라질 것으로 전망되고 있다. 결국 기업은 현재뿐만 아니라 미래를 대비하기 위하여 가치를 창출할 수 있는 고숙련 인재를 필요로 하고 있다(박동열, 2016).

또한 4차 산업혁명으로 많은 일자리가 사라지지만 새로운 분야에서 일자리가 생성될 것으로 전망하고 있다. 그러면 새로 생성되는 분야는 어떤 분야인가? 미래학자 토마스 프레이는 '아직 생성되지 않은 분야 또는 시장 규모가 형성되지 않은 분야'에서 새로운 일자리가 생성될 것이라고 전망하며 새로 생성되는 분야에서 요구하는 인력을 단기간 내에 양성하는 실험을 하고 있다. 과연 우리나라의 직업교육에서 과연 미래 산업구조 및 인력구조 변화에 무엇을 대비하고 있고 어떻게 준비하고 있는가를 생각해 보면 커다란 혁신이 필요함을 알 수 있다(박동열 · 이무근 · 마상진, 2016).

PART Three

진로상담의 실제적 이해

CHAPTER 07

구직상담

1. 구직상담의 개요

1) 구직상담의 정의

구직상담은 '취업상담', '직업상담', '진로상담'과도 밀접한 연관을 갖고 있다. 이러한 개념들은 때로는 '구직상담'과 혼용하여 사용하기도 한다. '구직(求職)'이란 의미에서 알 수 있듯 직업을 구하는 것이기에 구직상담은 직업을 구하는 내담자를 돕는 일련의 과정이다. Crites(1981)는 "직업심리검사의 실시와 해석, 진로와 직업탐색 및 의사결정 과정에 내담자의 적극적인 참여가 요구되는 상담자와 내담자의 관계"라고 정의하였다. 또한 미국진로개발협회(National Career Development Association: NCDA, 1991)에서는 "내담자가 가장 적절한 진로나 직업을 결정할 수 있도록 자신과 환경의 이해를 종합하고 응용하도록 돕기 위한 상담자와 내담자의 관계"라고 정의하였다(김봉환 외, 2016).

구직상담은 취업을 원하는 사람을 대상으로 원하는 분야가 무엇인지, 이에 맞는 채용정보를 제공하고 입사서류나 면접과 같은 구직기술을 지도하는 등 단순히 기계적이고 단편적인 조력만을 생각할 수 있다. 하지만 이전에 경험한 취업 실패에 대한 원인탐색, 취업 과정에서 발생한 심리적인 문제까지도 세심하게 살펴야 하는 다각적인 노력이 필요하다. 따라서 구직상담자는 이에 대한 지식과 기술을 폭넓게 겸비해야 한다.

2) 구직상담의 대상에 따른 기관

(1) 대학취업지원센터

대학취업지원센터는 대학에 따라 '종합인력개발원', '취업지원팀', '커리어개발센터', '경력개발센터' 등 다양한 이름으로 설치되어 있지만 대체적으로 학생들의 취업을 돕는다는 점에서 동일한 목적을 갖고 있다. 최근 청년층 일자리 문제의 심각성으로 인하여 각 대학에서는 학생들의 취업을 위해 다양하고 적극적인 지원을 하고 있다. 대표적인 활동으로는 취업캠프, 취업동아리, 입사지원서 및 면접 특강, 취업박람회 등이 있다. 학생들은 취업에 대한 의지가 강하지만 자신의 관심 분야를 확정짓거나 개인의 취업역량강화, 취업 분야에 대한 정보의 부족 등 해결하지 못한 문제를 갖고 있다. 이러한 학생들의 현실에서 대학의 취업지원센터는 내담자의 상황에 따라 구체적이고 실질적인 지원을 해야 하는 숙제를 안고 있다.

(2) 공공 고용서비스 기관

국가가 지원하는 고용서비스는 일자리에 관련된 서비스를 종합적으로 제공함으로써 개인의 직업생활, 기업의 경영활동, 국가 인적자원의 효율적인 활용을 지원하는 활동이다. 이러한 국가가 관장하는 대표적인 공공 고용서비스 기관은 고용노동부 고용센터가 있다. 고용과 관련된 다양한 업무를 하는 고용센터의 중요업무는 취업지원, 고용안정사업, 직업능력개발, 실업급여, 고용보험관리, 외국인채용지원 등이다.

특히 취업지원 업무 중 개인 구직상담에 초점을 둔 '심층상담' 제도가 있다. 취약계층을 대상으로 문제 진단, 직업탐색 및 경로설정, 취업의욕 및 능력증진, 취업알선으로 이어지는 통합고용서비스를 제공하고 있다. 고용센터의 구직상담 내담자들의 연령, 경제적 수준, 학력, 인지적 능력, 구직 동기 등은 다양하다. 또한 내담자 중에는 이주노동자, 북한이탈주민, 결혼이주여성들도 있다. 따라서 구직상담자는 다양한 내담자의 문화와 심리상태를 통합적으로 이해하는 것이 필요하다.

(3) 민간 고용서비스 기관

민간 고용서비스는 민간이 주체가 되어 운영하는 고용 관련 기관을 말하며 민간 고용서비스의 핵심은 직업안정기능이라 볼 수 있다. 민간 고용서비스 기관은 국제노동기관(International Labor Organization: ILO)에서 구분한 다섯 개의 범주로 구분하고 있다. 첫째, 노동 공급과 수요의 중개업체로 주로 유료직업소개소, 해외직업소개소, 외국인 근로자 모집 및 배치를 맡는 소개소 등이 있다. 둘째, 사용업체, 근로자, 민간직업안정기구 간의 계약의 삼각관계를 가진 유형으로 파견근로업체, 도급업체, 직원임대업체 등이다. 셋째, 전문인력탐색업체, 경력을 상담해 주는 업체로 헤드헌팅업체, 전직지원업체, 구직상담업체, 인력관리상담업체를 들 수 있다. 넷째, 여러 직업안정기능을 동시에 제공하는 직업정보제공업체, 교육훈련과 취업지원을 동시에 진행하는 업체이다. 다섯째, 기타업체로 직업경력관리업체, 위탁고용업체로 분류할 수 있다. 최근 정부에서 일자리 창출과 고용에 많은 관심을 가지면서 다양한 정책과 사업을 시행하고 있다. 이에 따라 민간 고용서비스 기관도 증가하는 추세이다.

3) 구직상담의 과제

(1) 구직자 탐색하기

구직자인 내담자와 내담자 문제의 이해는 상담 초기에 중요한 과제이다. 상담자는 내담자의 연령, 상담동기, 구직동기, 구직능력, 직업 관련 경험 등의 정보를 얻는다. 기본적인 정보는 구직상담 신청서로부터 얻을 수 있으며 그 외 면접, 내담자에 대한 관찰, 심리검사 등을 통해 얻을 수 있다.

(2) 구직자 자기이해 돕기

구직자 자기이해의 목적이 직업선택 및 취업에 있으므로 자기이해의 내용은 흥미, 적성 및 강점, 가치, 성격, 건강상태, 신체적 조건, 가정환경 등에 초점을 두게 된다.

(3) 직업정보제공 및 탐색 돕기

구직상담에서 상담자는 적극적으로 직업정보를 제공해 주고 내담자로 하여금 직업정보에 대해 탐색할 수 있도록 돕는다. 직업정보의 제공과 탐색을 통해 내담자는 자신이 선택할 수 있는 대안에 어떤 것들이 있는지 알게 되어 의사결정을 촉진하는데 도움이 된다.

(4) 구직기술 습득 및 향상 돕기

구직상담에서 구직기술을 습득하고 향상하도록 돕는 것은 취업목표를 달성하기 위한 구체적인 준비과정이다. 일반적으로 이력서와 자기소개서 작성 지도는 내담자에게 작성 관련 정보를 제공해 주고 면접과 관련해서는 예상 질문 목록을 제공하고 질문에 대한 답변을 생각해 보도록 한다.

2. 구직상담의 내용

1) 구직상담에서의 자기이해

(1) 자기이해의 내용

구직상담에서 구직자인 내담자의 특성을 이해하는 것은 그 내담자에게 가장 잘 맞는 분야의 직업을 선택하기 위해 필요한 과정이다. 내담자가 무엇을 좋아하고 무엇에 관심이 있는지, 무엇을 잘하는지, 무엇을 중요하게 생각하는지와 내담자의 성격, 건강상태, 신체적 조건, 가정환경 등을 살펴보고 직업선택 시 이를 적절히 고려할 수 있도록 도와야 한다.

(2) 자기이해의 방법

❶ 자아성찰

자아성찰의 기본은 먼저 자기 정체에 대한 생각, 즉 '나는 누구인가?'라는 질문의 해답을 찾는 것이라 할 수 있다. 자기의 성격, 취향, 가치관, 능력, 관심, 인간관, 세계관, 미래관 등에 대해 비교적 명료한 이해를 하는 것이 중요하다(김한준 · 강준의, 2016). 다시말해 '나는 누구이며, 이 세상에서 무엇을 할 수 있는가?'라는 자기탐색적 물음에 대한 대답을 찾는 것이 무엇보다 중요한 일이다.

자기개념은 살아가는 동안의 성공이나 실패 과정을 통해 긍정적이거나 부정적으로 형성된다. 긍정적인 자아개념을 형성한 사람은 대부분 좋은 인간관계를 맺는다. 인간관계는 개인생활뿐만 아니라 직장생활에서도 매우 중요하다. 따라서 자아탐색 활동을 통해 자기 자신에 대해 의미 있는 존재라는 긍정적인 자아개념을 형성하는 것이 중요하다. 이를 위해서는 자기탐색의 기회를 많이 경험해야 한다(진로설계와 자기계발편찬위원회, 2016).

❷ 심리검사 활용

상담에서 내담자의 심리적 특성을 알기 위해 주로 사용하는 방법 중 하나로 심리검사 실시와 그 해석을 들 수 있다. 구직상담에서도 구직자인 내담자의 흥미, 능력 및 강점, 가치, 성격 등을 파악하기 위해 심리검사를 활용한다. 현재 온라인에서는 무료로 실시하는 곳도 다수 포함되어 있어 접근이 용이하고 그 활용도가 높아지고 있다.

❸ 타인의 피드백

구직자 주변의 사람들로부터 구직자 자신의 특성을 듣는 것도 그 구직자를 이해할 수 있는 좋은 방법 중 하나라 볼 수 있다. 그러나 주변인들의 생각이 다소 주관적인 측면이 있기에 내담자 자신을 이해하는 데 참고하는 정도가 바람직하다.

2) 구직상담에서의 직업이해

(1) 정보제공 및 탐색 활용

구직상담에서 상담자의 역할 중 하나는 직업정보를 제공하거나 내담자로 하여금 정보를 직접 탐색하도록 돕는 일이다. 직업정보는 직업적 기회나 직업 자체에 관한 기술을 설명하거나 직업을 분석하고 직업에 필요한 자질과 훈련, 직업의 전망 등을 설명하고 준비하는 체계적이고 조직적인 자료이다(한국고용정보원, 2007; 김봉환 외, 2016).

구직상담에서 직업정보 제공 및 탐색의 유용한 점은 첫째, 직업에 대한 구체적인 정보를 통해 현실적인 의사결정을 하도록 돕는다. 둘째, 직업정보는 구직에 대한 동기를 높이는 기능을 하기도 한다.

(2) 의사결정 활용

구직상담에서 내담자를 돕는 일 중 하나는 여러 대안 중에서 잘 결정하고 선택하도록 돕는 일이다. 자신에게 맞는 직업을 결정하기 위해서는 어떤 직업들이 있는지를 먼저 알아야 하고 자신의 특성을 잘 이해해야 한다. 직업을 결정하도록 돕는 방법은 다양하다. 첫째, 직업결정에 있어서 본인이 포기할 수 없는 조건이 있는지 확인하고 만약 그 조건이 있다면 그것을 충족시키지 못하는 직업은 배제하고 충족되는 직업을 나열해 보는 방법이 있다. 둘째, 직업에서 여러 대안을 놓고 비교표를 작성해 보는 것이다. 가로축에 대안들을 적고 세로축에는 결정을 위해 고려해야 할 사항들을 나열해 본다.

3) 구직기술의 이해

직업을 결정하고 취업을 성공적으로 이끌어내기 위해서는 이력서와 자기소개서 작성하는 법과 면접 등 구직을 위한 구체적인 기술을 향상하도록 돕는 일 또한 중요하다. 일반적으로 구직상담에서는 내담자에게 이력서와 자기소개서를 작성하는 과제도 내주고 상담시간에는 내담자가 작성해 온 과제들을 보며 상담자가 피드백하는 방식으로 진행된다. 이처럼 상담자가 내담자를 위해 피드백까지 해주어야 하기 때문에 구직상담자는 구직기술에 대해 폭넓게 알아 두어야 한다.

3. 구직상담의 적용

1) 구직상담 지원정책

국가의 고용정책은 다각적으로 시행되고 있다. 고용노동부는 고용문제를 직접적으로 담당하고 있으며 여성가족부에서는 취약청소년의 진로 및 직업선택을 위한 프로그램을 운영하고, 통일부에서는 북한이탈주민의 남한생활 적응을 돕기 위한 직업 관련 정책을 펼치고 있으며 법무부에서는 보호관찰 청소년과 재소자들의 사회적응을 돕기 위한 취업지원 정책을 실시하고 있다. 다음은 청년 구직자의 취업을 지원하는 제도와 정책을 중심으로 구체적인 사례를 살펴보기로 한다.

(1) 취업성공 패키지

취업성공 패키지 지원사업은 지원 대상자에게 최장 1년의 기간 내에 통합적인 취업지원을 제공하는 제도로 총 3단계의 과정으로 진행된다(www.work.go.kr/pkg 참조).

- 1단계: 진단과 상담의 단계로 개인의 취업역량, 구직 의욕, 적성 등을 집중상담과 직업 심리검사를 통해서 내담자를 진단한다. 이를 바탕으로 '개인별 취업활동계획(IAP)'을 세운다.
- 2단계: 집단상담, 직업훈련, 일 경험 지원 프로그램(단기 일자리) 제공 및 창업지원 등 역량증진을 위한 세부 프로그램에 참여하게 된다.
- 3단계: 구직자에게 취업알선을 실시하는 과정으로 구직을 위한 실제적인 지원을 받을 수 있다.

(2) 청년 직장체험

청년에게 직장체험의 기회를 제공하여 다양한 직업탐색 및 현장경험을 하도록 하는 연수지원제도이다. 자세한 사항은 www.work.go.kr/experi에서 확인할 수 있다.

(3) 내일배움카드제(직업능력개발 계좌제)

내일배움카드제란 개인의 직업능력개발을 위해 직업훈련을 받을 수 있도록 지원하는 제도로 200만 원 한도 내에서 정부가 훈련비의 80%를 지원해 준다. 훈련받을 수 있는 직종은 고용노동부가 인정한 계좌적합훈련과정 중에서만 선택이 가능하다. 자세한 사항은 www.hrd.go.kr에서 확인할 수 있다.

(4) 국가기간전략산업 직종훈련

국가기간산업이나 전략산업 중 인력 부족 직종에 대해 지원하고 기능인력 및 전문기술인력을 양성하기 위한 목적으로 시행되는 제도이다. 기능인력은 산업현장에서 생산 활동을 하거나 서비스 개발을 지원하는 보조 인력으로 전문대졸 이하 또는 그와 동등한 경력을 가진 자가 해당된다. 전문기술인력은 해당 분야의 전문교육을 받은 인력으로 응용기술을 개발하거나 이에 준하는 응용 서비스를 개발하는 전문직 종사자로서 대졸 이상 또는 그와 동등한 경력을 보유한 자가 해당된다. 구체적인 사항은 www.hrd.go.kr에서 확인할 수 있다.

2) 구직상담 프로그램

고용노동부에서는 구직자를 위한 다양한 집단 프로그램을 개발하여 운영하고 있다. 현재 실시되고 있는 집단 직업상담의 구체적인 프로그램을 살펴보면 청년층 직업지도 프로그램, 취업희망 프로그램, 성공취업 프로그램 등이 있다. 개인상담을 진행하면서 내담자에게 필요하다고 판단된 프로그램을 안내하고 참여하도록 권장하는 일은 유용하다. 그 방식에는 개인상담과 병행해서 집단 프로그램을 참여하는 방법, 개인상담을 잠시 중단하고 집단 프로그램에 참여하도록 한 뒤 다시 개인상담을 재개하는 방법과 마지막으로 개인상담을 모두 마친 후에 집단 프로그램을 안내하는 방법이 있다.

CHAPTER 08

다문화 진로상담

1. 다문화 진로상담의 개요

1) 다문화 진로상담의 정의

근래 한국사회는 다양한 문화가 공존하는 다문화의 성격을 띠고 있다. 대표적인 다문화 인구는 결혼이민 여성, 북한이탈주민, 외국인근로자, 유학생들이다. 이 중에서 특히 결혼이민 여성과 그 자녀, 북한이탈주민과 그 자녀는 다문화권 진로상담에서 가장 주목해야 하는 대상이다. 다문화 진로상담의 목표는 결혼이민 여성과 그 자녀, 북한이탈주민과 그 자녀의 진로의식을 형성하고 자기를 이해하며 직업세계의 정보를 파악하고 의사결정을 하며 구직행동과 직업적응을 하는 일련의 과정에서 차별과 억압을 당하지 않도록 도울 뿐만 아니라 사회적 분위기를 형성해 나가는 것이다.

2) 다문화 진로상담의 필요성

(1) 교육의 불평등

교육부는 학교 안 자원과 학교 밖 자원 간의 연계 활성화 방안을 마련하고 있다. 더불어 결혼이민 여성 자녀들을 위한 다문화가정 학생 맞춤형 교육지원, 교사의 다문화교육 기반 및 지지체계 강화 방안도 마련하고 있다. 주요 대학에는 북한이탈주민 전형이 별도로 있고 결혼이민 여성의 자녀가 불편 없이 교육을 받을 수 있도록 경제적 지원이 이루어지고 있다. 이러한 다각적인 노력에도 불구하고 교육현장의 분위기는 제도적 성과에 미치지 못하다는 평가를 받고 있고, 진로선택에 있어서 불평등을 해소하기에는 아직 부족한 측면이 많다. 다문화 가정의 자녀들이 이 사회에서 건강한 구성원으로 자리 잡기 위해서는 각 학생들의 삶을 이해하고 그들의 포부를 실현시킬 수 있는 적극적인 상담이 이루어져야 할 것이다.

(2) 정체성 혼란

우리나라의 다문화 내담자는 특히 자신의 정체성이 무엇인지 혼란을 느낀다. 결혼이민 여성은 결혼을 통해 자신의 꿈을 이루고자 우리나라에 들어와서 차별과 좌절, 외로움을 겪으면서 정체성의 혼란까지 경험하게 된다. 그뿐만 아니라 결혼이민 여성의 자녀들 역시 우리나라 국민이지만 외모가 다르고 엄마의 모국이 다르다는 이유로 정체성의 혼란을 겪게 된다. 한편 북한이탈주민은 같은 민족이지만 우리와는 전혀 다른 체제 속에서 성장해 왔기 때문에 진로인식 직업에 대한 태도 등에서 큰 차이를 느끼고 있다. 그들의 자녀들 역시 익숙하지 않은 남한의 학교에서 적응해야 하기 때문에 이질감, 부적절감, 소외감을 느끼게 된다.

(3) 사회적 지지체계 부족

다문화 내담자들은 사회적인 지지체계 즉 일가친척, 학연, 지연 등이 매우 부족하다. 결혼이민 여성의 자녀도 사회적인 지지체계가 상대적으로 부족한 현실이다. 북한이탈주민과 그들의 자녀들도 지지체계로부터 단절되어 남한 사회에 다시 적응해야 하는 어려움이 있다. 이러한 어려움 때문에 그들은 자조모임을 만들어 활동하며 서로가 지지체계가 되어주고 각종 단체들의 지원을 받기도 한다. 이들의 노력은 우리 사회에 적극적으로 화합하고 적응하려는 노력이라 할 수 있다. 그들을 위해 여러 가지 대안적 지지체계를 만들어 주는 노력이 필요한 때이다.

(4) 빈곤과 소외

많은 다문화 내담자들에게 가난과 소외의 문제는 언제나 존재한다. 결혼이민 여성 가정의 경우 한국인 남자가 경제적·사회적·심리적 여건의 어려움으로 인해 본국에서의 결혼이 어려워지자 국제결혼을 선택했기 때문에 이들 가정의 사회경제적 수준이나 사회적응 상황은 취약한 편이다. 북한이탈주민 가정의 경우에도 경제적 어려움과 심리적 소외현상이 항상 존재한다. 그들이 겪는 갈등에는 문화적 차이로 인한 갈등과 가난에서 오는 스트레스, 사회적 취약계층으로서 겪는 소외감, 불안정한 가정 상황 등이 있다.

(5) 진로장벽

다문화 내담자들은 자국인 내담자들보다 진로발달과 선택 및 적응을 저해하는 많은 진로장벽에 빈번하고 심각하게 직면한다. 이러한 장벽은 외적 또는 환경적인 것, 인종차별과 학대, 단지 소수인이라는 이유도 포함된다. 낮은 경제적 수준, 한국 사회의 직업구조나 계층에 대한 이해 부족, 가난, 멘토나 역할모델의 부족, 지지의 부족, 낮은 자기효능감과 결과기대 등도 진로장벽이 될 수 있다.

2. 다문화 진로상담의 내용

1) 다문화 진로상담의 관계형성

다문화 진로상담은 상담자와 내담자의 관계형성이 특히 중요하다. 상담자는 내담자의 인종적·민족적 배경과 상관없이 강력한 유대관계를 확보해야 하고 각 상담과정에 대한 내담자의 고유한 기대를 이해해야 한다. 또한 문화마다 상담자에 대한 기대가 다르기 때문에 내담자의 문화와 개인적 욕구에 맞는 목표와 과제를 설정하고 수행해야 한다. 다문화 내담자들은 본국에 대하여 이해받고 존중받고 싶은 욕구가 강하기 때문에 본국의 문화에 대하여 존중하는 자세를 갖도록 유의해야 한다(임은미, 2010; 김봉환 외, 2016).

2) 다문화 진로상담의 진단 실시

다문화 진로상담에서 내담자를 진단할 때는 고유한 문화적 배경과 독특한 욕구로 인해 기존의 상담이론과 기법을 적용하는데 유의해야 한다. 특히 소수민 내담자에게 표준화 진로검사를 사용할 때는 주의가 필요하다. 대부분의 표준화 검사도구는 주류 문화 출신의 개인들을 대상으로 개발되고 규준이 만들어졌기 때문이다. 그러나 표준화 진로검사는 진단적 가치뿐만 아니라 학습매체로서의 의미도 있다. 즉, 진로검사를 실시하는 과정에서 내담자들은 직업세계에 대한 정보를 얻기도 하고 직업을 선택할 때는 개인 내적 특성을 고려해야 한다는 통찰을 얻기도 한다.

다문화 내담자들에 대한 진단은 상담자가 내담자의 복잡한 문화를 이해하여 개인의 반응들을 적절히 해석할 수 있을 때 실시해야 한다. 평가도구를 선택할 때는 특정 측정치가 내담자의 의사결정 과정에 유용한지를 판단하기 위해 내담자의 문화적 맥락에 대해 충분히 조사가 이루어져야 한다. 평가결과는 내담자에게 반드시 해석해 주고 평가결과에 대한 내담자의 생각과 평가 결과가 내담자에게 미친 영향을 알아보아야 한다.

3) 다문화 진로상담의 과정 설명

다문화 진로상담에서 내담자들은 개인상담보다 진로탐색 집단상담을 더 선호할 수 있다. 서로 문화가 다른 상담자 앞에서 혼자서 상담과정을 견뎌내고 자신의 내면세계를 탐색하는 일이 부담스럽게 생각될 수도 있다. 그러기에 상담과정에 대한 명확한 설명과 구조화된 상담기법을 사용하는 것이 더 나을 수 있다.

4) 다문화 진로상담의 지지체계 구축

진로상담에 있어서 다문화 내담자들에게 특히 필요한 것은 사회적인 지지체계이다. 그들은 성장 배경이 달라서 진로 관련 내용을 이해하지 못하는 경우가 있기에 이를 잘 설명해 줄 가까운 지인은 중요한 체계가 될 수 있다.

다문화 가정과 자녀를 돕기 위한 지원책이 여러 정부 부처에서 이루어지고 있다. 그러므로 상담자는 다문화 내담자에게 가용한 정보 자원을 제공하고 연계해 주는 일을 하여야 한다. 고용노동부는 취업성공패키지를 통해 북한이탈주민과 결혼이민자들에게 다양한 직업훈련과 상담 및 취업알선에서 일차적인 도움의 대상이 된다. 상담자 혼자의 힘으로는 다문화 내담자의 진로발달에 필요한 도움을 충분히 제공하기 어렵다. 다양한 지원체계의 도움을 받아 다문화 내담자에게 통합적이고 체계적인 도움을 줄 수 있다. 또한 다문화 가정 학생을 지원하고, 학교 전체가 효율적인 상담체제로 기능하기 위해 교사들의 협력체제가 필요하고, 이를 통해 정보를 교환하며, 일관성 있는 상담지도의 운영이 필요하다.

3. 다문화 진로상담의 적용

1) 다문화 진로상담 지원정책

다문화 진로상담의 지원 정책은 다문화 학생의 진로 · 진학 지도를 중심으로 살펴보려고 한다. 먼저 다문화 학생의 다양한 진로 탐색을 지원하기 위해서 2012학년도부터 서울과 충북지역에 직업교육 대안학교인 '한국폴리텍 다솜고등학교'가 운영되고 있다(다솜학교가 2016년도에 현재의 한국폴리텍 다솜고등학교로 변경). 2013학년도부터는 인천지역에 추가로 운영되고 있다. '한국폴리텍 다솜고등학교'의 현황은 다음 [표 8-1]과 같다.

[표 8-1] 한국폴리텍 다솜고등학교 현황

구분	서울	충북	인천
모집인원	고교 120명 (수도권 모집)	고교 135명 (전국 모집)	초 · 중 · 고 210명 (중 · 고 전국 모집)
모집분야	컴퓨터 미디어과 호텔관광과	컴퓨터기계과, 플랜트 설비과, 스마트전기과	미정

출처: 교육부(www.moe.go.kr)

한국폴리텍 다솜고등학교가 없는 지역은 요리와 미용 등 다문화 학생이 선호하는 직업교육 위탁과정이 운영되고 있으며 수강료와 실습비가 지원된다. 직업교육 위탁과정 운영계획은 다음 [표 8-2]와 같다.

[표 8-2] 직업교육 위탁과정 운영 계획

구분	부산	경기	경남
운영기관	부산정보관광고	경기 신흥대	공모예정
모집인원	고 20명	고 20명	고 20명
모집분야	요리	미용, 요리, 자동차정비	미용, 요리, 간호

출처: 교육부(www.moe.go.kr)

다문화 학생이 글로벌 인재로 성장하는 것을 돕기 위해 글로벌 브릿지 사업을 확대하여 매년 우수 다문화 학생을 4개 분야 300명씩 육성하고, 다문화 친화적 지원 체계가 우수한 학교 150개교를 글로벌 선도학교로 집중 지원하여 지역 내 다문화 교육의 중심학교로 육성한다. 또한 다문화 학생들에게 대학 진학의 기회를 확대하는 제도로 국 · 공립 · 사립대학의 사회적 배려 대상자 전형에 다문화 학생을 포함하고 재직자 특별전형에서 다문화 학생의 선발을 권장하고 있다.

2) 다문화 진로상담 프로그램

다문화 진로상담은 우선 학교를 중심으로 다문화 학생에게 직업교육을 활발히 진행하려고 하는데, 대표적인 다문화 직업학교인 다솜학교를 확대하여 다문화 고등학생의 조기 진로·직업 교육을 지원한다. 또한, 다솜학교가 없는 지역의 경우에는 다문화 학생이 선호하는 분야를 중심으로 다문화 학생 직업교육 과정을 운영한다. 직업교육 프로그램 사례는 다음과 같다.

- 직업학교(교육청): 직업교육을 위해 설립한 산업(직업)정보학교, 일반고 학생 대상 특성화고에 설립한 직업교육과정
- 직업훈련기관(노동부): 노동부가 운영하는 직업훈련기관(폴리텍 대학 등)
- 직업훈련기관(지자체): 지자체가 운영하는 직업훈련기관(직업전문학교 등)
- 기술계 학원: 기술 계열 학원(제과제빵, 미용, 요리, 간호 등)

CHAPTER 09

성역할에 따른 진로상담

1. 성역할에 따른 진로상담의 개요

1) 성역할에 따른 진로상담의 정의

성역할(gender role)이란 남녀를 구분하는 특징에 대한 사람들 사이의 신념으로 남녀의 생물학적 차이에 근거하여 여성과 남성에게 적합한 작업과 활동, 성격 특성들을 규정한 것을 말한다. 이러한 성역할을 학습하게 하는 과정을 성역할 사회화(gender role socialization)라고 하며 성역할 사회화를 통해 남자 또는 여자에게 적절하다고 생각되는 태도와 행위는 권장되고 그렇지 못한 것은 제재를 받게 되는데 이러한 성역할 사회화는 일생동안 지속되는 과정이다(남희경, 2012). 성역할은 한 문화 안에서 남녀를 구분시키는 특성에 대해 사람들 사이에 합의된 관념에 따른 '남성다운' 또는 '여성다운' 행동과 태도를 말한다. 사회는 인간을 생물학적 성에 의해서 남성과 여성으로 구분한 후, 이를 근거로 역할을 달리 수행하도록 기대하는데 이러한 성역할은 어려서부터 성역할 사회화 과정을 통해서 습득된다.

이러한 성역할은 성격과 가치관, 대인관계와 역할분담, 직업선택과 사회참여 등 개인 삶의 모든 부분에 영향을 미친다. 경험적 연구결과에 따르면 유치원에서부터 8세까지 성장해 가면서 남성과 여성에게 각각 적합한 것이 무엇인지에 대한 생각이 점점 더 굳어져 간다는 것이다. 이 시기에 남성적 또는 여성적 직업이라는 좁은

범위 안에서 편협한 직업선택이 이루어지게 되는데 이후에는 직업선택에 있어서 사고가 이미 확장되기 어렵게 된다.

2) 성역할에 따른 진로상담의 배경

성역할 사회화란 생물학적으로 타고난 성과는 별개로 사회적으로 남녀에 따라 적절한 행위나 태도를 각 개인이 학습해 나가는 과정을 말한다. 성역할 사회화의 과정에 대해서 설명하는 주요 이론은 동일시이론, 사회학습이론, 인지발달이론이 있다. 각 이론은 성역할 습득에 영향을 주는 변인, 과정, 인지의 중요성 등에서 차이를 보이고 있다(황도연, 2009). 동일시이론과 사회학습이론은 어렸을 때 사회적·환경적 요소에 의해 성역할 사회화가 이루어진다는 입장이고 인지발달이론은 어린이의 주체적인 인지능력에 의해 성역할을 학습한다는 입장에서 서로의 주장에 차이가 있으나 모두 성인기 이전의 성역할 사회화를 강조하고 있다는 점에서 공통점이 있다. 이러한 성역할 사회화는 전 생애를 통해서 이루어진다고 할 수 있다(이재혁, 1997).

Gottfredson은 성역할 사회화와 사회적 요인이 진로포부 발달에 미치는 영향을 잘 설명하고 있다. Gottfredson(1981)은 사람들의 진로기대가 어릴 때부터 성별, 인종별, 사회계층별로 차이가 나는 이유를 설명하기 위해 제한–타협이론을 개발하였다. 여기서 제한이란 자신과 자신의 사회적 위치에 대해 인식하면서 자기 자신과 공존할 수 없는 진로대안들을 제외시켜 나가는 과정을 통해 수용가능한 '진로대안'의 영역을 줄여나가는 것이다. Gottfredson(1996)은 아동의 추상적 사고력의 발달에 따라 4단계의 제한과정을 거친다고 보았다(유경희, 2008). 그 단계는 다음과 같다.

- 1단계(3~5세): 아동은 크기와 힘에 대한 개념을 발달시킨다. 이때 아동들은 크다 혹은 작다와 같은 단순한 방법으로 사람들을 분류하기 시작한다. 성이

나 성역할에 대해서는 아직 모르지만 여성과 남성이 신체적으로 다르다는 것은 안다.

- 2단계(6~8세): 성에 대한 인식이 생기기 시작하고 성역할에 대한 개념을 습득하게 된다. 이 시기에 형성된 성역할의 개념은 내적인 신념으로 굳어져 성인이 된 후까지 지속된다. 그러므로 성역할은 직업적 선호의 한계를 설정하는데 필요한 첫 번째 경계가 된다. 아동은 성역할과 관련된 사회적 규칙의 관점에서 그들의 직업적 포부의 한계를 설정하고 좁혀 나가며 이 단계를 거치면서 성역할에 적합한 직업과 그렇지 않은 직업으로 직업을 나누어서 인식하고, 자신의 성에 적합하지 않은 직업을 원하는 직업목록에서 제외시키게 된다.
- 3단계(9~13세): 사회적 가치에 대한 개념을 습득하는데 이 시기에는 특히 또래집단 내에서나 사회 속에서의 명성과 지위에 민감해진다. 지위가 너무 낮아서 받아들일 수 없는 지위하한선과 그 직업을 갖기 위해 너무 많은 노력을 해야 하는 직업을 제외시키는 지위상한선을 형성하는 시기이다.
- 4단계(14세 이후): 청소년은 고유한 내적 자아의 특성에 대한 개념을 갖게 된다. 흥미, 가치, 능력을 인식하고 전 단계에서 확립한 수용가능한 진로대안 영역 안에서 진로탐색을 시작한다. 이 단계에서는 본격적으로 타협의 과정이 시작된다. 타협의 과정에서는 가능성 때문에 진로대안을 변화시켜야 하는 과정으로 덜 매력적인 대안이라도 수용하게 되는 것이다. 직업포부에서도 성역할에 적합한 직업인지 여부가 중요하게 작용한다. Gottfredson은 진로선택이 개인의 흥미나 가치와 같은 심리적 변인보다 성이나 사회적 계층 같은 사회적 변인에 의해 제한받는다고 보았으며 성역할, 지위, 흥미영역을 타협 과정에서 중요하게 고려되는 세 가지 측면으로 제시하였다.

성역할 사회화는 생애초기부터 진로선택에 영향을 미치게 된다. 결국 남성인지 여성인지에 따른 성역할은 이후 성장과정에서 자신의 진로를 선택하는데 중요한 변수가 됨을 알 수 있다. 이런 배경을 통해 내담자가 직업을 탐색하거나 선택할 때 상담자는 실질적인 도움을 줄 수 있는 방법을 고민하고 구체적인 안내를 해야 한다.

2. 성역할에 따른 진로상담의 내용

1) 남성 성역할 사회화

근래에는 남성의 경우도 성역할 사회화의 과정을 거치면서 성역할 고정관념으로 인해 자신의 진로선택에 많은 영향을 받는다. 발달 초기 남성은 여성보다 모성으로부터 분리하는 과정이 더 엄격하다. 남성이 여성적 행동이나 태도를 보이는 것은 사회적으로 여성보다 더 비난을 받을 수 있기 때문에 더욱 엄격한 제한과 처벌이 가해진다. 이러한 배경 속에서 남성은 성장하면서 남성의 성역할을 내재화하게 되는데 이것을 남성의 성역할 사회화(gender role socialization)라고 한다. 이와 같은 사회화를 통해 형성된 남성 성역할을 남성들은 쉽게 위반할 수 없다. 그 때문에 남성은 심리적 부적응을 겪게 되는 경우도 있다. 사회적인 규범(social norm)이 존재하기 때문에 남성들이 규범을 위반한다는 것은 이런 자신의 행동에 대한 모독감을 경험하게 되며 상당한 사회적 압력을 경험한다(Corbett, 2009). 따라서 남성들은 여성들에 비하여 사회적으로 요구받는 자신의 성역할을 과도하게 내면화하려는 경향을 보인다. 이렇게 남성은 내면화된 성역할에 기초하여 자신이 한 행동의 결과가 어떨 것인지, 어떠한 행동이 사회적으로 가장 적합한 것인지 평가하여 가장 긍정적인 것을 선택한다(O'Neil, 1981; O'Neil, 2015; 하문선 · 김지현, 2013; 김꽃송이, 2017).

보편적으로 남성의 성역할은 성공이라는 전통적인 길을 따르는 것이다. 많은 남성들에게 성공한다는 것은 조직 내에서 가장 높은 위치로 올라가 최고경영자가 되는 것을 의미한다. 그러나 현재의 노동시장은 과거에 비해 수평구조를 갖는 조직들이 많아지고 정상에 오르는 사람은 극소수이다. 이러한 현대사회에서 남성이 받는 성역할 사회화에 관련된 스트레스는 상당히 위험할 수 있다. 연구자들은 성역할 고정관념과 취약한 스트레스 대처능력의 관계에 대하여 검증하였다. 성역할 고정관념에 집착하는 남성일수록 스트레스에 대처하는 데 제약을 받는다는 것을 발견하였다(황매향 외, 2016).

2) 여성 성역할 사회화

현재 우리나라는 고학력 우수 여성 인력이 점점 늘어나고 있다. 하지만 여성의 경제활동 참여율은 매우 낮은 수준이다. 그리고 여성의 경력단절의 문제도 심각한 수준으로 사회제도적으로 해결해야 할 과제이다. 여성의 진로에는 여전히 가부장적 편견 때문에 경제활동에 대한 차별이 존재한다. 성에 대한 편견과 출산과 육아 등으로 여성의 경제활동은 단절되고 있으며 여성 노동 유형이 고착화되면서 성별 임금 격차는 지속되고 있는 실정이다(안병철 외, 2010; 김봉환 외, 2016).

성역할 사회화는 여성이나 남성에게 모두 부정적인 영향을 미치는 경우가 많다. 성역할 사회화로 여성들이 경험하는 부정적인 결과는 다음과 같다. 먼저 진로에 대한 '낮은 자기효능감'을 들 수 있다. 이는 전통적으로 여성의 진로영역이 아닌 분야에 대한 낮은 자기효능감의 문제가 심각하다. 남성과 여성의 실제 업무수행이 동일할 때, 전통적인 진로분야에서 여성은 남성에 비해 업무수행능력이 떨어진다고 생각한다. 연구자들은 이러한 여성의 자신감의 결여는 여성의 역할모델이 부족하기 때문이라고 지적한다. 여성의 성역할 사회화의 또 다른 문제는 성공에 대한 '낮은 기대감'을 들 수 있겠다. 이는 진로흥미검사의 결과를 보면 여학생이 고려하는 직업의 수와 유형, 낮은 검사점수를 통해 알 수 있다. 때로는 여학생이 객관적인 성취도가 남학생보다 높게 나타났음에도 불구하고 자신의 능력을 과소평가하기도 한다. 또다른 여성의 성역할 사회화에 대한 부정적 결과를 초래하는 문제 중

하나로 '수학기피현상'을 들 수 있다. 여성이 비전통적인 진로분야로 진입하는 것에 대한 연구를 한 심리학자 Nancy Betz는 수학을 '결정적인 여과기'라고 불렀다. 그리고 수학을 기피하는 것이 여성에게 진로선택의 폭을 좁힌다는 증거를 제시하였다. 즉, 고차원적인 수학을 기피함으로써 과학이나 기술 관련 진로영역에 진출할 수 있는 기회를 놓치게 된다는 것이다.

이와 같은 여성의 성역할 사회화를 통해서 나타나는 결과는 진로영역에서 여성의 기대와 요구가 굴절되고 있는 현실을 보여주고 있다. 최근에는 경제적 어려움으로 인해 여성들에게 경제활동을 요구하고 있고 여성 자신의 자아실현과 성취를 위해 다양한 진로영역에 참여하는 여성이 증가하고 있지만 여전히 존재하고 있는 출산, 육아, 가사는 오롯이 여성의 몫으로 남아 있다. 이러한 여성의 역할갈등으로 인한 정신적 스트레스의 문제는 여전히 해결해야 하는 과제로 남는다.

3. 성역할에 따른 진로상담의 적용

1) 성역할에 따른 고정관념의 극복사례

최근 진로영역을 탐색할 때 두드러진 현상 중의 하나로 성역할에서 전통적으로 보여주었던 진로분야의 벽이 무너지고 있다. 성역할에서 고정관념은 양성평등의 사회에서는 커다란 걸림돌이 된다. 특히 여성들에게 자신의 능력을 발휘할 수 있는 기회가 차단되거나 사회적으로 소외의 문제를 겪게 되기도 한다. 한편, 남성들의 경우는 전통적으로 주어진 역할로 인해 자신의 진로를 선택할 때 진정으로 자신이 원하는 길을 택하지 못하고 지나친 감정 억제와 경제적 부담을 짊어지는 모습을 보게 된다. 다음의 사례는 성역할에서 전통적으로 안겨준 고정관념을 극복한 경우이다.

사례 A(64세, 남자)는 젊은 시절 독일로 건너가 플로리스트 마이스터와 조경 마이스터 자격을 획득하고 현재 대한민국 1호 플로리스트이자 조경사로서 마이스터의 길을 걷고 있다. 독일의 광부 생활로 시작하여 힘든 시기를 극복하면서 조경분야 스승에게 마이스터 교육을 받게 된다. 그는 아시아 최초 조경 및 플로리스트 마이스터 자격을 획득하였다. 사례 A는 한국에서 플로리스트 분야를 개척한 개척자이면서, 독일에서 정식으로 마이스터로 인정받게 된 최초의 아시아인이다. 독일과 한국에서 주로 프리랜서 플로리스트, 조경가, 무대 장식가, 코디네이터 등으로 활동하였고, 30대 이후에 예술원을 설립하여 후진 양성에 힘쓰고 있다(한상근 외, 2009).

사례 B(40세, 여자)는 평화운동가이자 공정여행가라는 독특한 영역을 개척한 시민운동가이다. 그녀는 잠시 보수적인 성격의 기독교 시민운동단체에도 있었지만 주로 진보적인 사회운동단체에서 기획과 실무책임자로서 일하였다. 평화운동이라는 개념이 시민운동단체에서 정립되기도 전인 2003년에 그녀는 이라크 현지에서 평화운동에 참여하여 시민운동의 폭을 넓혔다. 또 현지인들의 삶에 피해를 주지 않고 여행을 한다는 공정여행의 개념을 정립하고 스스로 실천하고 있다. 평화여행, 평화교육, 평화행동은 그녀가 설정한 삶의 방향이다. 대학 졸업 후 사례 B의 시민단체 활동 경력은 매우 다채롭다. 첫 직장은 기독교윤리실천운동(기윤실)이라는 보수적인 시민운동단체였다. 이후 녹색연합, 총선연대, 참여연대, 아름다운 재단 등 우리나라의 대표적인 시민운동단체를 두루 거쳤다. 시민단체에서는 다양한 프로그램을 기획하고 활동에 필요한 기금을 모으는 역할을 수행하였다. 이후 본인의 철학에 따라 평화운동가이자 공정여행가의 길을 걷고 있다(한상근 외, 2009).

남성성이나 여성성과 같은 성역할의 고정관념은 개인의 성향이나 개인차에 관계없이 모든 사람이 그 표준을 따르도록 요구되기 때문에 개인의 인성이 왜곡될 수 있다. 예를 들어 전통적으로 여성은 순종적이고 약한 존재로 간주되었고 비논리적이고 감정적이어서 정부나 사업상 지도자의 지위에 맞지 않는 것으로 여겨졌다. 그러나 최근에 오히려 남성은 덜 공격적이고 좀 더 협동적이며 표현적이고 민감하기를 학습해야 한다고 주장한다. 특히 부정적인 고정관념은 편견을 유발하고 이러한 편견은 차별로 발전되기 쉽다. 편견이란 부정적인 고정관념을 토대로 어떤 사회집단에 대해서 우리가 부정적인 태도, 느낌, 그리고 증오를 갖는 것을 말하며 차별이란 편견을 토대로 우리가 어떤 집단에 대해 불이익을 주거나 그 집단을 회피하는 행동을 말한다. 즉, 부정적인 성역할 고정관념은 남녀 간에 성 편견을 유발하고 자칫 부당한 성차별로 이어질 수 있기 때문에 더욱 주의가 요구된다(오경화, 2015).

성숙한 사회로 도약하기 위해서는 어떤 부분에서도 차별이 아닌 능력과 조화와 협력을 바탕으로 이해하고 배려하는 사회적 관계를 유지해 나가야 한다. 그러기 위한 한 가지 방안으로 성역할의 고정관념에 대한 인식의 전환을 들 수 있겠다.

2) 성역할에 따른 진로상담의 긍정적 탐색

성역할에 따른 진로를 탐색할 때 대부분 부정적인 측면이 많이 부각되고 있는 것은 사실이다. 그러나 현실을 직시하고 각각 자신의 정체성을 통해 진로를 탐색하는 것은 매우 중요한 일이다. 여성은 일반적으로 관계창출에서 오는 연결고리를 잘 활용하고 이에 따라 소통의 창구를 잘 개발하는 경향이 있다. 이런 여성의 능력은 개인의 능력보다는 팀워크에서 더 발휘되고 개성이 강한 개인들과 일해야 하는 조직의 상황 속에서 중요한 위치를 차지하게 된다.

또한 남성의 경우는 청소년기 사회화 과정을 거치면서 신체적으로 강인한 힘을 갖게 된다. 이러한 힘은 때로는 어려운 상황에서 자신을 극복하는 동력으로 작용하기도 한다. 남성의 경우 조직 내에서 전통적인 가부장적 모습에서 부정적인 측면을 보일 수 있지만 긍정적으로 활용하면 오히려 자신을 희생하고 타인을 보호하는 특징이 있다. 그러므로 성역할에 따른 진로탐색은 부정적 요소를 최대한 제거하고 각 성정체감을 최대한 정립하면서 그 고유의 특징을 통한 긍정적인 측면을 꾸준히 개발하고 발휘해야 할 것이다.

CHAPTER 10

집단진로상담

1. 집단진로상담의 개요

1) 집단진로상담의 정의

집단진로상담(Group career counseling)은 진로상담의 목표와 내용을 공유하면서 동시에 집단상담의 형태를 가지고 진행하는 진로상담의 한 유형이다. 따라서 집단진로상담은 집단상담의 특성을 공유하고 있다. 구체적으로 살펴보면 다음과 같다. 첫째, 집단상담의 공동 주체는 상담자와 집단원이다. 둘째, 집단상담에 참여한 집단원은 도움을 필요로 하는 사람들이다. 셋째, 집단상담은 집단원의 문제 예방, 발달과 성장, 문제 해결을 목표로 한다. 넷째, 집단상담은 집단원의 삶의 질을 향상하도록 노력하고 자각에 바탕을 둔 자기 확장을 이루도록 도와야 한다(노안영, 2011; 김봉환 외, 2016).

2) 집단진로상담의 특징

집단진로상담은 집단상담과 개인상담의 특징을 동시에 갖고 있다. 집단진로상담의 특징은 다음과 같다(이영덕 · 정원식, 1984). 첫째, 집단활동은 자기이해의 기회가 되며 자신의 직업적 적합성을 보다 현실적이고 객관적으로 이해할 수 있다. 둘째, 직업정보를 효율적으로 제공하는 기회가 된다. 셋째, 직업계획의 중요성과 직업세계에 대한 안내의 역할을 하게 된다. 넷째, 개인상담이 필요한 학생을 찾는 기회가 된다. 다섯째, 자신의 직업계획을 검토하게 하는 기회가 된다.

집단진로상담은 개인진로상담의 내용과 목표를 공유하고 집단상담의 형태를 갖추고 있지만 다른 집단상담과는 달리 치료적 측면보다는 교육적 측면이 많은 경향이 있다(노성호, 2006). 또한 정의적 · 인지적 측면의 정신건강교육과 진로교육, 진로인식, 진로발달, 진로탐색 등의 다양한 주제에 대한 정보를 제공하는 구조화된 활동으로 구현하기 용이한 측면이 있다(김봉환 외, 2016).

3) 집단진로상담자의 역할

❶ 안내와 지도

집단진로상담자는 집단원이 해야 하거나, 하지 말아야 할 행동을 자각하도록 조력한다. 또한 집단상담이기에 집단의 역동을 기초로 이루어진다. 이러한 역동 속에서 집단원들이 집단 내에서 지켜야 할 규칙과 규범이 생기게 된다.

❷ 행동의 본보기

집단진로상담자의 중요한 자질은 '모범'을 보이는 것이다. 집단 내의 활동을 통해 상담자 스스로 본보기가 되는 것이다.

❸ 상호작용 촉매제

집단진로상담자는 집단 구성원이 서로에게 표현할 어떤 것이 있는가를 질문하고 집단에서의 발언시간을 배분하거나 집단원 간의 정보교환 및 상호 피드백의 기회를 제공하는 것과 같은 상호작용 촉매의 역할을 수행한다.

❹ 의사소통 촉진자

일반적으로 대인관계는 의사소통을 중심으로 이루어진다. 집단원의 진로발달과

선택에 초점을 두고 있는 진로상담 역시 집단원 간의 의사소통을 원활히 하기 위해 집단진로상담자의 노력이 요구된다. 최근에는 구직기술 향상을 위한 구체적인 의사소통 능력 향상을 목표로 하는 집단진로상담도 진행되고 있다.

2. 집단진로상담의 계획

1) 집단진로상담 준비

(1) 집단진로상담 요구도 조사

상담에 참여할 대상은 각기 다른 특성과 요구도가 나타나게 된다. 그러기에 그들의 필요를 확인하는 과정은 필수적이다. 또한 진로상담에 참여할 대상을 구체적으로 파악하는 것도 중요한 일이다. 입시를 준비하는 고등학생들인지, 취업을 준비하는 대학생들인지, 재취업을 준비하는 실직자들인지에 따라 필요로 하는 것은 달라질 수 있다. 집단진로상담을 계획하고 있는 상담자들은 우선 그 대상의 특성과 요구를 파악하여 상담의 기초 자료로 삼아야 한다.

(2) 집단진로상담 목표 설정

다음은 집단진로상담에 참여할 대상자들의 요구를 조사한 후에는 이를 중심으로 집단상담의 목표를 정해야 한다. 대상자들의 요구에 따라 그 목표를 구체적으로 설정하여 상담의 효과를 극대화할 필요가 있다.

(3) 집단진로상담 활동 조사

집단상담의 목표를 설정한 다음에는 목표를 달성하기 위해 다양한 상담활동과 개입방법을 탐색할 필요가 있다. 기존에 진행된 집단진로상담들에서 나타난 연구결과를 통해서 발견된 다양한 진로상담 활동에 대한 정보를 구하고 목표에 도달할 수 있는 가장 적합한 집단활동과 개입방법을 세우고 실천해야 한다.

(4) 집단진로상담 지원체제 구축

다음 단계는 집단상담 실시에 필요한 지원체제를 구축하는 것이다. 집단상담이 진행될 기관의 실정에 맞게 집단상담 내용이 잘 구현되기 위해서는 이러한 지원체제의 도움이 필요하다. 구체적인 지원체제는 인적자원, 시설, 예산, 일정 등이 있다. 이러한 지원체제는 집단진로상담을 계획할 때부터 고려해야 할 사항이다.

(5) 집단진로상담 평가방법

마지막 단계는 상담의 효과를 측정하기 위한 평가과정이다. 평가결과를 통해서 집단상담의 유용성을 알아보고 추후 좀 더 효과적인 상담으로 이루어지기 위한 수정·보완 작업이 필요하다.

2) 집단진로상담 선별 및 진단

집단진로상담은 다른 집단상담처럼 집단원을 선별(screening)하고 진단하는 준비 작업이 필요하다. 사전준비와 선별을 위해 신청자를 대상으로 개별면접을 진행하거나 예비 집단모임을 가질 수도 있다. 또한 상담신청서와 각종 문건들을 기반으로 상담구조화를 진행해야 한다. 다음은 선발과정과 진단을 위한 기본적인 사항에 관한 내용이다(김봉환 외, 2016).

- 집단상담에 참여할 경우, 자신의 진로발달에 도움을 받고 다른 집단원에게 도움을 줄 수 있을 것으로 판단되는 사람을 선별해야 한다.
- 각 예비 집단원으로 하여금 집단에 참여할 것인지, 참여하지 않을 것인지에 대해 최종 결정할 수 있도록 집단에 대한 충분한 정보를 주고 그들의 판단을 존중해야 한다.
- 각 집단원으로 하여금 자신의 진로문제를 집단의 중심주제 혹은 집단의 목표와 유사하게 재구조화하도록 도와야 한다.

- 중도탈락을 최대한 감소시키기 위해 동기를 부여하고 시간엄수와 끝까지 집단 안에 머무를 것을 강조해야 한다.
- 적절한 행동기술을 집단원에게 가르쳐야 한다.

한편 집단진로상담자가 특별히 사전에 준비하고 계획할 필요가 있는 부분이 바로 보조상담자(co-leader)를 선정하는 일이다. 근래 두 사람이 함께 집단을 진행하는 형식이 늘고 있다. 상담자와 보조상담자의 합동 진행으로 집단원 간의 섬세하고 조화로운 상호작용을 촉진할 수 있다는 것이다. 하지만 두 상담자가 맞지 않으면 집단에게 부정적인 영향을 미치기 때문에 특별히 유의할 필요가 있다.

3) 집단진로상담 구성

(1) 집단원 구성

집단원을 선정하는 경우 집단원의 성별, 연령, 배경, 성격 등을 다양하게 고려해야 한다. 집단 구성은 비슷한 조건으로 만들어진 동질집단과 서로 다른 특성을 가진 이질집단으로 나눈다. 집단상담자는 집단을 구성하기 이전에 개별적으로 집단원을 만나 그들의 동기수준과 진로상담에 대한 기대, 성격, 적응수준 등을 파악하는 것이 중요하다.

(2) 집단 크기

집단의 크기는 집단원의 연령, 집단상담자의 경험 정도, 집단의 형태, 집단에서 탐색할 진로문제 등에 따라 다르게 구성될 수 있다. 일반적으로 집단의 크기는 8~10명 정도를 권장하고 있다. 하지만 우리나라의 학교 현실을 고려하면 학급단위로 이루어지는 경우가 있어 11~20명 정도의 크기로 이루어지기도 한다.

(3) 회기 빈도 및 기간

회기 빈도나 기간은 진로집단을 구성하는 이유나 목표에 따라 달라진다. 일주일에 집중적으로 여러 번 실시하기도 하지만 대개는 일주일에 한 번 진행한다. 기간은 10~15주 동안 진행되나 간혹 일주일에 4~5회기를 집중적으로 진행하기도 한다.

(4) 실시 장소

집단진로상담의 실시 장소는 비교적 크지 않으며 외부로부터 방해를 받지 않는 곳이 좋다. 또한 집단원이 서로 잘 볼 수 있도록 원형으로 배치하는 것이 효과적이다. 진행과정에서 글쓰기 작업이 필요할 때는 책상과 의자가 있는 곳이 좋다.

3. 집단진로상담의 과정

1) 집단진로상담의 초기단계

집단진로상담에서 시작단계인 1~2회기가 여기에 해당된다. 집단원은 모두 모여서 집단의 목표와 초점을 정한다. 집단진로상담자는 집단원의 진로와 관련된 주제가 그들의 삶에서 어떻게 나타나고 그들에게 어떻게 영향을 주며 그들의 삶 속에서 어떻게 구현되는지 분명히 알도록 도와주어야 한다. 집단원 사이에서 서로 고민과 관심을 나누고 있음을 깨닫게 되면 집단원 간의 신뢰가 형성되기 시작되고 서로 배려하고 지지하면서 응집력이 높아질 수 있다.

2) 집단진로상담의 과도기단계

집단진로상담의 과도기단계에서 대부분 집단원의 고비가 시작된다. 이 단계에서는 집단의 불확실함과 좌절감의 시간을 경험하기 시작한다. 이러한 과도기단계에서는 상담자에 대한 불만족, 목표성취의 실패, 낮은 응집력에 대한 문제가 등장하기 시작하는데 과연 상당히 구조화된 집단진로 프로그램에서도 이러한 문제가 등장하는가에 대해 의구심을 갖는 초보 집단진로상담자들을 보게 된다. 과도기단계가 되면 집단의 발전과 생산적인 움직임을 위해 상담자의 역할보다는 집단원의 역할이 더욱 중요시된다.

3) 집단진로상담의 작업단계

작업단계는 중심주제에 대해 가장 깊이 있고 풍부하게 다룬다. 진로상담을 구성할 때 집단원의 적극적인 참여와 에너지가 많이 투입되어야 하는 활동들이 배치되도록 해야 한다. 집단원은 집단의 친밀감과 몰입감을 경험하고 이전에 제기된 문제들을 보다 새로운 방식으로 다루어지도록 한다.

4) 집단진로상담의 종결단계

종결단계는 정서적으로 가장 밀착된 시기이기 때문에 상담자와 집단원은 집단상담을 종결하는 것에 대해 아쉬워한다. 집단상담자는 집단원이 진로탐색 과정에서 자신이 새롭게 알게 된 점과 진로의 잠정적인 대안선택이 어느 정도 이루어졌는지를 구체적으로 확인할 필요가 있다. 종결단계 집단의 응집력은 최고조에 달하게 된다. 그러므로 집단상담자는 이러한 응집력이 종결 후까지 지속되도록 집단원을 도와야 한다.

4. 집단진로상담의 진행

1) 집단원의 목표설정

집단진로상담은 집단원의 진로문제를 좀 더 명료화하고 진로정보를 확장시키는 동시에 다양한 진로문제를 해결하려는 목적으로 실시한다. 따라서 진로와 관련된 합리적인 자기평가, 진로대안 창출, 다양한 기술 습득, 정보수집 등과 같은 구체적인 목표를 설정한다.

2) 집단원의 초점형성 및 유지

집단상담에서 '초점(focus)'은 '중심주제', '공통목표'라고도 한다. 집단 내에서 가능한 빨리 명료한 초점을 세우는 일은 그 집단을 이끌어 가는데 중요한 요소가 된다. 또한 집단원이 초점을 공유하게 되면 집단의 동질감을 느끼면서 짧은 시간 내에 집단이 역동적인 모습으로 변화된다. 진로상담에서 다루는 초점은 다음과 같다(김봉환 외, 2016).

- 현실적인 주제여야 하고 그 수준이 집단원에게 적절해야 한다.
- 진로발달 과업과 관련된 문제나 주제여야 한다.
- 진로집단 활동 중에서 대인관계와 관련된 주제라면 더욱 유용하다.

예를 들면, 구직을 위한 면접기술을 연습하고 피드백하는 주제나 진로와 관련된 자신의 특성을 다른 사람들과 비교해 볼 수 있는 기회를 제공하는 주제가 집단 활동을 통해 이루어질 경우 더욱 유용할 것이다.

3) 집단원의 고충처리

진로상담에서는 심리상담과는 다른 어려움이 나타날 수 있다. 다음은 몇 가지 유형을 중심으로 어떤 고민이 있는지 살펴보고자 한다(김봉환 외, 2016).

(1) 지나치게 관심이 없는 집단원

진로상담에 참여한 구성원 중에는 열정이 없고 주변으로부터 강제적인 참여를 권유받은 경우에 집단원은 뚜렷한 목표를 갖지 못한 어려움을 보이기도 한다. 이런 경우, 단순히 진로에 대한 관심이 없거나 소극적인 참여의 문제가 아닌 정체성의 혼란이나 파괴와 같은 심리적 문제가 있는지를 먼저 주목해야 한다. 그러나 단순히 진로에 대한 관심부족일 경우에는 관심 영역을 확장시켜 주고 집단활동을 통해 정보를 제공하여 깊이 있는 자기모색의 기회를 갖도록 목표를 정할 수 있다.

(2) 진로에 대한 관심사가 자주 바뀌는 집단원

진로상담에서 자신의 관심사가 너무 자주 바뀌고 다양한 흥미와 재능이 있는 집단원을 만나는 것은 진로상담자에게 새로운 의미에서 도전이 될 수 있다. 진로에 대한 관심사가 자주 바뀌는 집단원의 경우 자신의 다양한 능력과 흥미 속에서 오히려 방황하는 모습을 발견하게 된다. 결국 이런 집단원의 유형은 경험에 대한 개방성과 문제 해결의 강한 관심을 표방하면서 강한 호기심과 완벽주의적 성향으로 인해 어려움을 호소하기도 한다.

(3) 비현실적인 직업포부를 가진 집단원

어떤 한 시점에서 자신에게 최고의 진로대안으로 보는 직업을 일반적으로 '직업포부'라고 한다(Gottfredson, 2003). 집단진로상담에서는 종종 자신의 직업포부를 너무 낮게 잡거나 너무 높게 잡는 집단원을 볼 수 있다. 자신의 능력과 흥미 사이의 적절한 타협을 통한 현실적인 직업포부를 정하지 못한 집단원도 있다. 이러한 집단원을 만나게 되면 우선 상담자들은 자신의 주관적인 견해나 관점이 집단원에게 영향을 미치지 않도록 유의해야 한다. 그리고 진로상담자는 이러한 유형의 집단원에게 진로정보 탐색을 통한 자신의 능력과 흥미에 좀 더 객관적이고 현실적인 기대를 갖도록 조력해야 한다.

(4) 저항적인 집단원

집단상담에서 저항이 나타나는 방식은 다양하다. 예를 들어 집단상담 시간에 늦거나 과제를 수행하지 않고 상담자나 집단원을 비판하는 행위 등이다. 이렇게 집단에서 함께 작업하기 어려운 집단원의 경우에는 상담자 자신의 개입방식에 따라 집단원의 문제행동이 감소하거나 증가하는지를 염두에 두어야 한다. 집단에서 저항하는 집단원에 대한 효과적인 개입은 상담의 이론별로 차이가 있다. 대체로 저항은 '자신의 변화에 대한 불안'이 원인이다. 그러므로 다양하게 나타나는 집단원의 저항 행동의 기저 원인을 파악하는 것이 상담자의 중요한 역할이다.

5. 집단진로상담의 프로그램

1) 집단진로상담 프로그램의 개발 과정

(1) 프로그램 기획(1단계)

프로그램 개발을 위한 1단계로 프로그램의 기획을 설정한다. 프로그램과 관련된 선행연구를 분석하고 프로그램의 필요성을 인식하는 단계이다. 또한 프로그램의 목적과 목표를 수립하여 프로그램의 밑그림을 그리는 단계이다.

(2) 프로그램 구성(2단계)

프로그램 개발을 위한 2단계로 프로그램의 구성을 진행한다. 프로그램의 구체적인 내용을 구성하기 위해 자료를 수집하고 정리하는 단계이다. 프로그램의 진행을 위한 각종 활동지, 평가지 등을 구상하고 매뉴얼을 개발하는 과정이다. 또한 프로그램을 실시하고 평가하기 위해 적합한 측정도구를 선정하고 평가방법을 설계한다. 프로그램의 타당성을 확보하기 위해 현장전문가와 이론전문가의 자문과 검토를 거쳐 프로그램을 구체화하는 단계이다.

(3) 프로그램 예비연구(3단계)

본 과정은 2단계의 프로그램을 실제 현장에서 적용하기 전에 연구의 타당성과 신뢰성, 효율성 확보 등을 위해 예비연구를 실시하는 단계이다. 예비연구를 통하여 프로그램의 수정과 보완을 거쳐 본 연구에 적합한 프로그램의 확정하기 위함이다.

(4) 프로그램 본 연구 실시와 관리(4단계)

본 과정은 프로그램이 확정되면 프로그램을 실시하고 관리하는 마지막 단계이다. 프로그램에 적합한 실험집단과 통제집단을 선정하고 프로그램을 개입시켜 프로그램의 효과를 측정 분석하는 단계이다.

2) 집단진로상담 프로그램의 목표

변창진(1994)은 프로그램이 성립되기 위한 기본 조건을 목적성, 조직성, 계획성, 통제성, 보증성의 다섯 가지로 제시하고 있다. 특히 목적성이란 프로그램이 누구나 쉽게 이해할 수 있는 구체적인 목적이나 목표를 갖고 있어야 하고, 포함되는 내용이나 활동, 실시 절차가 그러한 목표에 적합해야 하는 것을 의미한다.

진로선택과 계획을 돕기 위한 집단진로 프로그램의 내용에는 그 형식이 집단상담이든, 집단 워크숍의 형식이든지 간에 개인에 대한 이해와 일의 세계에 대한 이해 및 이를 돕기 위한 구체적인 정보와 자료제공이 포함되어야 한다. 그리고 이러한 정보들을 통합해 개인이 진로를 선택할 수 있는 의사결정 기술의 학습 및 훈련이 포함되어야 한다. 또한 집단원 간의 상호작용을 통해 피드백을 주고받으면서 대인관계에서의 의사소통 훈련은 물론 다양한 생애역할의 이해와 역할연습의 기회를 갖는 것도 포함되어야 한다(김충기 · 장선철, 2011).

3) 집단진로상담 프로그램의 구성내용

(1) 자기이해

자신을 성찰하는 것은 하나의 개인인 '자아'를 전체적 · 종합적으로 인식하여 표현한 것을 말한다. 자신의 내 · 외적 상태가 서로 영향을 줌으로써 형성된 자기 자신에 대한 깨달음이자 자신에 대한 신념, 가치, 견해, 능력의 총합이라 할 수 있다(송인섭, 1989; 김정규, 1998; 민지희, 2016). 또한 자아라는 개념은 타인과의 상호작용을 통해서도 형성된다. 특히 중요한 의미를 지닌 타인과의 관계에서 영향을 받게 되며 자신의 성공적 경험에 의해서도 지속적인 영향을 받으면서 형성된다. 이는 개인의 성격 형성에 중요한 역할을 하게 된다(이경화 · 고진영, 2003; 민지희, 2016).

그러므로 자기 자신을 객관적으로 살펴보는 것뿐만 아니라 내적으로 깊이 있는 성찰을 거친다는 것은 무엇보다 중요한 과정이라 할 수 있다. 특히 이러한 내적 성찰은 자신의 삶의 방향성과 삶의 목적을 찾아가는 중요한 방법이라 할 수 있다.

❶ 나는 누구인가

우리는 자신을 알고 싶을 때 제일 먼저 '나는 누구인가'라는 물음을 한다. 그리고 자신을 탐색하고 알아가고자 '나는 어디에서 왔는가'라는 자신의 정체성과 존재에 관련된 물음을 하게 된다. 인간은 독특하고 특별하며 고귀하고 자유로이 반응하는 존재로 인식한다. 그러므로 자기의 이해를 통하여 진로와 직업을 찾아 가는 것은 행복한 삶을 위한 필수 조건이라 할 수 있다.

자기인식이란 자신의 본성이나 운명에 순응하면서 적성이나 타고난 가능성을 최대한 실현시키는 것이다. 인간은 사회 구성원으로서 자기의 적성과 능력에 따라 그 사회가 필요로 하는 역할을 분담하여 사회발전을 위해 자신의 능력을 발휘할 때 진정한 삶의 의미와 보람을 찾을 수 있다. 따라서 올바른 자기인식을 통해 자신의 능력과 역할을 분명하게 인식하고 자신에 대한 성찰과 반성을 하여 인간과 사회, 자연, 문화, 종교 등에 대한 지식과의 관련성을 이해함으로써 사회에 기여하는 일을 명확하게 선택할 수 있다. 또한 자기인식은 자신을 있는 그대로 객관적인 눈으로 바라보는 것이고 자신의 감정과 행동의 원인이 되는 동기를 아는 것이며 자신의 장점과 단점을 모두 이해하고 받아들이는 것이다. 올바른 자기인식은 자신의 발전과 변화를 위해 우선적으로 선행되어야 할 일이며 이를 통해 좀 더 발전적이고 향상된 모습으로 자신의 변화를 이끄는 일에 큰 도움을 줄 것이다(김한준 · 강준의, 2016).

❷ 나는 어떻게 살 것인가

꿈을 꾸는 삶이란 바로 '나'로 사는 삶이다. 자신이 가고자 하는 방향과 자신의 내면적 욕망이 일치하기 때문이다. 우리는 절대 타인의 꿈을 대신 꾸어주거나 대신 이루어줄 수 없다. 꿈은 나만의 고유한 동력에서 생겨난다. 꿈은 대다수가 공유하는 논리나 이성에 의해서가 아니라 나에게만 있는 궁금증과 호기심이 근원적으로 발동해서 생산된 것이다. 그리하여 '나'는 꿈을 꿀 때 비로소 진정한 '나'로 존재한다. 그럴 때만이 자기 삶의 주인으로 살아갈 수 있다. 우리는 수많은 일반명사로 살아가는 것이 아닌 고유명사로 살다 가겠다는 의지로 뭉친 존재가 될 수 있다는 것이다(최진석, 2017).

자신의 정체성을 통하여 자신의 존재를 탐색하고 발견한 이후에 삶에 대한 깨달음과 자각을 통하여 삶의 방향성을 정하고 그 길을 걸어가는 것은 매우 중요한 일이다. 거기에는 삶에 대한 핵심가치를 정하고 취사선택을 통하여 어떻게 살아갈지에 대해 궁구하는 것을 의미한다. 자신의 진로 방향을 결정하는 데 가장 중요한 것은 자신의 성격에 적합하고 자신이 좋아하는 일을 찾는 것이다. 아무리 직업적 능력이 있어도 그 일에 대한 흥미가 없고 성격에 부합하지 않는다면 그 일을 선택하기는 쉽지 않을 것이다. 그러므로 진로 설계를 위해서는 자신의 흥미나 성격 등 자신을 이해하는 것과 삶의 가치를 고려하는 것이 무엇보다 중요하다.

❸ 나는 무엇을 할 것인가

인간은 자신을 탐색하고 자기실현을 통해서 미래 자신의 비전을 찾는 작업을 진행하여야 한다. 이 세상에 존재하는 한 사람으로 자신만의 길을 걸어갈 수 있는 것은 무엇인지를 고민해야 한다. 그러기 위해서는 자신의 강점을 충분히 발휘할 수 있는 분야를 찾아서 주변 상황에도 흔들리지 않는 올곧은 자신만의 길을 갈 수 있는 용기가 필요하다. 그것은 세상 속에서 상상력을 발하는 일이며 아주 독창적인 일이다. 더불어 나만을 위한 일이 아닌 이웃과 주변, 공동체에 기여하는 일임을 기억해야 한다.

결국 꿈을 찾아가기 위한 탐색과 새로운 경험, 자신의 선호를 알아가는 것은 중요하다. 꿈은 자신의 진로를 고민하고 올바른 방향을 찾은 사람들에게 진로탐색의 출발점이 된다. 꿈은 진로에 대한 꿈과 의지가 포함되어 있는 미래를 이미지화한 것으로 진로비전이라고도 표현하고 있다. 진로비전을 설정할 때에는 개인의 특성과 성향에 따라 다를 수 있다. 세상에는 사람 수만큼이나 다양한 꿈이 있다고 한다. 더 좋은 비전이나 나쁜 비전은 없다. 각자의 상황에 맞는 비전이 있을 뿐이다.

(2) 직업이해

❶ 나의 직업가치

나의 직업가치는 일반적인 직업의 가치를 이해하고 일의 관점에서 그 중요성을 인식하며 자신이 중요시하는 것을 말한다. 자신을 행복하게 하는 직업을 찾는다는 것은 개인의 가치관, 능력, 흥미, 적성 등과 대체로 일치하는 직업을 발견하는 것이다. 따라서 자신이 소중하게 생각하는 직업의 가치를 확실히 인식하고 직업을 선택할 때 이를 반영하도록 해야 한다. 개인이 소중하게 여기는 직업가치를 찾아 삶의 가치와 조화를 이룰 수 있도록 직업가치를 점검하고 이해하여 수용하도록 도와야 한다.

❷ 나의 롤 모델 찾기

최근 우리 사회에서 소위 '멘토시대'를 방불케 하는 현상의 하나로 멘토링 제도, 멘토 프로그램 등을 활발히 진행하고 있다. 특히 대학생, 청년층 사이에서는 기존의 일방적 강의방식이 아닌 '토크콘서트'를 통해서 멘토라고 불리는 각계각층의 명사들과 만나 그들의 인생이야기를 듣고 현장에서 질의응답을 주고받으며 자신들의 진로와 고민 중인 여러 가지 이슈에 대한 조언과 도전을 얻는 이벤트들이 크게 유행하고 있다.

우리에게 누군가 본받고 싶은 대상이 있다면 그 사람의 전기나 자서전을 읽고 그 사람처럼 되기 위해 의도적으로 노력하고 반복적으로 행동하고 실천하는 것이 필요하다. 만일 그런 대상이 없다면 자신이 가장 닮고 싶은 이상적인 자기를 만들어보고 그 사람의 이야기를 계속해서 자신에게 들려준다. 반복적으로 들려주는 상상 속의 이야기가 현실을 만들어낼 수 있기 때문이다(최인철, 2007).

(3) 직업탐구

❶ 진로·직업정보 수집

직업탐구는 미래 직업세계의 변화와 진로계획 및 선택을 위해 정보수집의 중요성을 인식하는 것부터 시작된다. 직업을 통하여 자신이 성취하고자 하는 것과 직업이 자신의 삶과 어떤 관련이 있는지를 명확히 인식하면서 직업을 선택하는 것이 중요하다. 본격적으로 직업을 선택하기 전에 먼저 자신이 관심 있는 직업들을 잠정적으로 선택하고 그 직업들에 대한 구체적인 정보를 수집하는 일이 또한 중요하다. 특히 잠정적으로 직업을 선택할 때 선입견에 사로잡히지 말고 자유로운 사고로 새로운 직업을 이해하도록 융통성을 발휘하도록 도와야 한다.

각자 관심 있는 직업에 대한 면담조사 경험을 통해 개인의 직업에 대한 준비를 재점검하고 직업세계에 대한 현실감을 얻을 수 있도록 돕는다. 면담조사를 통해 살펴본 직업이 자신의 직업적 동기와 어느 정도 일치하는지 그리고 그 직업이 요구하는 조건과 자신의 기대 간에는 어떤 일치점과 차이점이 있는지를 정리해 보도록 하는 것이 필요하다. 지금까지의 자신에 대한 정보를 종합하고 직업세계에 대한 정보를 통합하여 잠정적으로 자신에게 어떤 직업이 적합한지 탐색해 보도록 하여야 한다.

❷ 의사결정 연습

우리는 진로 및 직업선택과 관련하여 끊임없이 요구되는 의사결정이 필요함을 알 수 있다. 그러므로 개인의 의사결정 유형을 이해하고 훈련하는 일이 중요하다. 의사결정이란 두 가지 또는 그 이상의 가능성 중에서 하나를 선택하는 것이다. 사람들이 결정을 내릴 때 오류를 범하기 쉬우므로, 이를 줄이기 위해서 무엇이 문제인지를 먼저 분명히 인식하는 것이 필요하다. 또한, 사람들은 나름대로 자기 방식의 의사결정 유형을 갖는다. 따라서 각자의 진로의사결정 유형을 살펴보고 의사결정과 관련하여 현재 자신이 안고 있는 진로문제가 무엇인지 탐색해 보도록 해야 한다. 결국 진로의사결정은 개인이 선택 가능한 여러 가지 진로 중에서 자신의 특성을 고려하여 최선의 진로를 선택하는 과정이다.

PART Four

진로상담과 미래전망

CHAPTER 11
CHAPTER 12
CHAPTER 13
CHAPTER 14

CHAPTER 11

미래의 직업세계 특징과 변화

1. 미래의 직업세계 특징

1) 직업의 의미

심리학자 Maslow(1970)는 인간행동의 동기를 '욕구'라고 보았다. 그리고 사람들이 자기 자신의 중요한 개인적인 욕구를 충족하는 데 있어서 일의 역할에 대한 개념을 발전시켰다. Maslow는 욕구체계를 위계가 있는 사다리라고 보았다. 즉 사다리에 오를 때 두 번째 단에 오르기 위해서는 첫 번째 단에 올라야 하며, 세 번째 단에 오르기 위해서는 두 번째 단을 올라야 한다. 따라서 상위 욕구는 이전 단계의 하위 욕구가 완전히 만족되었을 때 충족될 수 있다. 구체적으로 살펴보면 생존에 대한 가장 기본적인 욕구가 충족된 후에 사다리의 두 번째 단계인 안전의 욕구나, 세 번째 단계인 소속과 애정의 욕구가 생겨난다. 그리고 네 번째 단계는 자기 자신과 타인에게 존경받고 싶어 하는 자기 존중에 대한 욕구, 그리고 마지막으로 자아실현의 욕구 단계가 온다. Maslow에 의해 개념화된 위의 다섯 욕구들 즉, 생존, 안전, 공감, 성취, 그리고 자아실현과 연결시켜 직업을 설명하면 다음과 같다.

(1) 생존을 위한 필요

생존을 위한 원시적인 욕구는 일에서 동기 사다리의 기초를 이룬다. 이들 욕구의 충족은 기본적이고 자기중심적이기 때문에 모든 욕구들 중에서 가장 강력한 욕구이다. 생존을 위해서 직업을 필요로 하는 사람들은 생존문제가 해결될 때까지 직업발전을 저해한다. 현재 우리 사회는 저성장 시대라는 사회적 환경으로 인한 실업률이 날로 증가하면서 생존을 위해 직업을 필요로 하는 사람들이 늘어나고 있다. 이처럼 실업자들에게는 이들이 직업을 준비할 수 있도록 지원하고 일할 수 있는 직장을 발견하여 안정된 삶의 터전을 마련하도록 개입하는 것이 필요하다.

(2) 안전한 미래의 삶 제공

욕구 계층구조의 두 번째 사다리는 안전과 안정성에 대한 욕구 단계이다. 생존은 항상 안전에 대한 욕구를 수반한다. 이 욕구 단계에 있는 노동자들은 안정적이고 보장된 미래를 위해 노력한다. 하지만 일시해고, 해고, 사업 실패와 같은 강요된 직업 전환 또는 재취업, 죽음, 이혼과 같은 삶에서의 개인적인 위기를 겪는 내담자들은 많은 긴장과 갈등을 겪는 가운데에서 안전함과 안정성을 찾음으로써 둘러싼 문제들에 대해 해결점을 찾고자 고심한다.

오늘날 일생동안 변하지 않는 동일한 한 가지의 직업에 머무르는 사람은 거의 없다. 사람들이 미래사회의 변화를 좋아하든 그렇지 않든 간에 노동자들은 그들의 기술을 참신하게 유지하거나 직업세계에서 격하·낙오되는 위험에 빠지지 않도록 관리해야 한다. 현대 사회는 다양한 영역 내에서 수평적·수직적·복합적 이동을 해야 한다. 따라서 사람들은 다른 직무 또는 다른 직종으로 이동할 수 있는 다양한 기술을 배워야 하는 시대가 되었다. 또한 과학기술의 변화 시대에 첨단 기술을 습득하고 끊임없이 다양한 시점에서 보수교육을 받으며 자신의 경력을 관리해야 한다. 이제 직업적 유연성은 미래의 직업적응에 있어서 중요한 키워드가 되었다.

(3) 소속감과 만족감 충족

욕구 계층구조의 세 번째 사다리는 소속, 수용, 혹은 공감의 단계이다. 일은 우리로 하여금 공통의 목적을 향하여 연합되는 동료집단과 결합하도록 해준다. 우리는 조직체에 참가하고 그룹 목표에 공헌하고 팀의 구성원으로 기능을 수행할 때 깊은 만족을 느낄 수 있다. 또한 직장에서는 매우 다양한 인간관계가 존재한다. 개인의 입장에서 살펴보면 위로는 상사가 있고 좌우로는 동료들이 있으며 아래로는 부하가 있는 상하좌우의 모든 방위에 위치하는 사람들과 인간관계를 맺게 되는 것이다. 이러한 직장 내 동료들 사이에서의 원만한 인간관계는 소속된 조직 및 업무에 대한 깊은 소속감과 만족도를 느끼도록 한다.

한편 일에 있어서 집단으로부터 소외되거나 구성원 간의 갈등은 개인과 직업, 그리고 직장으로부터 거부감, 열등감, 위축감을 느끼게 하고 종국에는 환멸로 이끌어 직업 전환을 촉진하는 계기가 된다. 오늘날의 직업세계는 매우 가변적이며 한 가지 직업으로 평생 살아갈 수 없기에 사람들은 개인주의 · 성취주의로 변해가면서 이러한 욕구를 만족시키기가 점점 어려워지고 있다.

(4) 자아존중감 제공

소속감에 대한 욕구가 충족됨에 따라 직업에서 성취를 경험하고자 하는 갈망이 욕구의 네 번째 단계에서 나타난다. 자아존중에 대한 욕구는 자기 자신과 타인에게 존경받고 싶은 욕구로, 개인은 직업에서 요구되는 과제들을 성공적으로 성취함으로써 경험하게 된다.

조직 직업 발달 전문가인 Edgar Schein(1978)은 직업에서 유능감을 갖기 위하여 역할에 따라 해결되어야 할 중심 수행 과제와 처리되어야 할 심리학적 문제들을 [표 11-1]에 제시하였다. 각 단계들은 직업 유능감을 갖기 위해 해결되고 정복되어야할 새로운 발달 과제와 이에 상응하는 심리학적 위기들을 수반한다.

[표 11-1] 직업 유능감을 갖기 위한 각 단계별 성취과제

역할	심리학적 위기	직업 능숙도 과제
학생	• 선택에 대한 개인적 책임의 수용	• 가치, 관심, 그리고 능력을 발견하기 • 현명한 교육적 결심을 하기 • 직업적 가능성을 발견하기
지원자	• 애매모호함과 불확실성에 대한 수용 • 단정적으로 자신을 제시하는 능력	• 일을 찾고 일에 지원하고 면접보는 방법 배우기 • 조직체나 고용 환경에 대한 정보를 평가하는 방법 배우기 • 실제적이고 유용한 직업을 선택하기
견습생 및 훈련생	• 다른 사람에게 의존하는 능력 • 현실(조직체가 실제로 어떠한가)를 다루는 능력 • 불안정성 극복하기	• 조직체의 비결을 배우기 • 다른 사람들 돕기 • 지시를 따르기 • 채용 승인 받기
동료	• 독립성 • 성공과 실패에 대한 책임을 수용하기 • 균형을 이룬 생활양식 확립하기	• 독립적인 공헌자 되기 • 조직체에서 전문가로서 개인에게 적합한 분야 발견하기 • 조직체에서 새로운 자기인식과 성장 잠재력의 관점에서 본래의 진로목표를 재평가하기
멘토	• 다른 사람에 대한 책임을 맡기 • 다른 사람의 성공으로부터 만족감을 얻기 • 확고한 전문가의 역할을 받아들이기 • 지속적으로 성장을 위한 기회를 발견하기	• 다른 사람을 훈련시키고 멘토링하기 • 조직체 내에서 다른 부서와 협력하기 • 팀 프로젝트를 관리하기
후원자	• 자신에 대한 우선적인 관심에서 벗어나 조직체의 복지에 대해 더 관심을 갖기 • 고도의 스트레스 수준에 대한 개인의 정서적 반응을 관리하기 • 일과 가정 간의 균형을 이루기 • 은퇴에 대하여 계획세우기	• 복잡한 문제 분석하기 • 조직체의 방향을 형성하기 • 조직체의 기밀 다루기 • 조직체의 정책 다루기 • 새로운 아이디어 개발하기 • 다른 사람의 창조적인 프로젝트 후원하기 • 능력과 책임을 관리하기

역할	심리학적 위기	직업 능숙도 과제
은퇴자	• 과거의 직업 성취에 있어서 만족을 발견하기 • 개인 성장의 새로운 국면에 직면하기	• 생활수준과 생활방식에 있어서 변화에 적응하기 • 자기의 재능과 관심을 표현하기 위한 새로운 방법을 발견하기

출처: Schein, 1978

(5) 자아실현과 공동체성 함양

개인의 자긍심이 꽃피기 시작할 때 사람들은 개인 욕구의 가장 높은 단계로 올라가도록 동기를 부여받는다. 사람들은 일을 통하여 자아실현을 이룬다. 자아실현이 충분히 성취된 사람은 자신과 타인 및 자연을 수용하고, 정의와 진리, 질서, 조화, 아름다움을 추구하고, 문제 해결 능력이 있고, 자기주도적이고, 늘 감사하고, 정서적 반응이 풍부하고, 창조적이고, 도덕적이며, 가치의식 수준이 높다. 그리고 타인에 대해 희생적으로 헌신하는 모습을 갖게 된다. 이처럼 개인은 일을 통하여 개인의 자아실현만 이루는 것이 아니라 공동체 전체를 위하여 공헌하게 된다.

2) 미래 직업의 특징

현대의 다변화된 사회적 환경과 불투명한 미래 사회 속에서 변화된 직업세계를 이해하고 적응하는 것은 매우 중요한 과제 중 하나이다. 직업은 사회적 환경에 따라 수없이 변화한다. 따라서 사회적 환경이 어떻게 변화하고 그 시대의 사회적 상황이 무엇을 요구하는지, 무엇을 원하는지를 명확히 파악하는 것은 중요한 일이다. 그 시대가 원하고 요구하는 것에 따라 새로운 종류의 직업은 사라지고 또한 생기기를 반복하기 마련이다. 현재 본인이 살고 있는 사회적 환경의 흐름이 어디를 향하고 있는지를 주의 깊게 관찰하는 사람이라면 남보다 먼저 직업의 미래를 판단하고 찾을 수 있을 것이다. 다음은 변화하는 직업세계의 특징들을 정리한 것이다(김한준 · 강준의, 2016).

(1) 고학력 인구의 증가

요즘 우리나라에서 대학은 선택이 아닌 필수과정이 되고 있다. 그렇기 때문에 대학을 졸업한 것만으로는 크게 변별력이 없다. 지식기반사회에서는 고학력 인구의 수요가 점차 증가하고 지식정보의 창출속도가 빨라지고 있으며 변화하는 새로운 지식과 정보에 맞추어 새롭게 활용하고 부가가치를 높일 수 있어야 한다. 이러한 사회에서는 높은 학력의 인재보다 고급 기술력과 정보력을 갖춘 인재에 대한 요구도가 높아질 것이다.

(2) 삶의 질을 높이는 직업의 증가

평균 수명이 증가함에 따라 건강한 삶의 분야와 관련된 직업의 관심이 확산될 것이다. 생활수준이 높아지고 주 5일 근무제가 확산되면서 삶의 여유를 즐기는 사람들이 증가하고 직업의 비중도 삶과 여유를 함께 즐길 수 있는 분야의 업종이 증가하게 된다는 것이다. 향후 직업 분야는 문화산업을 비롯하여 건강과 복지, 여가 분야의 산업에 활성화가 예견된다. 또한 평균연령의 증가가 단순히 삶의 연장이라는 측면에서 벗어나 활기찬 삶을 사는 것이 더욱 중요하다는 인식으로 건강을 유지하기 위한 분야나 건강관련 기구 및 용품의 산업분야 비중도 증가할 것이다.

(3) 여성노동력에 대한 수요 증가

여성들의 사회진출에 대한 장애가 점차 제거되고 여성들의 경제활동 비중이 높아지면서 미래사회의 직업구조에서는 여성들의 참여가 증가하고 여성노동력이 활성화될 것이다. 또한 미래사회에는 서비스 분야의 직업이 증대될 것으로 예측되는데 이 분야에서는 여성들의 섬세함이나 미적 능력 등이 남성들보다 여성들에게 유리하기 때문에 여성들의 직업참여가 확산될 것이다.

(4) 인터넷 도입으로 인한 직무내용의 변화

인터넷 환경은 우리 생활 전반에 커다란 변화를 가져왔다. 가상사회가 현실과 연관되면서 우리나라뿐만 아니라 전 세계가 하나로 연결되는 놀라운 변화를 보게 된 것이다. 이에 따라 인터넷을 통한 전자상거래가 활성화되고, 모든 업무가 컴퓨터를 통해 이루어짐으로써 새로운 관련 직업들이 증가하고 있다. 이러한 인터넷 환경은 직무형태의 변화를 가져왔는데, 매일 출근하는 것보다는 재택근무제가 도입되고 있으며 회사라는 물리적 공간의 제약을 받지 않고 언제 어디서나 업무를 처리할 수 있는 열린 직장의 시대가 다가오고 있다.

2. 미래의 직업세계 변화

산업혁명의 단계를 분류하는 기준에 대해서 크게 두 가지 관점이 있다. 첫 번째 관점은 혁명적 기술을 기준으로 분류하는 관점으로 세계경제포럼인 다보스포럼의 Klaus Schwab이 제안한 기준이다. 두 번째 관점은 에너지와 에너지 사용기관을 기준으로 분류한 Jeremy Rifkin의 관점이다. 현재는 Klaus Schwab의 견해에 따르면 4차 산업혁명의 시기이고 Jeremy Rifkin에 의하면 3차 산업혁명의 시기이다. 최윤식(2017)은 현재를 3차 산업혁명의 시기이자 4차 산업혁명의 준비단계로 평가한다. 4차 산업혁명의 시기는 인공지능(AI)과 로봇, 사물인터넷(Internet of Things: IoT), 빅데이터 기술의 혁명을 통해 실재와 가상이 통합되고 사물을 자동적 · 지능적으로 제어할 수 있는 가상 물리 시스템이 구축된다. 생산기기와 생산품 간 상호소통 체계가 구축되면서 중앙집권화된 시스템의 통제에서 벗어나 각 기기가 개별공정에 알맞은 것을 스스로 판단하고 실행하면서 전체 생산과정이 역사상 가장 놀라운 수준으로 최적화되는 산업상의 거대한 변화가 일어나는 시기라고 평가한다(최윤식 · 최현식, 2017).

1차 산업시대를 살았던 사람들은 직업선택에 대해서 고민을 할 필요가 없었다. 왜냐하면 부모가 경영해온 직업을 그대로 계승하면 되었기 때문이었다. 산업화가 시작되었던 좀 더 가까운 과거에는 노동력을 필요로 하는 기업과 직업을 필요로 하는 근로자, 즉 공급과 수요의 원리가 원활하게 이루어지는 노동시장에서 개인의 적성과 흥미를 찾아 직업선택이 가능하였다. 그리고 합리적으로 진로를 선택하고 계획적인 준비단계를 거쳐 선택한 하나의 직장 내에서의 직업을 천직으로 여기고 안정적이고 수직적인 이동을 은퇴할 때까지 유지하였으며 그렇게 정년퇴직을 하는 어르신들이 젊은 자녀들의 부양을 받으며 노후의 안락함을 누리는 것이 가능한 사회였다.

하지만 현대인들이 살아가는 현대사회에서는 '평생직장'의 개념이 사라졌다. 살아가면서 직업을 적게는 4~5가지, 많게는 10~11가지 정도 가져야만 살아갈 수 있게 되었다. 이제는 다양한 영역 내에서 수평적 · 수직적 · 복합적 이동을 해야 한다. 따라서 사람들은 다른 직무 또는 직종으로 이동할 수 있는 다양한 기술을 배워야 하는 시대가 되었다. 한 직장에서 근무하면서 쌓여가는 관록과 경험이 우대되기보다는 새로운 첨단 기술에 대한 숙지를 요구받고 끊임없이 다양한 시점에서 지속적인 보수교육을 받으며 자신의 경력을 관리해야 한다. 이와 같은 사회문화의 변화는 우리의 직업세계 구조를 근본적으로 변화시키고 있다. 다음은 급변하는 미래사회와 직업세계의 변화에 대해 알아보고자 한다.

1) 정보화 시대 탄생이 가져온 직업혁명

직업혁명의 중심에는 정보화 시대의 탄생이 자리하고 있다. 1994년부터 본격적으로 보급된 인터넷은 이제 개인의 삶의 일상이 되었다. 인터넷은 세계적으로 모든 사람들이 공평하게 누려야 하는 자유와 같은 기본권리라는 인식이 확산되고 있다. 새로운 형태의 문명은 전 세계적으로 정보 및 기술의 융합에서 나타나기 시작하였다. 2017년 현재 인류의 약 51%가 인터넷을 사용하고 있고, 2025년에는 사실상 전 인류가 인터넷에 연결될 수 있다고 예상한다. 또한 현재 49억 6000만 명으로 전 세계 인구의 66%가 스마트 폰을 사용하고 있다. 휴대전화는 현재 컴퓨터, GPS, 전화, 카메라, 프로젝트, 연구 보조, 음악 플레이어, 신문, 영화관 그리고

TV와 결합해 개인의 '전자 동반자'가 되었다. 점차 컴퓨터와 스마트폰의 가격이 하락하고 용량이 커지고 있으며 사용이 쉬워짐에 따라 저개발 지역에서도 세계화에 동참할 수 있는 여건이 주어졌다. 그 밖에도 다양한 디지털 장치가 실시간 다중 네트워크 상에서 통신할 수 있도록 인간 활동의 거의 모든 측면을 지원하고 있다.

또한 인터넷 검색 엔진은 세상의 모든 지식에 즉시 접근할 수 있도록 해주었다. 이와 같은 정보화 세계는 온갖 종류의 데이터들과 전망들, 뉴스들로 홍수를 이루며 세계를 대상으로 미래의 전략을 짜거나 하루의 일을 계획하는 것이 가능하도록 하였다. 때때로 어떤 사람들은 우리 사회가 정보에 오염되었고 데이터 홍수 속에서 익사하게 될 것이라고 말한다. 하지만 미래에는 나에게 필요한 정보들이 먼저 분석되어 스스로 접속해 오는 시대로 전환될 것이다. 분명한 것은 정보화 시대는 우리가 일하는 방식을 변화시켰으며 앞으로도 변화시킬 것이라는 사실이다.

이러한 인터넷 혁신은 이 세상에 존재하지 않았던 가상세계를 만들었고 홀로그램을 통해 향후 10년 이내에 모니터 밖으로 가상세계가 튀어나오게 될 것이다. 일본에서 가상게임 캐릭터인 하츠네 미쿠를 홀로그램으로 무대 위로 불러내 노래를 부르게 하는 콘서트가 열리고 수천 명의 청소년이 이 가상 콘서트 모여서 형광봉을 흔들며 열광한 것처럼 말이다. 이처럼 가상현실을 이용한 전에 없던 새로운 산업이 만들어지고 있다.

유비쿼터스 컴퓨팅 환경은 계속해서 발전하고 있고, 2020년까지 750~800억 개의 사물에 센서를 달아 서로 소통하게 하는 사물인터넷 시대를 열 것이다. 또한 페이스북, 트위터와 같은 소셜네트워크 서비스는 인간관계의 새로운 형태로 수백만 회원을 연결하였고 상업적 발전에 새로운 매체가 되었다. 이처럼 발전하는 초고속 3D인터넷 네트워크 기술, 스마트 모바일, 홀로그램, 위치추적 기술, 인공지능, 가상현실, 유비쿼터스 기술들은 서로 융합되어 사람들이 일하는 방식을 변화시킬 것이다(최윤식, 2015).

2) 첨단과학 기술의 발전이 가져온 직업세계의 급격한 변화

현대는 IT의 발전을 중심으로 의료, 금융, 통신, 방송, 자동차, 조선, 건설, 섬유 등 전혀 다른 다양한 분야들과의 접목이 활발히 이루어지고 있다. 예를 들어 우리 사회의 논란이 되고 있는 원격의료 산업의 경우 단순한 의학 산업이 아닌 바이오, 로봇, 사이보그, 나노, IT 산업들이 융·복합되는 산업이다. 이러한 첨단기술산업의 능력을 과소평가하거나 적절하게 대응하지 못한 사람들은 직무 부적응은 물론이며 일자리를 급속하게 잃게 될 것이다. 미래학자들은 신기술이 계속해서 실업자들을 증가시킬 것이라고 예측한다. 하지만 일자리가 부족해지더라도 일거리는 부족하지 않을 것으로 예측한다. 미래에는 평생 한 직장에서 정규직으로 일하는 모습보다는 단기 계약직이나 시간제 근로로 매번 새로운 일에 투입되어 다양한 직장을 거치며 일하게 될 것이기 때문이다. 오늘날 미국의 직장인은 평생 11개의 일자리를 거치는데, 앞으로는 한 사람이 거치는 일자리가 더 많아질 것으로 예상한다.

새로운 일을 수행하는 데 필요한 기술의 종류는 끝없이 늘어나고 기술의 변화 역시 급격하게 빨라질 것이다. 계속해서 재교육을 받으며 신기술을 습득해야 새로운 일거리를 얻을 수 있다. 2014년 말 〈한국직업사전〉에 직업으로 등재된 우리나라의 총 직업 수는 11,440개가 됐다. 맥킨지글로벌연구소는 일자리 하나가 소멸할 때마다 인터넷과 관련된 일자리가 2.6개 탄생했다고 보고하였다. 즉 과학기술 발달 등으로 소멸하는 직업들도 많지만 사라지는 직업보다 더 많은 신규 직업들이 생겨나고 있는 것이다.

첨단기술산업은 연구개발 의존도가 높기 때문에 정보와 기술, 인력확보 등 기술적 하부구조에서 더 크게 영향을 받게 하여 직업의 구조를 변화시킬 가능성이 높다. 어떤 직업인들은 집에서 일을 하기도 하고 또는 현장에서 모바일 장비를 갖추어 본부와 네트워크를 한다. 어떤 사람들은 과거보다 더 짧은 주간 또는 더 긴 날을 일한다. 어떤 사람들은 일시불로 지급하는 계약기반에 근거한 프로젝트 단위로 일한다. 빅데이터와 즉각적인 의사소통은 중간 관리층 일의 변동을 초래하였고 기존의 많은 직무들을 사라지게 하였다. 본질상 진부한 도서관조차도 적극적으로 첨단기술에 의존하게 되었다.

3) 파괴적인 기술이 가져온 일자리의 변화

거대하고 급속한 변화를 가져오는 기술을 파괴적 기술(Disruptive technology)이라고 한다. 미래학자 박영숙과 Gerome Glenn은 『유엔미래보고서 2045』에서 향후 20년 안에 등장하는 몇 가지 파괴적 기술이 수많은 일자리를 소멸시킬 것으로 예측하였다.

그 첫 번째 기술은 무인 자동차 기술이다. 이미 무인 자동차는 2007년 어번 챌린지 대회에서 교통체증을 형성하지 않고 안전하고 빠르게 달릴 수 있는 모든 기술이 증명되었으며 이제는 세계의 모든 자동차기업이 무인자동차에 투자하고 개발하고 있는 중이다. 2007년 구글이 무인자동차 개발에 뛰어들어 2014년 12월 무인자동차 시제품 사진을 공개했다. 전문가들은 적어도 2020년쯤에는 운전자가 필요 없는 완전자율주행 자동차가 나오고, 2040년까지는 전차종의 75%가 자율주행차로 보급되리라 예측하고 있다. 무인차량이 대중화된다면 택시, 버스, 트럭 등 각종 운전을 직업으로 하는 많은 직종이 소멸되고 교통경찰, 대리운전자, 주차장 관리인, 렌터카 회사 직원 등의 직업들도 소멸할 것이다.

둘째, 무인기 드론의 등장이다. 얼마 전 공중파 뉴스와 기사를 통해 보도된 무인기 드론은 용도에 따라 다양한 크기, 형태, 재질로 구성된 제품이 등장할 것이다. 드론이 대중화되면 택배 등 배송에 가장 보편적으로 사용될 것으로 예상된다. 따라서 택배, 음식 및 우편 배달, 사진 기자, 건설현장 모니터 요원, 경비원, 환경엔지니어, 지질학자 토지 및 현장 측량사 등 운송 및 정보수집, 정찰 관련 직업의 소멸에 영향을 미칠 것이다.

셋째, 3D 프린터 기술이다. 잉크가 되는 각종 재료를 층층이 쌓아올려서 무엇이든 만들어내는 3D 프린터는 제조업 자체를 뿌리부터 뒤흔들 파괴적 기술로 주목받고 있다. 3D 프린터는 숙련된 노동자의 필요성과 고가의 장비의 필요성도 사라지게 했다. 결과적으로 부품제조 공장이 사라지고 그곳에서 일하는 근로자도 사라지게 되며 최저 비용으로 각 가정에서 물건이 제조됨에 따라 생산될 물건을 소비자에게 배송할 필요도 줄어들게 된다. 이러한 기술로 인해 다양한 제조업 기술자, 배송 및 물류창고 노동자, 목수, 건축 노동자와 같은 직업의 소멸에 영향을 미칠 것이다.

넷째, 인공 지능(AI) 로봇 기술이 더욱 정밀해지고 있다. 로봇 산업은 크게 셋으로 나눌 수 있다. 인간을 닮은 로봇인 휴머노이드(humanoid) 로봇 산업, 로봇의 일부를 인간에게 접목하는 사이보그 산업, 그리고 사람의 뇌를 닮은 인공지능 산업이다. 이미 로봇은 우리들의 가정과 제조업에 등장하여 우리를 대신하여 단순작업을 수행하고 있다. 그러나 미래에는 급속히 발전하는 소프트웨어로 인해 기능이 정밀해지고 인간과 상호작용은 물론 지구상의 모든 인간의 삶을 도와주거나 대신 관여하게 될 것이다. 인공지능 로봇은 인간의 생각을 대신하며 인간 대신 글을 쓰고 아이들에게 공부도 가르쳐주고 책도 읽어주고 아이들을 보호해주고 어르신들을 부축해주며 인간의 친구가 되어 줄 것이다. 이러한 로봇 기술로 인한 전례 없는 자동화의 가속화는 인류의 삶을 편리하게 만들어주겠지만 미래의 고용에 대한 심각한 위협이 될 것이다. 더 많은 일자리에 로봇과 인공지능이 투입될 것이다. 이미 단순 작업 라인에 두뇌를 필요로 하지 않는 직업들은 정교한 로봇들에게 그 자리를 내어주고 있다. 로봇에게 빼앗기는 직장을 대신해 이러한 로봇을 작동시키는 컴퓨터 제어, 컴퓨터 프로그래머, 컴퓨터 장비 조작, 컴퓨터 시스템 분석 등 컴퓨터 프로그램 관련 직무에 대한 교육과 훈련을 통해 축적된 기술과 자질을 가진 근로자가 필요하다. 또한 세계를 시장으로 삼는 1인 기업과 같은 새로운 직업 모델이 더욱 필요해 질 것이다(박영숙, Jerome Glenn, 2015).

4) 세계경제의 불확실성과 저성장의 지속으로 인한 불안정한 직업의 증가

오늘날 세계경제의 불확실성은 기업의 지속 가능성의 불안 요소로 작용하여 기업 경영자들의 불안감은 물론 고용 근로자들과 직업 환경 전체의 불안감으로 번지고 있다. 세계 경제가 일시적인 불경기가 아닌 당분간 지속되어 저성장의 국면에 접어들면서 우리나라는 물론 세계 각국은 위험인자를 최소화하고 자국의 이해를 면밀하게 계산하고 있다. 국가마다 금융 규제와 감독이 강화되었고, 투자를 장려하던 분위기도 사라졌다. 이러한 저성장 국면에 돌입하면서 기업은 고용을 꺼리고 채용 감소가 이루어졌으며 청년층 실업률은 매우 심각한 수준에 이르게 되었다.

한편 우리나라 최저임금 인상은 축복과 동시에 저주가 되었다. 즉 용돈을 벌고자 하는 십대에게는 이익이지만 생계를 위해 풀타임 직업을 원하는 근로자에게는 독이 된 것이다. 지식 기반 경제 체제에서 기업 경영의 유연성은 보통 노동의 유연성으로 이어지는데, 국가가 근로자들의 고용 환경에 직접적으로 개입하지 않거나 고용주와 근로자들 간 상호 합의가 이루어지지 않으면 파트타임 근로자들과 임시직 근로자들이 증가할 수밖에 없게 된다. 이는 노동 조건의 악화로 이어져 안정적이고 숙련된 노동력은 축소되고 일시적이고 불안정한 직업들은 증가하게 된다. 회사는 근로자들을 낮은 임금으로 고용할 수 있고 해고하기도 수월해진다. 또한 이런 방식으로 생겨난 직업들은 근무 여건이 열악하기 쉽다. 그리고 이는 최고 임금과 최저 임금의 격차를 키우는 일이 된다.

5) 근로조건에 따른 인력 이주 증가 현상

세계화 시대가 되면서 다국적 기업은 근로자들에게 지불해야 할 경비를 최소화시키기 위하여 개발도상국으로 이전하였다. 오늘날에는 기업이 해외에 생산라인을 갖추지 않더라도 제3세계에서 들어온 인적 자원들을 값싼 임금으로 고용하기도 한다. 우리나라에도 현재 130만 명 이상의 이주 노동자들이 거주하고 있는데 그 수가 매년 약 11%씩 꾸준히 증가하고 있다. 현재 우리나라는 고학력, 저출산·고령화 사회, 그리고 저성장 시대의 소비 위축에 발맞추어 저임금 일자리에 고용할 근로자를 더 이상 자국 인력으로 충원할 수 없게 되었다.

반면 국가 발전과 경제 성장을 유지하기 위해서는 인재들이 좋은 환경과 여건에서 일할 수 있도록 해야 함에도 불구하고 우리나라의 인재들은 열악한 처우 때문에 해외로 이주하고 있다. 미국이 영국을 제치고 세계 최고의 강국이 된 것은 유럽과 아시아에서 최고의 인재들을 계속해서 받아들였기 때문이다. 미국은 외국인 이공계 학생이 석사 이상의 학위를 취득하면 영주권을 받는데 용이하도록 하였다. 그리고 중국은 좋은 인재를 영입하기 위해 미국 금융위기가 발발했을 때 월 스트리트에서 퇴출당한 인재들을 대거 스카우트하여 금융능력을 순식간에 향상시켰다. 그뿐만 아니라 중국은 과학기술발전을 위해 예산을 매년 20%씩 늘이고 있다. 현대사회는 창의적 문제 해결 능력을 갖춘 인재를 필요로 한다. 사회가 필요로 하는 능력을 갖춘 근로자, 그리고 규모에 맞는 노동인력을 확보하는 것은 우리나라 직업세계의 과제라고 할 수 있다(최윤식, 2015).

6) 여성의 역할변화와 노령화 사회로 인한 노동시장의 변화

우리나라는 2010년에 경력단절여성의 「경제활동촉진법」을 시행하여 여성의 사회활동을 독려하고 있다. 이제 엄마가 요리를 하며 퇴근하는 아빠를 기다리는 시절은 지나갔다고 본다. 과거 여성들의 위치는 가정이었고 전문직에 종사하도록 권유를 받지 못했다. 하지만 현대 사회에서 여성들은 새로이 만들어지는 직업 중 2/3에 고용이 되고 있다. 또한 여성들은 경영, 행정, 관리직의 약 40%를 차지하고 있는데 이는 20년 전과 비교했을 때 거의 두 배에 해당하는 수치라고 할 수 있다.

여성의 역할변화와 더불어 식단 개선, 수입 증가 및 의료 발전으로 인해 노령화 사회가 되면서 노동시장에 변화도 생기게 되었다. 현재와 같은 추세가 계속된다면 우리나라의 인구는 2040년에 3명 중 1명이 노인이 되는 초고령화 사회가 된다. 베이비부머 세대(6·25전쟁이 끝난 1955년부터 1963년 사이에 태어난 사람들)가 중년과 노년에 이르렀지만 건강이 양호한 60세 및 그 이상의 근로자들은 은퇴를 미루고 싶어 하고, 그들의 직업이 삶의 의미와 목적, 그리고 어떤 다른 곳에서도 발견할 수 없는 정체성을 제공해줄 것이라고 믿고 있다. 이처럼 일을 하고 있는 60세 이상의 사람들로 인해 청년 노동자들의 노동 시장 접근 시기는 더 늦어질 것이다. 또한 이 같은 인구구조의 변화는 청년층에 유용한 직업에 대한 집중보다 중년과 노년의 필요에 적합한 직업들이 더욱 개발되고 활성화되도록 할 것이다. 따라서 노령화 사회에서는 청년과 노령 노동자가 함께 공존할 수 있는 일과 직업세계에서의 역할이 더욱 중대하게 다루어져야 할 것이다.

7) 갈수록 커지는 대기업의 압도적인 영향력

전국경제인연합회가 통계청(2015) 자료에 의해서 발표한 '우리나라 기업생태계 분석' 보고서에 따르면 우리나라 영리기업은 537만 7천 개이며 이 중 대기업이 4,375개(0.1%), 중소기업이 537만 3천 개(99.9%)로 대기업과 중소기업 비율은 0.1 : 99.9인 것으로 나타났다. 전체 종사자 수는 1,784만 6천 명인데 이 중 대기업에 425만 1천 명(23.8%), 중소기업에 1,359만 5천 명(76.2%)이 근무 중이어서 대기업과 중소기업의 종사자 비율은 24 : 76인 것으로 분석되었다. 전체 영리기업을 종사자 규모로 보면 1인 기업이 82.3%로 가장 많았고, 2~9인 기업(13.9%), 10~49인 기업(3.2%) 등의 순이었고 200~299인 기업과 300인 이상 기업은 각각 0.1%였다. 우리나라 기업 생태계는 49인 이하 기업이 99.3%를 차지하는 '압정형 구조'인 것이다. 1인 기업을 제외할 경우 대기업과 중소기업 비율은 1:99이며 대기업과 중소기업 종사자 비율은 32 : 68이 된다.

국가에서 소규모 자영업자를 위한 장려정책을 수립함에도 불구하고 현대 사회에서 대기업의 영향력은 합병 · 인수와 국제화를 통해서 커져가고 있다. 미래의 경제발전의 해답은 중소기업과 대기업의 동반성장에 있음에도 불구하고 현실은 그렇지 못하다. TV, 영화, 교육, 패션 · 뷰티, 게임, 심지어 치킨, 제빵, 커피전문점 같은 영세업종까지도 대기업 이익의 포식 대상이 되고 있어 대기업의 비윤리적 기업 영역 확장에 대한 사회의 갈등이 우려되는 정도까지 되었다.

현재의 국제경쟁은 개별 기업 간 경쟁에서 기업 네트워크 간 경쟁으로 변화되고 있고 대기업과 중소기업의 협력관계가 네트워크 간 경쟁에서 승패를 좌우하는 산업 환경이 되었다. 그리고 기업의 사회적 책임의 관점에서도 대기업과 중소기업의 상생협력은 중요하다. 대기업과 중소기업이 상생협력을 한다면 한국경제는 지속가능한 성장을 실현할 수 있다. 그리고 대기업과 중소기업의 상생협력은 국가의 고용구조개선, 산업 전반에 걸친 중장기적 발전뿐만 아니라 사회통합 기능까지 수행할 수 있게 된다. 좀 더 원활한 대기업과 중소기업의 협력관계 유지를 위해서 이명박 정부시절에 「대 · 중소기업 상생협력 촉진에 관한 법률」을 만들고 동반성장위원회을 발족했지만 아직까지 구체적 실현은 이루어지지 못하고 있다.

또한 최근 가장 크게 부상하고 있는 인공지능과 같은 지능혁명에 대해 살펴보면 지능혁명시대는 사람과 사람이 연결되는 것을 넘어 사물과 사물, 사물과 사람이 연결되며 가상의 사람과 현실의 사람까지 연결되어 세계 전체가 하나의 초지능체로 발전해나갈 것이다. 이런 시대에 인간은 어떤 능력을 가져야 할 것인가?(최윤식 · 최현식, 2017)

① 인공지능과 협력하는 사람이 인재가 된다.
② 시간을 새롭게 디자인하는 사람이 인재가 된다.
③ 인류의 문제, 욕구, 결핍을 통찰하는 사람이 인재가 된다.
④ 통찰력과 상상력에 능한 사람이 인재가 된다.
⑤ 인간과 기계 사이를 파고드는 사람이 인재가 된다.

이상에서 살펴본 바와 같이 점차적으로 우리 사회는 세계화와 저성장 그리고 다양한 사회구조변화와 맞물려 불확실성의 시대로 달려가고 있다. 이에 따라 직업에 대한 패러다임의 변화를 직시하고 현명하게 대처하기 위한 다양한 준비가 요구되는 시기이다.

CHAPTER 12

직업정보탐색

1. 직업정보의 정의

1) 정보의 의미

현대는 정보의 시대, 정보습득의 시대라고 부른다. 또한 현대사회는 정치, 경제, 사회, 문화, 교육, 과학, 종교, 이데올로기, 가치관 등 어떤 분야에서든 정확한 정보를 요구한다. 개인의 삶의 위치와 미래가 결정되기 때문에 정보의 이해와 습득은 필수적이라고 할 수 있다. 정보는 구성원들이 여러 문제에 직면해서 장래 계획이나 의사결정을 할 때 자기와 자기를 둘러싼 생활환경을 좀 더 깊게 이해하는 데 필요한 모든 사실과 지식을 제공해 주는 활동을 말한다. 정보는 미지의 세계에 대한 정확한 소식, 시정의 보고, 정황의 보고를 모두 포괄한다(장석민, 1988; 김충기·장선철, 2011).

이러한 정보의 가치를 판단하는 기준에는 정보의 정확성, 정보의 적절성, 정보의 적시성, 정보의 유용성, 정보의 융합성이 대표적이며 구체적으로 살펴보면 다음과 같다.

① 정보의 정확성: 오류를 방지할 수 있는 정확한 의사결정을 위해서 필수적이다.

② 정보의 적절성: 정보가 필요로 하는 상황에 얼마나 적절히 제공되었는지가 중요하다.

③ 정보의 적시성: 정보가 필요한 시기에 맞추어 적절하게 제공되어야 한다.

④ 정보의 유용성: 정보의 불확실성을 없애고 더 확실한 의사결정을 하는 데 도움이 되어야 한다.

⑤ 정보의 융합성: 정보는 장비의 결합과 가공에 의해 또 다른 새로운 정보의 창출이 가능해야 한다.

2) 직업정보의 의미

직업정보는 개별 직업의 상세한 직무, 작업 환경, 자격 요건, 승진 체계와 임금 수준, 일자리 전망 등이 포함된 유용하고 타당한 자료로 정의할 수 있다. 구체적으로 직업세계의 주요 흐름과 변화, 직업인들이 종사하는 기업 등에 관한 정보, 일자리에 관련된 구인 정보 등도 포함된다. 이는 직업을 합리적으로 선택하는 필수적인 요소이다. 직업선택은 복잡한 의사결정 과정이므로 적절한 직업 선택을 위해서 직업에 대한 정확하고 상세한 정보를 얻는 것이 중요하다. 직업에 대한 지식이 부족하면 직업 선택의 폭이 제한되며 자신이 알지 못하는 직업은 선택의 기회조차 가질 수 없기 때문이다(진로설계와 자기계발편찬위원회, 2016).

직업과 관련된 모든 정보를 직업정보라고 하는데, 개인적 차원에서 국가적 차원에 이르기까지 다양한 영역과 범위에서 활용된다. 그리고 유용한 직업정보는 노동생산성과 노동시장의 효율성을 높일 수 있다. 직업정보는 개인적 측면에서 노동시장 진출에 대비할 수 있게 하고, 기업적 측면에서는 정확한 직업별 수행직무 파악으로 합리적 인사관리와 과학적 안전관리를 할 수 있게 한다. 또한, 국가적 측면에서는 직업정보를 통해 체계적인 직업정보를 기초로 한 직업훈련 기준을 설정할 수 있고, 고용정책 결정의 기초자료로 활용할 수 있다(황매향 외, 2016).

2. 직업정보의 유형

직업정보는 크게 일반정보와 심층정보로 나누어진다.

1) 일반정보

일반정보는 공공 기관(고용노동부, 교육부, 그 외 관련 기관)이나 직업, 취업 관련 민간 기관에서 생성되는 정보, 온라인 취업커뮤니티에서 제공하는 자료, 직업 정보서 등을 일컫는다. 주로 문헌, 시청각 자료, 인터넷을 통해 정보를 탐색할 수 있다. 주로 초기에 관련 정보를 폭넓게 살펴보는 형태로써 직업 정보서를 읽거나 동영상을 보는 등 간접적인 방법으로 정보를 획득한다.

2) 심층정보

심층정보는 일반정보에서 얻기 어려운 정보로, 비슷한 고민을 가진 사람들끼리 모여서 이루어지는 토론, 스터디 등에서 얻는 정보를 말한다. 해당 전문가와의 인터뷰, 직업현장체험(job shadow), 아르바이트, 인턴, 워크숍, 세미나 등을 통해 현실감 있고 깊이 있는 정보를 얻을 수 있다. 본격적으로 직업을 선택하거나 직업 대안을 선택할 때 좀 더 깊이 있게 직업인 인터뷰, 현장실습 등 직접적인 방법으로 정보를 습득할 필요가 있다.

3. 직업정보의 수집

1) 인터넷 사이트 활용

(1) 워크넷(www.work.go.kr)

공공 기관에서 운영하는 대표적인 웹사이트로 고용노동부 고용안정 정보망인 워크넷이 대표적이다. 워크넷의 주요구성은 구직자를 위한 구인업체 채용자료와 구인업체를 위한 구직자 정보, 취업준비생을 위한 고용정보, 각종 직업심리검사, 구직기술 향상을 위한 집단상담 프로그램, 채용박람회 안내 등으로 이루어져 있다. 또한 우리 사회에 새롭게 등장한 신생 직업, 향후 유망 직업에 대한 정보, 분야별 이색 직업, 이색 학과를 소개하고 있다. 워크넷은 청소년, 고령자, 여성 등 구직자를 유형별로 특화한 별도의 홈페이지도 구축하고 있다. 이외에 직업 · 진로 자료실을 통해 한국고용정보원에서 발간되는 다양한 직업 · 진로 관련 정보서와 연구보고서를 다운받을 수도 있다.

(2) 커리어넷(www.career.go.kr)

커리어넷은 한국직업능력개발원에 설치 및 운영되고 있는 국가적 차원의 진로정보 시스템이라 할 수 있다. '개인의 삶의 질 향상'과 '국가의 경쟁력 강화'라는 테마를 연결시켜 주는 중요한 국민적 진로개발 지원체계라고 할 수 있다. 커리어넷에서는 각종 검사를 통해 진로 적성과 가치관을 파악하여 진로상담을 받을 수 있다. 여기에 다양한 직업과 학과, 진로에 대한 정보를 얻을 수 있다. 더불어 진로지도 관련 정책, 제도 운영에 관한 연구, 직업과 직업의식 연구, 직업 · 진로정보의 생산 및 보급, 직업안정 정책과 제도에 관한 연구, 직업 · 진로 관련 검사도구와 프로그램 개발 및 보급, 진로상담과 교육서비스, 진로 관련 전문가 연수 등과 같은 역할을 수행하고 있다.

(3) 한국직업정보시스템

한국직업정보시스템(KNOW, http://know.work.go.kr)은 주요 직업에 대한 종합적인 정보를 온라인 상에 제공하여 진로선택이나 학과선택에 도움을 주는 종합직업정보시스템이다. 한국직업정보시스템은 학과정보, 직업정보, 직업자료실, 직업상담, 커리어상담으로 구성되어 있다.

(4) 공공 기관 취업사이트

- 대졸취업준비생 전용 사이트(잡영): http://www.work.go.kr/jobyoung
- 중소기업 전문 취업 포털(잡월드): http://www.ibkjob.co.kr
- 이공계 인력중개센터: http://www.rndjob.or.kr
- 한국산업인력공단 해외취업 사이트(월드잡): http://www.worldjob.or.kr

(5) 민간 고용정보 사이트

- 인크루트: http://www.incruit.com
- 리쿠르트: http://www.recruit.co.kr
- 잡코리아: http://www.jobkorea.co.kr
- 사람인: http://www.saramin.co.kr
- 스카우트: http://www.scout.co.kr
- (주)유니코서치: http://unicosearch.com
- (주)헤드헌트코리아: http://headhuntkorea.com

2) 다양한 매체 활용

(1) 『한국직업전망』

『한국직업전망』은 국내를 대표하는 직업에 대한 분야별 상세 정보와 향후 고용 전망을 싣고 있으며 직업을 선택하는 데 도움을 주기 위해 한국고용정보원에서 발간한 직업 정보서이다. 『한국직업전망』은 각 지역 고용지원센터, 대학 및 공공 도서관에서 책자로 열람이 가능하고, 국가 취업 포털 워크넷, 한국고용정보원 전자 도서관을 통해 온라인에서도 열람이 가능하다.

(2) 직종별 직업사전

한국고용정보원은 현장 직무 조사를 통해 사회 변화에 따라 끊임없이 생성되고 변동되며 소멸하는 직업세계를 체계적으로 조사하고 분석하였다. 이를 『한국직업사전』으로 발간하여 객관적이고 표준화된 직업 정보를 제공하고 있다. 직업선택에 고민이 있는 청소년과 일반 구직자들은 직업사전을 활용하여 직업의 직무 개요 및 상세 직무 내용, 해당 직무를 수행하는데 필요한 교육 및 훈련 기간, 요구되는 자격, 작업 환경, 작업 강도 등의 정보를 얻을 수 있다.

(3) 국·공립도서관 및 EBS

국·공립도서관에서는 책자 형태의 취업, 자격증, 직업 정보 자료들을 무료로 이용할 수 있다. 또한 한국교육방송공사가 운영하는 진로상담과 직업정보 등을 통해 진로·직업과 관련한 다양한 프로그램들이 제공되고 있다.

(4) 직업전문학교 및 직업훈련학교

정부에서 지원하는 직업훈련을 수행하기 위해 학교나 학원의 형태로 만들어진 기관이다. 고용부가 지정한 곳만 직업전문학교로서의 조건을 갖추어 직업훈련을 수행할 수 있으며 직업훈련을 통해 구직자들의 능력개발을 돕고 자격을 취득하도록 조력한다.

3) 멘토 프로그램 활용

(1) 전문가 인터뷰

현장에서 활동하는 전문가를 만나 실제적인 정보를 수집하는 형태이다. 자신이 관심 있는 분야에 종사하는 관련자와 인터뷰 형식을 통해 필요한 지식과 업무 노하우 등을 들으면서 해당 직업을 좀 더 깊이 있게 이해하고 준비할 수 있는 장점이 있다.

(2) 선배나 스승을 통한 정보 탐색

직업에 대한 정보를 얻기 위해 주변 인맥을 활용하여 현장에서 활동하고 있는 전문가를 만나는 것이다. 이 프로그램을 통해 비슷한 관심을 공유한 사람들과 정보를 나누고 선후배나 교수님으로부터 진로와 직업, 취업에 대한 구체적인 조언을 들을 수 있다.

(3) 멘토링 프로그램의 사례

최근 멘토링에 대한 관심이 확대되면서 기업이나 대학의 후원으로 다양한 멘토링 캠프나 멘토링 프로그램이 생겨나고 있다. 멘토링 프로그램으로는 '교보멘토스쿨', 'LG CNS IT 드림 프로젝트' 등 각 대학에서 실시하고 있는 진로 관련 멘토링 제도를 들 수 있다. 또한 각 업종 분야별 멘토링 캠프도 진행되고 있는데 이런 다양한 멘토링 캠프에 참여하면 분야별 현장 전문가가 직접 일대일로 만나 멘토링을 받을 수 있는 기회도 얻을 수 있다. 멘토링 제도는 멘토-멘티 상호 배움터로서의 의미가 클 것이다. 다음 [표 12-1]은 멘토링에 관련된 참고 사이트를 소개하고 있다.

[표 12-1] 멘토링 참고 사이트

사이트명	도메인 주소	주요 서비스 내용
휴먼네트워크	https://www.humannet.or.kr	보건복지부 산하 멘토링 정보 허브포털로 청소년 및 성인들은 대상으로 학습, 독서, 비전, 정서, 문화, 예술 등 분야별 멘토링 프로그램 및 멘토링 연결 서비스 제공
소셜멘토링 '잇다'	http://itdaa.net	다양한 분야의 경험을 가진 전문가 멘토와 멘티를 서로 연결해주는 멘토링 전문기업, 온라인 1:1 직업 멘토링, 오프라인 멘토링 워크숍, 기관별 요구에 따라 특화된 멘토링 프로그램을 제공하고 있음
소셜멘토링 '달팽이'	http://www.landsnail.net/web/prog/index.php	취업과 진로에 대한 고민을 도와주는 소셜멘토링 전문협동조합 '달팽이 COOP'의 웹사이트, 다양한 직업 인터뷰 사례와 1:1 또는 소그룹별 멘토링 프로그램을 제공하고 있음
당/멘/소	http://www.saramin.co.kr/zfuser/career-information/mentor-list	'사람인'에서 운영하는 멘토 인터뷰 사례 모음 사이트, 교육, 경영, IT인터넷, 미디어 등 다양한 분야의 10년 이상 경력을 가진 전문가들의 생생한 직업 이야기와 청춘들을 위한 조언을 소개하고 있음
콘텐츠 인재 캠퍼스	https://edu.kocca.kr/edu/main/main.do	한국콘텐츠진흥원에서 운영하는 문화콘텐츠 분야의 전문 인력 채용 및 교육정보 제공 사이트, 문화콘텐츠 전문가가 되기 위한 로드맵과 문화콘텐츠 산업의 장르 및 직업 분류 체계에 따라 직업의 직무 내용, 자격 요건, 직업 전망 등의 상세한 정보를 제공함

출처: 진로설계와 자기계발편찬위원회, 2016

4) 인턴십 및 직업현장체험 활용

(1) 인턴십

인턴십은 정식으로 취업하기 전에 업무 내용을 파악하고 적성을 알아보기 위해

견습생이 되어 일시적으로 입사하는 것을 말한다. 공공 기관을 비롯하여 대기업이나 중소기업까지 광범위하게 실시되고 있다. 기업의 소중한 현장체험뿐만 아니라 일정 금액의 수당을 받고 일정한 학점을 부여하는 곳도 있기 때문에 잘 이용하면 좋은 기회가 될 수 있다. 인턴십의 장점은 변화되는 산업 환경에 탄력적으로 대처할 수 있고, 사회의 흐름을 읽어 자신의 진로를 대비하여 준비할 수 있다는 것이다. 또한 실무경험과 문화체험 등을 통해서 실업해소의 돌파구를 마련하는 계기도 될 수 있다.

❶ 인턴십의 개념

인턴(intern)이란 회사에 정식으로 채용되기 전에 실습과정을 밟는 사원을 일컫는 것이다. 기업은 미리 학생의 자질을 점검할 수 있고, 학교는 학생들의 사회적응력을 키워줄 수 있으며, 학생은 자기의 능력을 계발하여 사회적응력을 키우고 학점에도 도움을 받을 수 있다. 즉 인턴이란 정규직이 되기 이전에 좀 더 학습해야 하는 업무적인 부분을 파악할 수 있도록 정식사원의 사전 단계라 할 수 있다. 인턴십은 실제적인 현장 경험을 제공하는 직업준비 프로그램으로 보통 공식 교육이나 훈련 프로그램 후반에 도입된다. 대부분 경영직이나 사무직, 또는 기술직 업무를 익히고 관련된 업무를 준비한다는 측면에서 개설하는 훈련과정이다(장원섭 외, 2002).

인턴십에는 여러 가지 의미가 있다. 공통적으로는 관련된 직업을 경험함으로써 학습하는 직업의 기술이다. 특히 직업탐색(job shadowing)은 특정 직업에 종사하는 사람을 그림자처럼 따라다니며 실제로 어떤 일을 하는지를 눈으로 확인하는 프로그램이다. 즉 학생들이 자신이 선택한 영역의 직업체험 프로그램에 참여하여 기업이나 회사 등의 현장을 방문하고, 현장방문 동안 학생들은 기업의 모든 부서나 일에 근접하여 일의 현장에서 직접 관찰 또는 체험을 통해 나름대로의 직업관을 형성하게 된다(김우영, 2009).

❷ 인턴십의 핵심 조건

- 진로를 명확히 하자: 인턴십의 경험이 있다고 무조건 취업이 되는 것은 아니다. 무엇보다 먼저 자신의 진로를 확실히 하고 그에 맞는 인턴 경험을 쌓아야 한다.
- 인맥을 만들고 그 인맥을 활용하자: 적극적으로 선후배의 인적 네트워크를 형성해야 하는 노력이 요구된다. 또한 다양한 정보를 안내하는 교수와의 교류도 중요하다.
- 부지런하자: 대부분 인턴십은 재학생을 대상으로 방학 중에 이루어지기 때문에 미리 채용공고에 관심을 갖고 먼저 기회를 잡는 것이 중요하다(김한준 · 강준의, 2016).

❸ 인턴십의 활용과 적용

최근에는 현장 경험을 제공하는 한 형태로 창업 · 창직 열풍이 불고 있다. 과거 우리의 경제는 실물 위주의 산업경제(industrial economy)에 집중되었지만 점차 정보와 지식 중심의 지식경제(knowledge economy)로 전환되었고, 현대는 창조경제(creative economy)로 변화하고 있다. 다양한 전문가들의 예측과 같이 우리 경제는 1950년대 이후 급격하게 빠른 성장을 해왔다. 제조업, 중화학 중심의 수출주도형 산업에서 휴대폰 · 반도체 등 첨단산업을 기반으로 고도성장을 이루었으나, 최근 새로운 성장 동력이 부재하고 고용 없는 성장, 청년실업 문제 등이 심화되고 있는 상황이다. 이러한 사회 변화 속에서 상상력, 아이디어 등의 창조성에 기인한 무형의 자산 가치는 점차 높아지고 있다. 이에 따라 기발한 아이디어를 가지고 창업을 하거나 창직을 통하여 새로운 경제 패러다임의 요구에 맞추어 나가는 실정이다. 창직은 새로운 직업을 만드는 활동으로 직업이 만들어지면 그에 따라 경제적 활동을 할 수 있는 것을 의미하고 창업은 기존에 있는 직업군들 중에서 재화와 사업 모델을 기반으로 경제적 활동을 하는 것을 의미한다(진로설계와 자기계발편찬위원회, 2016).

■ 청년취업아카데미 창직과정

'청년취업아카데미'는 고용노동부가 실시하는 사업으로 기업 또는 사업주 단체가 대학 또는 일반 고교 등과 협력해 청년 미취업자에게 취업 연수과정 또는 창조적 역량 인재과정 등을 실시하고 취업 또는 창직 · 창업활동을 할 수 있게 돕는 프로그램이다. 기업과 사업주 단체가 주도하고 대학 및 고등학교가 협력하여 취업희망 청년들을 교육하며, 참여기업에 취업 연계시키는 구조로 운영된다. 대상자는 대학 졸업예정자와 대학 졸업자로 교육과정 수료 후 6개월 이내에 취업이 가능한 자로 한다.

청년취업아카데미는 '연수과정'과 '창직과정'으로 진행된다. '연수과정'은 지역특화 인재양성, 대기업과 중소기업협력, 신성장 동력 인재양성, 인문사회계열 특화모델 등을 운영하며, '창직과정'은 문화 · 예술 · 콘텐츠 분야 등에서 청년이 도전적이고 창의적인 활동을 통해 개인의 직업능력을 향상시키고 사회적으로 새로운 일자리를 창출할 수 있도록 지원하는 프로그램이다.

■ 청년 창직 인턴제

창직 · 창업을 희망하는 청년들이 서비스, 문화, 예술, 콘텐츠, 농수산업 분야 등 해당 분야 기업 및 전문가 곁에서 실전 경험을 쌓을 수 있도록 인턴 기회를 제공하며, 이후 창직 · 창업으로 이어질 수 있도록 지원하는 정부 사업이다.

인턴은 정부 지원으로 4~5개월 일할 수 있고, 근로조건은 당사자 간에 자율적으로 정할 수 있다. 창직 · 창업 성공을 위해 훈련 계획서를 작성하고 주당 4시간 이상 교육훈련 전용 시간을 편성해야 한다. 인턴 신청자를 인턴으로 채용한 기업에는 인턴 기간 동안 약정 임금의 50%를 지원해 주고, 창직 · 창업에 성공한 경우 기업에 창직지원금 200만 원이 지급된다. 단, 공동창직 · 창업인 경우 수주 프로젝트 또는 사업등록자 1건당 200만 원을 지급한다.

■ 서울시 청년일자리 허브

서울시 청년일자리 허브는 서울시에서 운영하고 있는 청년일자리 지원기관이다. 이곳에서는 청년층 스스로 사회의 문제를 인식하고 일자리 문제를 해결하기 위해 다양한 프로그램을 제공하고 있으며 새로운 청년일자리 모델을 제시하고 사회 변화를 반영한 미래 혁신적 직업을 발굴한다.

일을 탐색하는 '청년'과 공공의 가치를 추구하는 '현장'이 만나 청년은 구체적인 현장을 경험하고 현장은 청년들의 활동 덕분에 새롭게 성장하는 기회를 갖게 하는 사업이다. 2014년 청년혁신활동가들이 참여한 프로젝트로는 아픈아이돌봄 협동조합, 메디피스, 와우 책문화 예술센터, 생명의 숲 등이 있다.

■ 함께 일하는 재단

함께 일하는 재단은 다양한 실직 계층을 위한 양질의 일자리를 창출하고 새로운 고용모델로 주목받는 사회적 기업이 꾸준히 성장할 수 있도록 지원하는 곳이다. 더불어 갈수록 심화되는 청년실업 문제를 해소하기 위해 특화 프로그램을 개발 및 운영하고 발굴하여 지원하고 있다. 또한 갈수록 심화되는 청년 실업문제를 해소하기 위한 대안으로 소셜 벤처를 발굴하고 육성하여 소셜 펀딩 공모, 경연대회 개최 등 실험적인 프로젝트와 캠페인을 전개하며 각종 교육 프로그램 등을 운영하고 있다.

(2) 직업현장체험(job-shadow)

자신이 관심 있는 분야에서 직업을 직접 체험하는 방식을 말한다. 이를 통해 직업에 대한 비전을 갖게 되고 사전에 준비되어야 할 것에 대한 정보를 입수하는데에도 그 의미가 있다. 현장에서 직접 경험함으로써 관련 직업에 대한 환상을 불식하고 그 일의 가치와 소중함에 대해서도 알아갈 수 있는 기회가 될 것이다.

CHAPTER 13

진로장벽 해결과 진로방향 정립

1. 진로장벽 해결하기

1) 진로장벽의 정의

진로장벽이란 개인의 진로를 방해하는 장벽(barrier) 혹은 지각된 장벽(perceived barrier)을 의미하는 것이라 할 수 있다. 즉 한 개인이 취업, 진학, 승진 등 진로와 관련된 여러 가지 경험들을 수행해 가는 과정에서 개인의 진로선택과 목표, 포부, 동기 등에 영향을 미치거나 역할 행동을 방해할 것으로 지각되는 여러 부정적 사건이나 사태를 진로장벽이라 말한다(이정금, 2009). 그러나 진로장벽은 결코 극복할 수 없는 것이 아니라 진로와 관련된 요인에 대해 정확히 진단하고 올바르게 받아들일 수 있는 시각을 갖고 있다면 얼마든지 극복이 가능하다고 할 수 있다(김혜진, 2015).

최근 진로장벽은 개인의 진로발달 과정을 방해하고 적응을 어렵게 하는 방해조건으로 개인의 진로발달을 이해하고 진로계획을 용이하게 설계하는데 유용한 체계를 제공해주는 개념으로 주목받고 있다. 종합하면, 진로장벽이란 개인의 진로선택, 목표, 포부, 동기 등을 향한 역할행동을 방해하거나 영향을 미치는 것으로 지각되는 장애물이라고 정의할 수 있다(김은희, 2010; 라문숙, 2017).

또한 진로장벽은 상실(직장, 지지체제 등), 핸디캡(신체적, 지적 능력의 감소), 변화(새로운 직업, 고용이동 등), 사람이나 역할에 대한 갈등, 주위에서 증가하는 기대나 직무요구사항들, 사회생활이나 직장 등에서의 차별(불공정한 대우) 등을 포함하고 있다(황매향 외, 2016).

2) 진로장벽의 구성 요소

(1) 이분법적 분류

이분법적 분류는 개인의 진로를 방해하는 장벽이 개인 외부에 있는 환경적인 것인지 개인 내부에 있는 심리적인 것인지로 구분하고자 하는 것이다. 즉, 내적 요인과 외적 요인으로 구분되는 것으로 내적 요인은 자아개념, 가치관, 성취동기 등을 말하며 외적 요인은 사회적 · 경제적 · 문화적인 구조, 회사에서의 차별, 근무조건 등을 들 수 있다. 이분법적 분류를 주장하는 학자들에 의하면 외부의 환경적인 제약이나 차별, 지원의 부족 등으로 여성이 진로발달을 방해받기도 하지만 여성 스스로가 느끼는 두려움, 갈등, 동기부족, 낮은 자존감 등도 여성의 진로발달을 방해하게 된다(이성식 · 정철영, 2007; 방한승, 2017).

(2) 삼분법적 분류

삼분법적 분류는 진로장벽을 단순히 이분법적으로 구분하여 내적 장벽과 외적 장벽으로만 명확히 구분한다는 것이 모호하고 두 장벽 사이의 상호작용적인 면이나 상충되는 부분들을 수용하기가 어렵다고 보며, 이러한 이분법적 분류를 보완하기 위한 체계이다. Swanson과 Tokar(1991)의 연구에서는 대학생들을 대상으로 처음 직장을 구할 때 지각되는 진로장벽을 태도의 장벽, 사회적 · 대인적 장벽, 상호작용적 장벽의 세 가지 요인으로 나누어 설명하고 있다. 태도의 장벽은 원래 내적인 것(자아개념, 직업에 대한 태도, 적성)으로 분류된다. 사회적 · 대인적 장벽은 원가족, 미래의 결혼과 가족계획 등을 포함하는 것으로 진로와 가사활동을 조화시키고자 할 경우 주로 지각되는 진로장벽이다. 상호작용적 장벽은 성, 연령, 인종과 같은 인구학적 특성으로 인한 장벽, 또는 진로에 대한 교육과 경험을 말한다(손은령, 2001; 황매향 외, 2016; 방한승, 2017).

(3) 다원분류

다원분류는 이론적 틀을 따르는 것이 아니라 현장에서 직접 수집한 경험적 자료들을 통해서 진로장벽을 도출한 것이다. 이러한 진로장벽의 다원분류 체계는 대부분 진로장벽 검사 도구를 제작하는 과정에서 도출되었다고 할 수 있다. 하지만 1980년대 이후 진로장벽에 대한 이분법, 삼분법적인 분류체계들이 작위적인 구분이란 비판과 함께 이에 대한 보완으로 다원적 분류체계가 등장하였다. 먼저 Slaney(1980)는 진로장벽을 차별 문제, 경제적인 문제, 기회와 관련된 문제, 대인적 문제, 직무관련 문제, 개인 내적 문제, 학교와 관련된 일반적인 문제와 특수한 문제의 8가지 유목으로 분류하였다. Bowman(1988)은 인종차별, 자신의 죽음, 경제적인 문제, 예상하지 못한 사건, 낮은 성적 등으로 구분하였다. 그리고 Luzzo와 Jenkins(1996)는 가족관련 장벽, 학업기술 장벽, 인종차별 장벽, 성차별 장벽, 재정 장벽, 연령차별 장벽으로 진로장벽을 분류하였다(고태용, 2008; 방한승, 2017).

3) 진로장벽 문제 해결능력과 해결과정

(1) 진로장벽의 문제 해결하기

진로장벽을 극복하는 가장 신속한 방법은 진로에 방해가 되는 요인을 찾아내고 그 문제의 해결방법을 찾는 것이다. 효과적인 문제 해결능력을 가진 사람이 드문 이유는 일반적인 문제 해결능력이나 기술을 가르칠 수 있는 특별한 방법이 없고 합리적이고 체계적인 방법으로 접근하는 것이 어렵다는 것이다. 문제 해결은 서로 다른 기술들이 동원되는 복잡한 과정이고, 합리적인 측면뿐만 아니라 강력한 정서적인 요소도 포함하고 있다고 할 수 있다.

그러면 왜 문제 해결을 하지 못하는 어려움을 갖게 되는지 고민할 필요가 있다.

첫째, 대다수 사람들이 자신과 문제 상황에 존재하는 요인들을 거기에 얽힌 정서적 요소로 인해 왜곡하거나 부인해 버리기 때문이다. 둘째, 이미 발생하였거나 예상되는 문제 상황을 충분히 검토하지 않고 성급히 해결방안에 매달리거나 시간을 허비하기 때문이다. 셋째, 새로운 도전과 기회 앞에서 자신의 창의적인 능력을 사용하지 않고 이전의 낡은 방식으로 대응하기 때문이다.

(2) 진로장벽의 문제 해결과정

이러한 진로장벽의 문제 해결을 위한 효과적인 과정을 살펴보면 다음과 같다. 먼저 문제의 인식, 문제의 정의, 문제의 해결방안을 발견하고 검토해야 한다. 그리고 검토한 해결방안들 가운데 선택한다. 다음은 선택된 방안을 실행으로 옮기며 마지막으로 행동으로 옮긴 방안들이 효과적인지를 평가하고 실제생활에 적용해 본다.

① 문제의 인식(locate)
② 문제의 정의(define)
③ 문제의 해결방안 발견(find)
④ 문제의 해결방안 검토(examine)
⑤ 문제의 해결방안 선택(select)
⑥ 문제의 해결방안 실행(action)
⑦ 문제의 해결방안 평가(evaluation)
⑧ 문제의 해결방안 적용(apply)

2. 진로방향 정립하기

1) 진로의 의미

진로의 개념은 단순히 직업이라는 의미를 뛰어넘는 것으로 삶의 방향성을 일컬으며 생애역할과 맥락을 같이 하는 것으로 이해할 수 있다. 한사람의 직업은 더 이상 독립적으로 존재하지 않고 개인의 인생을 만드는 일부분일 뿐이다. 근로자, 부모, 배우자, 자원봉사자 등의 다양한 역할을 동시에 수행하고 여성, 동성애자 또는 장애인이라는 특정한 맥락 속에 있게 된다. 이 모든 역할과 맥락이 한 개인의 삶 속에서 진로의 의미와 목적을 이해하는데 중요한 역할을 한다(황매향 외, 2016). 결국 진로는 자신의 삶을 어떻게 살아갈 것인지에 대한 끊임없는 물음이며 자신이 속한 공동체에 어떻게 기여할 것인지에 대한 탐색의 과정이라고 할 수 있다.

2) 진로 방향 정립

경제적·사회적 발전은 시대에 따라 단계별로 구성될 수 있다. 시대별로 인류는 생존을 위해 그 사회의 경제적 패러다임에 따라 가치를 최대한으로 생산하는 데 노력하며 그러한 가치생산에 적합한 사람들이 각광받았으며 중추적 역할을 하였다. 최근 우리 사회의 화두는 '융합'이다. 창조사회에서 보는 신뢰와 경험의 가치를 바탕으로 기존에 있었던 영역에서 창조적인 아이디어로 연결하는 것인데 이것이 융합과 일맥상통한다고 볼 수 있다. 사회적 가치의 변화에 따라 사회에서 요구되는 인재상은 끊임없이 바뀌어 왔고 그에 따라 사회에서 선호하는 직업군도 바뀌었다. 2000년대 중반에는 사회복지, 환경, 인쇄, 목재, 가구, 공예, 화학 관련직이 가장 유망한 업종으로 꼽히고 있다(진로설계와 자기계발편찬위원회, 2016).

이러한 사회적 변화에 따라 각급 학교 및 관련기관에서는 진로 서비스를 통해 종합적이고 전문적인 지원을 제공하는 것을 주목적으로 삼고 있다. 주요 기능으로는 다음과 같다.

① 진로와 관련된 상담 서비스 제공
② 진로개발을 위한 각종 서비스 제공
③ 진학과 취업을 포함한 진로에 관련된 각종 정보의 제공
④ 상담 및 진로 관련 전문가 양성 및 훈련
⑤ 각급 학교 및 관련 기관에 대한 자문
⑥ 각종 진로지도 및 진로상담 프로그램 개발 및 연구
⑦ 진로발달 및 진로상담에 관한 기초연수 수행

이러한 기능을 효과적으로 잘 활용하고 진로 방향성을 수립하기 위한 요건을 살펴보면 다음과 같다.

(1) 직업인으로서의 기본적인 소양 증진

① 직업인의 긍지와 떳떳한 자세
② 다양한 직업 체험을 통한 직업인으로서의 기본적인 소양 준비
③ 작은 일에서 성공경험과 성취감을 누리는 기회 제공
④ 직장인의 소양인 에티켓과 대화법, 타인 이해법 등 제공
⑤ 책 읽는 습관, 외국어와 컴퓨터 사용능력
⑥ 창의적 문제 해결력 증진

(2) 자기 이해력 증진

① 자신의 흥미, 성격, 적성, 가치관 등에 대한 충분한 고민
② 각종 심리검사 등에 대한 전문가의 해석상담 제공
③ 자신의 관심 분야와 관련된 활동과 일을 체험하고 탐색하도록 지지하고 지원

(3) 진학 및 직업세계에 대한 정보제공

① 직업정보, 취업관련 정보 등 제공

② 미래의 직업세계, 다양한 진로정보 탐색을 위해 인터넷 정보와 각종 책자 제공

③ 관심 분야 멘토와의 만남 제공

④ 장기적 안목과 미래지향적 열린 자세를 견지

(4) 선택의 자율성과 책임성

① 복수의 직업적 가능성을 열어두고 적성분야를 개발

② 자신의 진로를 스스로 구체적인 미래계획을 세우도록 조력

③ 선택 가능한 다양한 대안을 모색하도록 조력

④ 자신이 좋아하는 직업을 선택하도록 조력

CHAPTER 14

취업준비전략

1. 이력서

1) 작성개요

❶ 1단계: 프레젠테이션

먼저 나를 어떻게 홍보할지 설명해야 한다. 글자체와 스타일을 만들고 중점적으로 소개하고 싶은 부분을 파악해 두어야 한다.

❷ 2단계: 형식 정하기

이력서는 다양한 양식이 있다. 그 중 자신만의 장점이 잘 드러날 수 있는 형식을 찾아 완성할 필요가 있다.

❸ 3단계: 중점사항 파악하기

한정된 공간에 자신이 쓰고 싶은 내용을 다 쓸 수 없기에 가장 적합한 정보를 중심으로 중요 사항을 정리한다.

❹ 4단계: 내용 정하기

자신이 중점적으로 알리고 싶은 사항을 항목에 따라 작성한다. 불필요한 내용들은 과감히 삭제하고 자신의 능력을 최대한 부각시킬 수 있는 내용을 중심으로 작성한다. 다양한 경력은 지원하는 회사에서 요구하는 부분을 중심으로 강조하여 기록한다.

❺ 5단계: 확인하기

맞춤법이나 오탈자 그리고 어색한 문장이 없는지를 꼭 확인한다. 사소한 실수가 큰 오점을 가져올 수 있기 때문이다.

2) 구성 요소

① 성명 및 생년월일: 한글과 한자를 모두 적고 성명 뒤에 도장을 찍는다. 생년월일은 서기로 나이는 만 나이로 적는다.

② 연락처: 연락 가능한 휴대전화 번호와 집전화 번호, 이메일 주소를 적는다.

③ 현주소: 현재 거주하고 있는 주소를 작성한다.

④ 학력사항: 고등학교부터 최종학력까지 입학과 졸업을 연월일 순으로 기재한다.

⑤ 자격사항: 입사분야의 직종과 관련이 있는 자격증을 우선적으로 기입한다. 컴퓨터, 어학 관련 자격, 운전면허증 등을 기록한다. 자격증 순서는 국가자격증, 국가공인자격증, 민간자격증 순으로 기재하면 된다.

⑥ 경력사항: 업무와 관련된 경력을 중심으로 최근의 것부터 기재하고, 근무시간과 회사명도 함께 기재한다. 아르바이트, 계약직과 같은 단기 일자리도 입사분야와 관련이 있는 경우에는 기재한다.

⑦ 특기 및 상벌사항: 학점, 특기, 교내 행사나 대외 수상경력, 외국어 능력, 어학연수 등을 기재한다.

⑧ 사진: 최근 3개월 이내에 촬영한 것으로 단정하고 밝은 인상을 주는 사진을 붙인다.

⑨ 마무리: '위 내용은 사실과 틀림없습니다.'라고 기재한 후 하단에 작성 연월일, 본인 성명을 자필서명한 후 서명이나 날인을 하여 마무리한다.

3) 효율적인 작성법

① 직무중심으로 스펙을 강조하라: 업무와 관련된 영역이나 분야를 중심으로 명확하고 구체적으로 나타날 수 있도록 작성하는 것이 핵심이다.
② 기업별 형식에 반드시 맞추자: 외국계 기업일 경우 국문과 영문 이력서를 모두 요구하는 경우가 많다. 영문 이력서는 학력보다는 경력사항을 먼저 기술한다는 것에 유의해야 한다.
③ 성과중심의 수치화: 경력사항 작성 시에 성과를 구체적인 수치로 계량화하는 방식을 취하는 것이 필요하다.
④ 기업이 요구하는 정보를 기입하라: 응시부문 및 연락처 등의 기업이 요구하는 정보는 반드시 적도록 한다. 보통 이력서 작성 시 요구하는 정보는 전화번호, 응시부문, 희망연봉 정도이다.
⑤ 이력서 항목을 무시하지 마라: 각 항목에 적절한 내용을 기재한다. 취미, 경력사항 등을 소홀히 하지 않고 꼼꼼히 작성하여야 한다.

2. 자기소개서

1) 작성개요

자기소개서는 기본적으로 성장과정 및 배경, 성격의 장단점, 학창시절, 기타 활동, 지원동기, 입사 후 포부 등을 기재한다. 자기소개서 작성 시에는 각 항목별로 소제목을 달아두는 것이 효과적이다. 특히, 자신의 좌우명이나 명언, 속담 등을 인용한 문구로 작성하여 확실한 인상을 남기는 것이 좋다. 전문용어보다는 쉬운 말로 작성해야 한다. 가능하면 짧고 간결한 글쓰기가 바람직하다. 지원자의 성격, 관심 분야, 조직적응력, 입사동기와 포부 등을 중점적으로 잘 기재해야 한다.

2) 구성 요소

① 성장 과정: 가족관계를 기술하고 성장환경과 배경에 대해 설명한다. 너무 장황하게 적지 말고 남들과는 차별성을 갖는 내용을 중심으로 적는 것이 좋다. 지원 분야와 관련하여 가훈이나 어려운 환경 속에서 아르바이트 등으로 역경을 딛고 일어선 의지 등을 기술한다.

② 성격 소개: 성격의 장단점을 기록한다. 장점을 지나치게 부각시키는 것보다는 솔직하게 자신을 소개하는 것이 중요하다. 단점도 언급하면서 그 단점을 극복하기 위한 노력을 보여준다면 더 긍정적으로 보일 수 있다.

③ 특기 사항: 전공 외에도 부전공이나 관련 국제 자격증을 잘 기록한다. 외국어 구사능력, 번역 등의 숨은 실력을 구체적으로 밝힐 필요가 있다. 무전여행, 워킹홀리데이, 교환학생 등과 같은 경험도 직종과 연관하여 기록하면 도움이 된다.

④ 지원 동기: 취업하고자 하는 기업의 업종, 경영이념, 창업정신, 성격 등을 사전에 미리 파악하여 기업에서 원하는 인재상과 부합하도록 적극적인 사고, 열정, 미래에 대한 도전의지, 문제 해결능력, 패기 있는 성격 등을 기록하는 것이 좋다.

⑤ 희망 업무 및 포부: 희망업무는 자신의 전공이나 적성을 살리는데 연관 있는 분야를 선정하는 것이 바람직하다. 또한 희망업무를 통해 기업에 기여하고 자신의 미래 비전이나 포부를 달성할 수 있는 방안을 제시하면 더 긍정적일 것이다.

3) 효율적인 작성법

① 자신만의 개성 있는 문장으로 시작하라

② 자신만의 이미지를 각인시켜라

③ 장점을 구체적인 예로 어필하라

④ 추상적인 문구는 제외하라

⑤ 구체적인 경험을 제시하라

[국문 이력서 양식의 예]

이 력 서

사 진 (3cm x 4cm)	성명	(한글)	생년월일	
		(한자)	주민등록번호	
	주소			

학력	기 간	학 교 명	전 공 분 야
	~	도 시 초등학교(졸 중퇴)	
	~	도 시 중학교(졸 중퇴)	
	~	도 시 고등학교(졸 중퇴)	
	~	대학교(졸 중퇴)	
	~	대학원(졸 중퇴)	

경력	기 간	근 무 처	직 위	담 당 직 무
	~			
	~			

자격면허	취 득 년 월 일	자 격 면 허 명	시 행 처

병역	복 무 기 간	군 별	계 급	병 과	미필 또는 면제사유
	~				
	~				

신장	cm	체중	kg	취미		특기		종교	

가족사항	관계	성명	연령	출신학교	직업	근무처	직위

위에 기재한 사항은 사실과 틀림이 없습니다.

20 년 월 일

성 명 : (인)

[자기소개서 양식의 예]

자 기 소 개 서

◆ 본인소개(성장과정 및 비전)

◆ 지원동기

◆ 생활신조

◆ 취미, 특기(성격의 장단점)

◆ 전문기술보유(특기사항, 직장체험, 봉사활동, 프로젝트, 아르바이트 경험 등)

◆ 맺음말

3. 진로 로드맵

1) 진로 로드맵(Career road map)의 의미

진로 로드맵은 인생을 살면서 겪은 다양한 경험을 바탕으로 미래에 나아가야 할 길을 제시하는 하나의 인생지도라 할 수 있다. 인생을 살면서 어떤 사람이 되고 싶은지, 어떻게 살고 싶은지, 어떤 가치를 중요시할지와 같은 인생의 방향성을 정하는 것이 필요하다. 단순히 어떤 직업을 가질지, 어떤 일을 할지와 같은 하나의 목표에만 한정하기 보다는 자신의 미래 비전을 가지고 큰 틀에서 삶의 방향을 잡는 것이 중요하다. 물론 진로 비전을 설정할 때는 무엇보다 개인의 특성과 성향을 고려해야 한다. 진로 비전 설정을 위해 먼저 스스로에게 다음과 같은 내용을 묻고 답하는 시간이 필요할 것이다.

- 내 인생에서 가장 중요한 것은 무엇인가?
- 나의 가치관은 무엇인가?
- 내가 생각하는 의미 있는 삶은 무엇인가?
- 내 삶의 목적은 어디에 있는가?
- 나는 어떻게 사회에 기여할 것인가?
- 나의 장점은 무엇인가?

2) 진로 로드맵의 구성

김한준과 강준의(2016)는 진로 로드맵 3단계를 주장하고 있는데 ① 성격과 직업 적성 등의 자기분석을 하고, ② 자기분석을 바탕으로 관련 직무분석을 통해 ③ 목표달성을 위한 일정표, 계획표로 전략을 수립하는 일이다. 다음은 〈그림 14-1〉에서 구체적으로 보여주고 있다.

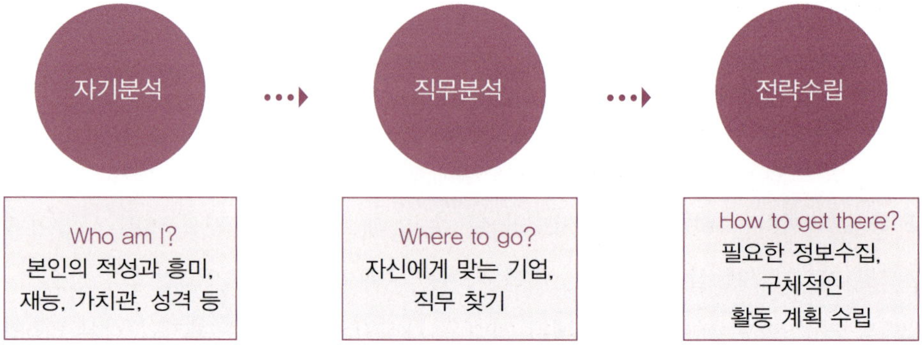
자기분석
직무분석
전략수립
Who am I?
본인의 적성과 흥미, 재능, 가치관, 성격 등
Where to go?
자신에게 맞는 기업, 직무 찾기
How to get there?
필요한 정보수집, 구체적인 활동 계획 수립

〈그림 14-1〉 진로 로드맵

참 고 문 헌

Reference

참고 문헌

강봉규(2001). 심리학의 이해. 서울: 동문사.

강선영(1996). 아이덴티티(Identity) 발달수준과 진로미결정 요인에 관한 연구. 고려대학교 대학원, 석사학위논문.

강진령, 연문희(2003). 학교상담: 21세기의 학생생활지도. 서울: 양서원.

고태용(2008). 사회적지지, 진로결정자기효능감, 진로장벽이 대학생들의 진로준비행동에 미치는 영향. 목포대학교 대학원, 박사학위논문.

고향자(1992). 한국 대학생의 의사결정 유형과 진로미결정의 분석 및 진로결정상담의 효과. 숙명여자대학교대학원, 박사학위논문.

권윤희(2002). MBTI를 활용한 성장프로그램이 간호대학생의 대인관계 및 진로정체감에 미치는 효과. 계명대학교 대학원, 석사학위논문.

권은숙(2015). Holland 진로성격 유형에 따른 미용전공 대학생의 가치관과 전공만족도 및 진로성숙도 분석. 원광대학교 대학원, 박사학위논문.

권은진(2016). 성격 5요인의 구조모형 검증 및 성별에 따른 대학생활적응과의 관계. 숙명여자대학교 대학원, 박사학위논문.

김계현(2000). 상담심리학연구: 주제론과 방법론. 서울: 학지사.

김꽃송이(2017). 남자대학생의 성역할 갈등과 이성관계 만족도간 관계에서 심리적 안녕감의 매개효과. 홍익대학교 대학원, 석사학위논문.

김남규(2000). 직업에 대한 자아효능감과 결과기대감이 초등학생의 진로흥미에 미치는 영향. 건국대학교 대학원, 박사학위논문.

김남희(2011). 다중지능이론에 기초한 기독교 학교 청소년들을 위한 진로교육 프로그램 개발. 장로회신학대학교 대학원, 석사학위논문.

김말선(2011). 다중지능이론에 기초한 진로집단상담이 대학생의 진로의사결정과 진로자기효능감 및 진로성숙도에 미치는 효과. 동아대학교 대학원, 박사학위논문.

김민선(2008). 공과대학 학생들의 공학흥미와 사회인지적 변인들과의 관계. 연세대학교 대학원, 석사학위논문.

김병숙(2006). **청소년 · 일반인을 위한 직업카드분류 생애진로주제분석 매뉴얼**. 서울: 한국직업상담협회.

김봉환(1997). 대학생의 진로결정수준 및 진로준비행동의 발달 및 이차원적 유형화. 서울대학교 대학원, 박사학위논문.

김봉환(2010). 여대생의 적응유연성, 진로태도성숙 및 진로준비행동 간의 관계. **진로교육연구, 23**(4), 93-111.

김봉환, 강은희, 강혜영, 공윤정, 김영빈, 김희수 외(2014). **진로상담**. 서울: 학지사.

김봉환, 김병석, 정철영(2003). **학교진로상담**. 서울: 학지사.

김봉환, 김병석, 정철영(2006). **학교진로상담**. 서울: 학지사.

김봉환 외(2016). **진로상담**. 서울: 학지사.

김봉환, 이제경, 유현실, 황매향, 공윤정, 손진희 외(2012). **진로상담이론**. 서울: 학지사.

김봉환, 조유미(2003). **효과적인 진로지도를 위한 직업카드 활동프로그램(초등학생용)**. 서울: 학지사.

김봉환, 최명운(2003). **효과적인 진로지도를 위한 직업카드 활동프로그램(중·고·대학생용)**. 서울: 학지사.

김성곤(2007). **심리검사 이론과 실제**. 서울: 한국가이던스.

김영환, 문수백, 홍상황(2011). **심리검사의 이론과 실제**. 서울: 학지사

김영환, 문수백, 홍상황(2016). **심리검사의 이론과 실제**. 서울: 학지사

김우영(2009). 정부지원 인턴제도에 관한 연구. 고려대학교 정책대학원, 석사학위논문.

김윤희(2016). 진로교육 활동이 일반고 재학생의 진로성숙도에 미치는 영향. 연세대학교 대학원, 석사학위논문.

김은희(2010). 진로역할지향성에 따른 진로장벽 인식과 타협과정 연구. 숙명여자대학교 대학원, 박사학위논문.

김정규(1998). 자기심리학과 게슈탈트 심리치료의 대화. **한국심리학회지 임상, 17**(1), 17-38.

김정란(2014). 자기 표현적 글쓰기의 비판적 검토와 지도 방향 모색. **작문연구, 20**, 한국작문학회.

김정석(2017). 초등학교 교사의 직무만족에 대한 사회인지 진로이론 통합모형 검증.

경인교육대학교 교육전문대학원, 석사학위논문.

김정택, 심혜숙(1995). MBTI 개발과 활용. 서울: 한국심리검사연구소.

김정희(2013). 청소년 일대일 진로코칭프로그램이 불안 감소와 진로 미결정에 미치는 영향. 광운대학교 교육대학원, 석사학위논문.

김종학(2017). Holland 직업적 성격 유형에 기반한 대학생 직업가치관 척도 개발 및 타당화. 제주대학교 대학원, 박사학위논문.

김충기(1995). 교육개혁에 따른 고등학교 직업 · 진로교육의 방향. **진로교육연구, 4(1)**, 60–78.

김충기(2007). **진로교육과 진로상담**. 서울: 동문사.

김충기, 김희수(2003). **진로상담의 기술**. 서울: 시그마프레스.

김충기, 장선철(2011). **진로상담**. 서울: 태영출판사.

김충기, 황인호, 장성화, 김순자, 윤향숙(2012). **진로상담과 진로교육**. 서울: 동문사.

김하나, 유규창, 김정은, 이혜정(2012). 영성 리더십(Spiritual leadership)이 구성원의 소명의식을 통해 조직몰입에 미치는 영향. **조직과 인사관리연구, 36**(2), 1–31. 한국인사관리학회.

김한준, 강준의(2016). **진로 탐색 네비게이션**. 파주: 형설출판사.

김향숙(2001). 음악적성 및 음악흥미와 정서지능과의 관련성 연구–중고생을 중심으로. 숙명여자대학교 음악치료대학원, 석사학위논문.

김현옥(1989). 청소년의 진로성숙과 관련변인 간의 상관관계. 건국대학교 대학원, 박사학위논문.

김혜영(2013). 한국교사의 직무 및 삶의 만족에 대한 사회인지 진로이론 통합모형 검증. 전북대학교 대학원, 석사학위논문.

김혜진(2015). 조리 전공 대학생이 지각하는 진로장벽과 전공만족도가 진로준비행동에 미치는 영향–자기효능감의 조절효과를 중심으로. 경희대학교 관광대학원, 석사학위논문.

김효근(1999). **신지식인**. 서울: 매일경제신문사.

김효창(2013). **SPSS 21.0 Ver. 혼자서 완성하는 통계분석**. 서울: 학지사.

남희경(2012). 고등학생이 지각한 부모기대가 성역할 정체감을 매개로 진로포부에 미치는 영향–성차 모형의 검증. 고려대학교 교육대학원, 석사학위논문.

노성호(2006). 초등학생 진로집단상담 프로그램 연구 개관 및 실태분석. 아주대학교 대학원, 석사학위논문.

노안영(2011). **집단상담: 이론과 실제**. 서울: 학지사.

라문숙(2017). 대학생의 사회적지지, 진로정체감과 진로장벽이 진로준비행동에 미치는 영향. 충북대학교 교육대학원, 석사학위논문.

문은영(2010). MBTI와 Holland를 활용한 중학생 진로탐색프로그램 개발. 서울신학대학교 상담대학원, 석사학위논문.

민순덕(2016). 기독교 진로상담 프로그램이 기독 대학생의 소명의식 및 진로정체감에 미치는 효과. 한국성서대학교 대학원, 박사학위논문.

민승희(2012). 진로탐색검사 해석이 대학생들의 진로결정자기효능감과 진로결정수준에 미치는 효과: 상담기대 차이에 따른 비교. 단국대학교 교육대학원, 석사학위논문.

민지희(2016). 자아성찰적 표현활동이 청소년의 자아존중감 및 진로태도성숙에 미치는 영향: 자서전쓰기와 미래말하기 활동을 중심으로. 고려대학교 교육대학원, 석사학위논문.

박동열(2016). **기업과 학교가 함께 인재를 키우는 '산학일체형 도제학교'**, 연구진 칼럼. 세종: 한국직업능력개발원(www.krivet.re.kr/ku/ea/kuDFAVw.jsp?gn=G2-G200000253).

박동열, 이무근, 마상진(2016). 광복 70년의 직업교육 정책 변동과 전망. 세종: 한국직업능력개발원.

박성희(2015). 자아 정체성을 위한 자서전 쓰기 교육 연구. 전남대학교 대학원, 석사학위논문.

박영숙, Jerome Glenn(2015). **유엔미래보고서 2045**. 파주: (주)교보문고.

박일경, 이상임, 최보영, Yuan Ying Jin, 이자영(2010). 5요인 성격특성과 학업 소진과의 관계. **한국심리학회지: 사회 및 성격, 24**(1), 81–93. 한국심리학회.

박지연(2007). 직업카드를 활용한 진로상담 프로그램이 일반계 고등학교 3학년 학생의 진로 정체감에 미치는 효과. 성균관대학교 대학원, 석사학위논문.

박진희(2013). 나눔의 프락시스에 기초한 기독 대학생 진로상담의 모델 연구. 고신대학교 대학원, 박사학위논문.

방한승(2017). 관광관련 전공 대학생이 지각하는 진로장벽이 취업스트레스와 대학생활적응에 미치는 영향: 회복탄력성의 조절효과. 호남대학교 대학원, 박사학위논문.

변창진(1994). **프로그램 개발**. 대구: 홍익출판사.

배철현(2016). **심연**. 파주: 21세기북스.

서영옥(2007). MBTI 자기성장 집단상담 프로그램이 실업계고등학생의 진로성숙도에 미치는 영향. 상명대학교 정치경영대학원, 석사학위논문.

선혜연(2008). 청소년기 진로의사결정에서의 부모의 관여 방식. 서울대학교 대학원, 박사학위논문.

성기원(2017). 혼합형 학습을 적용한 MBTI 진로프로그램이 학습자의 학업성취, 학습동기에 미치는 효과. 인천대학교 교육대학원, 석사학위논문.

손은령(2001). 여자대학생이 지각한 진로장벽. 서울대학교 대학원, 박사학위논문.

송인섭(1989). 자아개념 구조에 대한 발달적 경향에 관한 연구. **교육학연구**, **27**(1), 85–103.

심예린(2010). 한국판 소명 척도 타당화, 대학생을 대상으로. 이화여자대학교 대학원, 석사학위논문.

안광자(2004). 고등학생이 지각한 부모–자녀간 의사소통유형과 진로의사결정유형과의 관계. 광운대학교 교육대학원, 석사학위논문.

안병철, 박추환, 박정희, 강기천(2010). 일자리 사업에 대한 성별영향평가. 여성가족부.

안창규(1996). **홀랜드 진로탐색검사**. 서울: 한국가이던스.

안창규, 안현의(2004). **홀랜드 직업선택이론**. 서울: 한국가이던스.

양난미(2006). 한국 대학생의 사회인지 진로선택 모형 검증. 이화여자대학교 대학원, 박사학위논문.

양돈규(2001). 지각된 사회적 지지, 낙관성 및 해슬간의 상관성. **청소년학연구**, **8**(1), 1–23. 한국청소년학회.

오경화(2015). 양성평등의 관점에 따른 고등학교 사회교과서 내용 분석. 한국교원대학교 교육대학원, 석사학위논문.

오윤선(2014). **힐링과 행복코칭**. 서울: 예영 B&P.

오윤선, 정순례(2017). **심리검사의 이해와 활용**. 파주: 양서원.

오윤선, 황인숙(2015). **크리스천을 위한 진로상담**. 서울: 예영 B&P.

유경희(2008). 청소년의 성역할 정체감이 진로선택에 미치는 영향. 이화여자대학교 교육대학원, 석사 학위논문.

유계식, 이재창(1997). 대학생의 성공공포와 성취동기 및 성역할 정체감이 진로결정에 미치는 영향에 관한 연구. **한국심리학회지: 상담과 심리치료**, **9**(1), 259–288. 한국심리학회.

윤경원(2008). 위인전을 통해 본 과학자의 가족 역동성과 강점 분석. 울산대학교 교육대학원, 석사학위논문.

윤지연(2014). 체험활동중심 진로교육 프로그램이 초등학교 특수학급 학생의 진로발달과 진로흥미에 미치는 효과. 공주교육대학교 교육대학원, 석사학위논문.

이건남(2009). 전문계 고등학생의 전공유지에 대한 사회인지 요인들의 영향. **농업교육과 인적자원개발**, 41(3), 63-85.

이경화, 고진영(2003). 유아기에서 성인 초기 자아개념 특성에 관한 탐색 연구. **교육심리연구**. 17(1), 257-279.

이근춘(2003). MBTI 성격유형에 따른 진로지도 프로그램이 고등학생의 진로성숙에 미치는 효과. 경원대학교 대학원, 석사학위논문.

이명갑(2002). 실업계 고등학생의 진로결정수준. 진로준비행동과 진로의사결정유형에 관한 연구. 경남대학교 교육대학원, 석사학위논문.

이성식, 정철영(2007). 여대생이 인식한 진로장벽과 진로자기효능감 및 진로결정수준의 인과모형. **농업교육과 인적자원개발**, 39(4), 84-109.

이영덕, 정원식(1984). **생활지도의 원리와 실제**. 서울: 교육과학사.

이영희(2009). 중학생의 가정환경과 진로의사결정 유형과의 관계. 동국대학교 교육대학원, 석사학위논문.

이윤우(2010). 여자대학생의 진로탐색 활동을 위한 직업카드개발. 건국대학교 대학원, 박사학위논문.

이인식(2016). **2035 미래기술 미래사회**. 파주: 김영사.

이재창(1996). 대학생을 위한 진로상담. **학생생활연구 제14집**, 세종대학교 학생생활연구소.

이재창(2005). 대학생의 진로상담에 관한 연구. **교육연구**, 12, 81-99.

이재혁(1997). 사회분화와 성역할 사회화에 관한 연구. 한국교원대학교 대학원, 석사학위논문.

이정금(2009). 농업계열 고등학생의 진로장벽, 직업가치관이 진로자기효능감에 미치는 영향. **진로교육연구**, 22(1), 127-143.

임은미(2010), 청소년 직업가치의 유형 및 변화와 전공 선택 경향에 따른 직업가치 차이. **진로교육연구**, 23(1), 61-77.

장대운, 김충기, 박경애, 김진희(1996). **청소년 진로상담**. 서울: 청소년대화의 광장.

장석민(1988). **고등학교 진로교육지도안**. 서울: 한국교육개발원.

장원섭 외(2002). **대학에서의 직업교육 활성화를 위한 멘토링 시스템 모형 개발**. 서울:

한국직업능력개발원, 기본연구 02-29.

전경애(2004). 대학생의 자기효능감과 진로의사결정 유형이 진로결정수준에 미치는 영향. 홍익대학교 대학원, 석사학위논문.

정채기(1991). 자아개념, 자아정체감 및 내·외통제성이 진로결정에 미치는 영향. 건국대학교 대학원, 박사학위논문.

지용근, 김옥희, 양종국, 김희수(2009). **진로상담의 이해**. 서울: 동문사.

진로설계와 자기계발편찬위원회(2016). **삶과 꿈 그리고 직업**. 서울: NOSVOS.

진은아(2007). 고등학생이 지각한 사회적지지와 진로결정효능감이 진로미결정에 미치는 영향. 제주대학교 교육대학원, 석사학위논문.

최윤식(2015). **2030 대담한 미래**. 서울: 지식노마드.

최윤식, 최현식(2017). **제4의 물결이 온다**. 서울: 지식노마드.

최인철(2007). **프레임**. 파주: 21세기북스.

최정윤(2002). **심리검사의 이해**. 서울: 시그마프레스.

최정윤(2010). **심리검사의 이해**. 서울: 시그마프레스.

최진석(2017). **탁월한 사유의 시선**. 파주: 21세기북스.

탁진국(2007). **심리검사: 개발과 평가방법의 이해**. 서울: 학지사.

탁진국, 이기학(2001). 직업결정척도 개발을 위한 탐색적 연구. **디지털 경영연구**, **1**(1), 167-180.

하문선, 김지현(2013). 관계성과 우울을 매개로 한 초기 청소년의 성역할 갈등과 공격성의 관계. **아시아교육연구**, **14**(2), 235-259.

한상근, 이지연, 김나라, 박서연(2009). **창의적 커리어 패스 형성에 관한 기초 연구**. 서울: 한국직업능력개발원.

한국고용정보원 직업연구센터(2007). **직업정보 활용을 위한 가이드: 고마워요 직업정보**. 서울: 한국고용정보원.

한국교육개발원(1992). **진로성숙도검사 표준화 연구**. 서울: 한국교육개발원.

한국진로교육학회(1999). **진로교육의 이론과 실제**. 서울: 교육과학사.

현경실(2000). **한국음악적성검사**. 서울: 학지사.

황도연(2009). 학업우수 여자청소년의 성역할 사회화와 진로포부 전통성에 관한 모형검증. 이화여자대학교 대학원, 석사학위논문.

황매향, 김연진, 이승구, 전방연(2016). **진로탐색과 생애설계**. 서울: 학지사.

황인숙(2015). 기독대학생의 영적성숙도가 진로미래에 미치는 영향-사회적 지지와 자아탄력성의 순차적 매개효과. 한국성서대학교 대학원, 박사학위논문.

Allport, G. W. (1961). *Pattern & Growth in Personality*. NY: Rinhear, and Winston.

Bandura, A. (1986). *Social Foundations of Thought and Actions: A Social Cognitive Therapy*. Englewood Cliffs, NJ: Prentice Hall.

Bordin, E. S. (1968). *Psychological Counseling* (2nd ed.). NY: Appleton Century Crofts.

Bordin, E. S., Nachman, B., & Segal, S. J. (1963). An Articulated Framework for Vocational Development. *Journal of Counseling Psychology, 10*.

Bowman, S. L . (1988). *An Examination of the Career Development of Black Students*. Unpublished doctoral dissertation, Southern Illinois University.

Brayfield, A. H. (1950). Putting occupational information across. In A. H. Brayfield (Ed.). *Reading in Modern Methods of Counseling*. NY: Appleton Century Crofts.

Brown, D., & Brooks, L. (1991). *Career Choice and Development*. San Francisco: Jossey Bass.

Brown, S. D., & Lent, R. W. (1996). A social cognitive framework for career choice counseling. *The Career Development Quarterly*, *44*, 354-366.

Brown, W. (1910). Some experimental results in the correlation of mental abilities. *British Journal of Psychology*, *3*, 296-322.

Carmines, E. G., & Zeller, R. A. (1979). *Reliability and Validity Assessment*. Beverly Hills, CA: Sage.

Corbett, K. (2009). *Boyhoods: Rethinking Masculinity*. New Haven & London: Yale University Press. 173-207.

Costa, P. T., Jr., & McCrae, R. R. (1980). *The NEO Personality Inventory Manual*. Odessa, FL: Psychological Assessment Resources.

Costa, P. T., Jr., & McCrae, R. R. (1992). *Revised NEO Personality Inventory (NEO-PI-R) and NEO Five-Factor Inventory (NEO-FFI) : professional manual*. Odessa, FL: Psychological Assessment Resources.

Crites, J. O. (1969). *Vocational Psychology*. NY: McGraw-Hill.

Crites, J. O. (1971). *Career Counseling: A Review of Major Approaches. Counseling Psychologist, in press, 10*. Dailey, CA Assessment of lives. San Francisco: Jossey-Bass.

Crites, J. O. (1973). *Theory and Research Handbook for the Career Maturity Inventory*. Monterey, CA: CTB/McGraw-Hill.

Crites, J. O. (1978). *Career Maturity Inventory: Theory and Research Handbook* (2nd ed.). Monterey, CA: CTB/MacGraw-Hill.

Crites, J. O. (1981). *Career Counseling: Models, Mothods, and Materials*. NY: McGraw-Hill.

Dawis, R. V. (2002). Person-evironment correspondence theory. In D. Brown & Associates, *Career choice and development* (4th ed.), 427-464. San Francisco, CA: Jossey-Bass.

Dawis, R. V., & Lofquist, L. H. (1984). *A Psychological Theory of Work Adjustment*. Minneapolis, MN: University of Minnesota Press.

Digman, J. M., & Takemoto-Chock, N. K. (1981). Factors in the natural language of personality: Re-analysis, comparison, and interpretation of six major studies. *Miltivariate Behavioral Research*, *16*, 149-170.

Dinklage, L. B. (1968). *Decision Strategies of Adolescents*. Unpublished doctoral dissertation. Harvard University Graduate School of Education.

Dinkmeyer, D. C., Pew, W. L., & Dinkmeyer, D. C. (1979). *Adlerian Counseling and Psychotherapy*. Monterey, CA: Books/Cole.

Duclos, Germain(2000). L'estime de Soi, un Passeport Pour la Vie. 전광철 역『아이들의 행복에너지 자아존중감』(2007). 서울: 한울림.

Duffy, R. D. & Dik, B. J. (2009). Calling and vacation at work: Definitions and prospects for research and practice. *The Calling Psychologist*, *37*, 424-450.

Duffy, R. D., & Dik, B. J. (2013). Research on calling: What have we learned and where are we going? *Journal of Vocational Behavior*, *83*(3), 428-436.

Ellis, A. (1977). *How to Live with and without Anger*. Pleasantville, NY: Readers Digest Press.

Freud, Sigmund (1917). *The History of the Psychoanalytic Movement*. NY: Nervous and Mental Disease Publishing Co.

Gati, I., Krausz, M., & Osipow, S. H. (1996). A taxonomy of difficulties in career decision making. *Journal of Vocational Behavior*, *62*, 11-25.

Gelatt, H. B. (1962). Decision making: A conceptual frame of reference for counseling. *Journal of Counseling Psychology*, *9*, 240-245.

George, R. L., & Cristiani, T. S. (1981). *Counseling: Theory and Practice*. Englewood Cliffs, NJ: Prentice-Hall.

Ghiselli, E. E. (1977). The validity of aptitude tests in personnel selection. *Personnel Psychology*, *26*, 461-477.

Gibson, Robert L. & Mitchell, Marianne H. (1990). *Introduction to Counseling & Guidance* (3rd ed.). NY: Macmillan Publishing Co.

Ginzberg, E. (1951). *Occupational Choice: An Approach to General Theory*. NY: Columbia University.

Ginzberg, E., Ginsberg, S. W., Axelred, S., & Herma, J. L. (1951). Occupational Choice: An Approach to General Theory. NY: Columbia University Press.

Glasser, W. (1998). *The Choice Theory: A New Psychology of Personal Freedom*. NY: Harper Collins Publishers.

Goldberg, L. R. (1983). *The Magic Number Five, Plus or Minus Two: Some Considerations on the Dimensionality of Personality Descriptors*. Paper prsented at a research seminar, Gerontology Research Center, NIA/NTH, Baltimore.

Goldman, L. (1983). The vocational cards or technique: A different view. *Measurement and Evaluation in Guidance*, *16*, 107-109.

Goodstein, L. D. (1972). Behavioral views of counseling. In B. Stefflre, & W. H. Grant (Eds.). *Theories of counseling*. NY: McGraw-Hill.

Gordon, V. N. (1995). Career decidedness types: A literature review. *The Career Development Quarterly*, *48*, 157-174.

Gottfredson, L. S. (1975). Predictive value and psychological meaning of vocational aspirations. *Journal of Vocational Behavior*, *6*, 349-363.

Gottfredson, L. S. (1980). Construct validity of Holland's occupational typology in terms of prestige, census, Department of Labor, and other classification systems. Journal of Applied Psychology, 65, 697-714. In Grant (Ed.). *Theories of counseling*. NY: McGraw-Hill.

Gottfredson, L. S. (1981). Circumscription and compromise: A development theory of occupational aspirations. *Journal of Counseling Psychology*, 545-579.

Gottfredson, L. S. (1996). Gottfredson's theory of circumscription and compromise. In

D. Brown, L. Brooks, & Associates (Eds.). *Career Choice and Development* (3rd ed.). San Franscisco: Jossey-Bass.

Gottfredson, L. S. (2003). Gottfredson's theory of circumscription and compromise. In D. Brown (Ed.). *Career Choice and Development* (4th ed.), 85-148. San Franscisco: Jossey-Bass.

Grummon, D. L. (1972). Client centered theory. In B. Stefflre, & W. H. Grant(Eds). *Theories of Counseling (2nd ed.).* NY: McGraw-Hill.

Gysbers, N. C., Heppner, M. J., & Johnston, J. A. (1998). *Career Counseling Process, Issues, and Techniques* (1st ed.). Boston: Allyn & Bacon.

Hackett, G., & Betz, N. E. (1981). A self-efficacy approach to the career development of women. *Journal of Vocational Behavior, 18*, 326-339.

Harmon, L. W., Hansen, J. C., Borgen, F.H., & Hammer, A. L. (1994). *Strong Interest Inventory Applications and Technical Guide*. Stanford, CA: Stanfod University.

Hartung, P. J. (1999). Interest assessment using card sorts. In M. L. Savickas, & A. R. Spokane (Eds.). *Vocational Interest*, 235-252. Palo Alto, CA: Vavies-Black.

Harren, V. A. (1979). A Model of Career Decision Making for College Students. *Journal of Vocational Behavior, 14*, 119-133.

Harren, V. A. (1984). *Assessment of Career Decision Making*. LA: Western Psychological Services.

Hearly, C. C. (1982). *Career Development Counseling: Counseling through Life Stages*. Boston: Allyn & Bacon.

Helen P. Moser, William Dubin, & Irving M. Shelsky (1956). A Proposal Modification of the Roe Occupational Classification. *Journal of Counseling Psychology*, Vol, 3.

Herr, E. L., & Cramer, S. H. (1979). *Career Guidance and Counseling through the Life Span*. NY: Little Brown and Company.

Herr, E. L., & Cramer, S. H. (1984). *Career Guidance and Counseling through the Life Span*. Boston: Little Brown and Company.

Heer, E. L., & Cramer, S. H. (1996). *Career Guidance and Counseling through the Life Span: Systematic Approaches* (5th ed.). NY: Little Brown and Company.

Hershenson, D. B., & Roth, R. M. (1966). A Decisional Process Model of Vocational

Development. *Journal of Counseling Psychology*, *13*(3). 368-370.

Hilton, Hotema(1962). *Man's Higher Consciousness*. Kessinger Publishing.

Holland, J. L. (1985a). *Making Vocational Choices: A Theory of Vocational Personalities and Work Environments*. Englewood Cliffs, NJ: Prentice Hall.

Holland, J. L. (1985b). *The Vocational Preference Inventory*. Odessa, FL: Psychological Assessment Resources.

Holland, J. L. (1985c). *Self-directed Search*. Odessa, FL: Psychological Assessment Resources.

Holland, J. L. (1992). *Making Vocational Choices: A theory of Vocational Personalities and Work Environments* (2nd ed.). Odessa, FL: Psychological Assment Resources.

Holland, J. L. (1997). *Making Vocational Choices: A theory of Vocational Personalities and Work Environments* (3rd ed.). Odessa, FL: Psychological Assment Resources.

Holland, J. L., & Holland, J. E. (1977). Vocational indecision: More evidence and speculation. *Journal of Counseling Psychology*, *24*, 404-414.

Holland, J. L., Powell, A. B., & Fritzsche, B. A. (1994). *Self-directed Search: Professional Users Guides*. Odessa, FL: Psychological Assessment Resources.

Hoppock, R. (1976). *Occupational Information*. NY: McGraw-Hill Book Company.

Hull, Clark L. (1928). *Aptitude Testing*. Yonkers-on-Hudson, NY: World Book Company.

Jung, C. G. (1976). *Psychological Types*. Princeton, N.J.: Princeton University Press.

Katz, R. A. (1963). *Decisions and Values: A Rationale for Secondary School Guidance*. NY : College entrance examinate board.

Kitson, Harry Dexter (1925). *The Psychology of Vocational Adjustment*. J.B. Lippincott Company.

Klein, K. L., & Weiner, Y. (1977). Interest congruency as a moderator of the relationship between job tenure and job satisfaction and mental health. *Journal of Vocational Behavior*, *10*, 91-98.

Kluckhohn, C. (1951). Values and Value-orientations in the Theory of Action. In T. Parsons, & E. Shils (Eds.). *Toward a General Theory of Action*. Cambridge, MA: Harvard University Press.

Knefelkamp, L. L. & Slepitza, R. (1978). A Cognitive-development Model of Career Development: An Adaptation of the Perry Scheme. In C. A. Parker (Ed.), *Encouraging*

Development in College Students. Minneapolis, University of Minnesota Press.

Krumboltz, J. D. (1994). The career beliefs inventory. *Journal of Counseling & Development*, *72*, 424-428.

Krumboltz, J. D., & Baker, R. D. (1973). Behavioral counseling for vocational decision. In H. Borow (Ed.). *Career Guidance for a New Age*. Boston: Houghton Mifflin.

Krumboltz, J. D., & Bergland, B. E. (1969). An optional grade level for career exploration. *Vocational Guidance Quarterly*, *18*, 29-33.

Kuder, G. F. (1963). A rationale for evaluating interests. *Educational and Psychological Measurement*, *23*, 3-12.

Lent, R. W., Brown, S. D., & Hackett, G. (1994). Toward a unifying social cognitive theory of career and academic interest, choice, and performance. *Journal of Vocational Behavior*, *45*, 79-122.

Luzzo, D. A. & Jenkins, S. A. (1996). Perceived occupational barriers among Mexican-American college students. *TCA-Journal*, *24*(10), 1-8.

Maslow, A. H. (1970). *Motivation and Personality (2nd ed)*. NY: Harper.

Miller, C. H. (1974). Career development theory in perspective. In E. L. Herr (Ed.). *Vocational Guidance and Human Development*, 235-262. Boston: Houghton Mifflin.

Mitchell, L. K., & Krumboltz, J. D. (1990). A social learning approach to career decision making: Krumboltz's theory. In D. Brown, L. Brooks, & Associates (Eds.). *Career Choice and Development: Applying Contemporary Theories to Practice* (2nd ed.), 145-196. San Francisco: Jossey-Bass.

Musek, J. (2007). A general factor of personality: Evidence for the big one in the five-factor mode. *Journal of Research on Personality*, *41*, 1213-1233.

National Career Development Association. (1991). *The Professional Practices of Career Counseling and Consultation : A Resource Document*. Alexandria, VA: National Career Development Association.

National Career Development Association. (1997). *Career counseling competencies*. Columbus, OH: Author.

Norman, W. T. (1963). Toward an adequate taxonomy of personality attributes: Replicated factor structure in peer nomination personality rating. *Journal of Abnormal and Social Psychological*, *66*, 574-583.

Nunnally, J. G. (1978). *Psychomettric Theory* (2nd ed.). NY: McGraw-Hill.

Okiishi, R. W. (1987). The genogram as a tool in career counseling. *Journal of Counseling and Development*, *66*(3), 139-143.

O'Neil, J. M. (1981). Patterns of gender role conflict and strain: Sexism and fear of femininity in men's lives. *Personnel and Guidance Journal*, *60*, 203-210.

O'Neil, J. M. (2008). Summarizing 25 years of research on men's gender role conflict using the gender role conflict scale: New research paradigms and clinical implications. *The Counseling Psychologist*, *36*(3), 358-445.

O'Neil, J. M. (2015). *Men's Gender Role Conflict.* Apabooks.

Osipow, S. H., Camey, C. G., Winer, J., Yanico, B., & Koschier, M. (1980). *The Career Decision Scale (3rd rev.)*. Columbus, OH: Marsthon Consulting and Press.

Parrott, L. (1952). *How to Choose Your Vocation*. Grand Rapids: Zondervan.

Parrott, L., & Parrott, L. (1995). *The Career Counselor: Guidance for Planning Careers and Managing Career Crises*. Nashville, TN.: Thomas Nelson.

Parsons, F. (1909). *Choosing a Vocation*. Boston: Houghton Mifflin Company.

Patterson, C. H. (1964). Counseling Self-clarification and the helping relationship. In H. Borow (Ed.), *Man in a World at Work*. Boston: Houghton Mifflin.

Pepinsky, Harold B. (1948). *The Selection and Use of Diagnostic Categories in Clinical Counseling.* APA by Stanford University Press.

Peterson, G. W., Sampson, J. P., & Reardon, R. C. (1991). *Career Development and Services: A Cognitive Approach*. Pacific Grove, CA: Brooks/Cole.

Phiillips, S. D., & Pazienza, N. J. (1988). History and theory of the assessment of career development and decision making. In W. B. Walsh, & S. H. Osipow (Eds.), *Career Decision Making.* Hillsdale, NJ: Erlbaum.

Roe, A. (1956). *The Psychology of Occupations.* NY: John Wiley.

Roe, A., & Siegelman, M. (1964). *The Origin of Interests.* Washington. D.C.: American Personnel & Guidance Association.

Rogers, C. R. (1942). *Counseling and Psychotherapy*. Boston: Houghton Mifflin.

Rogers, C. R. (1946). Recent research in nondirective therapy and its implications. *American Journal of Orthopsychiatry*, *16*(4), 581-588.

Rogers, C. R. (1951). *Client Centered Therapy*. Boston: Houghton Mifflin.

Rogers, C. R. (1957). The necessary and sufficient conditions of therapeutic personality change. *Journal of Consulting Psychology*, *21*(2), 95-103.

Rogers, C. R. (1961). *On Becoming a Person: A Therapist's View of Psychotherapy*. London: Constable.

Rounds, J. (1995). Vocational interests: Evaluation of structural hypotheses. In D. Lubinski, & R. V. Dawis (Eds.). *Assessing Individual Differences in Human Behavior: New Concepts, Methods, and Findings*, 177-232. Palo Alto: Consulting Psychologists Press.

Rounds, J. B. Jr, Janly, G. A., Davis, R. V., Lofquist, L. H., & Weiss, D. J. (1981). *Manual for the Minnesota Importance Questionnaire: A Measure of Vocational Needs and Values*. Minneapolis: University of Minnesota, Department of Psychology.

Salomone, P. R. (1982). Career counseling: Steps and stages beyond parsons. *Career Development Quarterly*, *36*, 218-221.

Sampson, J. P. Jr., Peterson, G. W., Lenz, J. Gl, Reardon, R, C. (1992). A Cognitive approach to career services: Translating Concepts into practice. *The Career Development Quarterly*, *41*(1), 67-74.

Savickas, M. L. (1997). Career adaptability: An integrative construct for life-span, life-space theory. *Career Development Quarterly*, *45*, 247-259.

Schein, E. H. (1978). *Career Dynamics: Matching Individual and Organizational Needs*. Reading, Mass: Addison-Wellesley.

Schlossberg, N. K., Lynch, A. Q., & Chickering, A. W. (1989). *Improving Higher Educational Environments for Adults*. San Francisco, CA: Jossey-Bass.

Slaney, R. B. (1980). An investigation of racial differences on vocational variables among college women. *Journal of Vocational Behavior*, *16*, 197-207.

Slaney, R.B., & Mackinnon-Slaney, E. (1990). The use of vocational card sorts in career counseling. In C. E. Walkins, & V. L. Campbell (Eds.). *Testing in Counseling Practice*.

Hillsdale, NJ: Erlbaum. 317-371.

Spurgeon, Charles H. (1965). *An All-round Ministry, Addreses to Ministers and Students*. Banner of Truth Trust.

Stevens, R. Paul & Ung Alvin (2010). *Taking Your Soul to Work: Overcoming the Nine Deadly Sins of the Workplace*. Grand rapids, MI: Wm. B. Eerdmans Publishing Co.

Strong, E. K. (1983). *Vocational Interests Blank for Man*. Stanford, CA: Stanford University Press.

Super, D. E. (1951). Vocational adjustment: Implementing a self-concept. *Occupations*, *30*, 88-92.

Super, D. E. (1953). A theory of vocatioanl development. *American Psychologist*, *8*(4).

Super, D. E. (1954). Career patterns as a basis for vocational counseling. *Journal of Counseling Psychology*, *1*(1). 12-20.

Super, D. E. (1957). *The Psychology of Career*. NY: Harper.

Super, D. E. (1970). *Manual for the Wrok Value Inventory*. Boston: Houghton-Mifflin.

Super, D. E. (1972). Vocational development theory: Persons, position and processes. In J. M. Whiteley & A. Resnikoff (Eds.). *Perspective on Vocational Development*. Washington, D.C.: American Personal and Guidance Association.

Super, D. E. (1980). A life-span, life-space approach to career development. *Journal of Vocational Behavior*, *16*, 282-298.

Super, D. E. (1984). Career and life development. In D. Brown, L. Brooks, & Associates (Eds.). *Career Choice and Development: Applying Contemporary Theories to Practice*, 192-234. San Francisco: Jossey-Bass.

Super, D. E. (1990). A life-span, life-space approach to career development. In D. Brown & L. Brooks (Eds.), *Career Choice and Development: Applying Contemporary Theories to Practice* (2nd ed.). San Francisco: Jossey-Bass.

Super, D. E., Starishesky, R., Matlin, N., & Jordaan, J. P. (1963). *Career development: Self-concept Theory*. NY: College Entrance Examination Board.

Swanson, J. L. & Tokar, D. M. (1991). College Student's perception of barriers to career development. *Journal of Vocational Behavior*, *38*, 92-106.

Tiedeman, D. V., & O'Hara, R. P. (1963). *Career Development: Choice and Adjustment*. NY:

College Entrance Examination Board.

Tolbert, E. L. (1980). *Counseling for Career Development*. Boston: Houghton Mifflin Company.

Tuckman, Bruce W. (1974). An age-graded model for career development education. *Journal of Vocational Behavior*, *4*(2), 193-212.

Tupes, E. C., & Christal, R. E. (1961). Recurrent personality factors based on trail ratings(USAF ASD Tech. Rep. No. 61-97). Lackland Air Force Base, TX: U.S. Air Force.

Tyler, L. (1961). *The Work of Counselor* (2nd ed.). NY: Appleton Centry Crofts.

Williamson, E. G. (1939). *How to Counsel Students*. NY: McGraw-Hill.

Williamson, E. G. (1950). *Counseling Adolescents*. NY: McGraw-Hill.

Wollack, S., Goodale, J. G., Wijting, J. P., & P. C. Smith (1971). Development of the survey of work values. *Journal of Applied Psychology*, *55*, 331-338.

Zunker, V. G. (1994). *Career Counseling: Applied Concepts of Life Planning*. Pacific Grove, CA: Brooks/Cole.

Zunker, V. G. (1998). *Career Counseling: Applied Concepts of Life Planning* (5th ed.). Pacific Grove, CA: Brooks/Cole.

Zunker, V. G. (2002). *Career Counseling: Applied Concepts of Life Planning*. NJ: Prentice-Hall, 35.

〈참고 사이트〉

교육부 (www.moe.go.kr)

워크넷 (www.work.go.kr)

커리어넷 (www.career.go.kr)

한국고용정보원 (www.keis.or.kr)

한국직업능력개발원 (www.krivet.re.kr)

찾아보기

Index

찾아 보기

● 숫자 ●

● 영어 ●

● ㄱ ●

● ㅅ ●

● ㅇ ●

● ㅈ ●

● ㅊ ●

● ㅋ ●

● ㅌ ●

● ㅍ ●

● ㅎ ●

오 윤 선 건국대학교 대학원(교육학 석사)
Washington University of Virginia(교육학 석사)
명지대학교 대학원(교육학 박사)
Minnesota Theology Graduate School(상담학 박사)
Regent University, Graduate School(임상수련)
미) Regent University 초빙교수 역임
중) 人民大學校 大學院 초빙교수 역임
현) 한국성서대학교 기초교양교육원 상담심리학 교수 및 학생생활상담센터장

주요저서 상담윤리(두란노출판사, 1997)
교육의 심리학적 이해(도서출판 다락방, 2000)
상담학(공저)(한국가정상담연구소, 2004)
가정상담학(공저)(CLC, 2006)
청소년 이해와 상담(예영 B&P, 2006)
상담심리학의 이해(예영 B&P, 2007)
청소년 이젠 이해할 수 있다(예영 B&P, 2007)
숨은 눈물 닦아주기(공저)(한국장로교출판사, 2008)
인간의 심리학적 이해(예영 B&P, 2009)
사람은 어떻게 변화되는가(공역)(생명의 말씀사, 2009)
청소년 세대진단과 이상행동치료(예영 B&P, 2010)
청소년 분노조절하기(예영 B&P, 2011)
힐링과 행복코칭(예영 B&P, 2014)
크리스천을 위한 진로상담(예영 B&P, 2015)
청소년 문화론(양서원, 2016)
청소년 심리 및 상담이론과 실제(양성원, 2017)
심리검사이해와 활용(양서원, 2017)
교육심리학(창지사, 2017)

민 순 덕 고려대학교 사범대학(문학사)
성공회대학교 시민사회복지대학원(사회복지학 석사)
한국성서대학교 일반대학원 상담심리전공(철학 박사)
전) 광명청소년지원실 운영자문위원
현) 광명시 인재육성재단 정책자문위원
현) 한국성서대학교 외래교수
현) '지평' 카운슬링 아카데미 원장

Understanding of Career Counseling

진로상담의 이해

초판 1쇄 인쇄 2017년 8월 1일
초판 1쇄 발행 2017년 8월 4일

지 은 이 | 오윤선 · 민순덕
펴 낸 이 | 김기섭
편 집 인 | 강보영
펴 낸 곳 | 창지사 www.changjisa.com
08589 서울시 금천구 가산디지털 1로 83 파트너스타워 1차 9층
전화 (02)719-2211~3
팩스 (02)701-9386
등 록 | 1977년 4월 28일 · 제1-421호

ISBN 978-89-426-2359-4 (93330)

값 18,000원

이 도서의 국립중앙도서관 출판예정도서목록(CIP)은 서지정보유통지원시스템 홈페이지(http://seoji.nl.go.kr)와 국가자료공동목록시스템(http://www.nl.go.kr/kolisnet)에서 이용하실 수 있습니다.(CIP제어번호: CIP2017018753)